U0594485

| 光明社科文库 |

全面发展视域下
高校第二课堂素质育人新解

宋洪峰　余晶莹◎著

光明日报出版社

图书在版编目（CIP）数据

全面发展视域下高校第二课堂素质育人新解 ／ 宋洪峰，余晶莹著 ． -- 北京：光明日报出版社，2019.12

（光明社科文库）

ISBN 978 - 7 - 5194 - 5269 - 8

Ⅰ.①全… Ⅱ.①宋… ②余… Ⅲ.①高等学校—第二课堂—素质教育—教育研究 Ⅳ.①G640

中国版本图书馆 CIP 数据核字（2019）第 081576 号

全面发展视域下高校第二课堂素质育人新解

QUANMIAN FAZHAN SHIYUXIA GAOXIAO DI'ER KETANG SUZHI YUREN XINJIE

著　者：宋洪峰　余晶莹		
责任编辑：宋　悦	责任校对：周春梅	
封面设计：中联学林	责任印制：曹　净	

出版发行：光明日报出版社

地　　址：北京市西城区永安路 106 号，100050

电　　话：010 - 63139890（咨询），010 - 63131930（邮购）

传　　真：010 - 63131930

网　　址：http：//book.gmw.cn

E - mail：songyue@ gmw.cn

法律顾问：北京德恒律师事务所龚柳方律师

印　　刷：三河市华东印刷有限公司

装　　订：三河市华东印刷有限公司

本书如有破损、缺页、装订错误，请与本社联系调换，电话：010 - 63131930

开　　本：170mm×240mm

字　　数：331 千字　　　　　　　　　印　张：19

版　　次：2020 年 1 月第 1 版　　　　印　次：2020 年 1 月第 1 次印刷

书　　号：ISBN 978 - 7 - 5194 - 5269 - 8

定　　价：99.00 元

版权所有　　翻印必究

参编成员（以姓氏拼音排序）

安一方　常青山　李婷婷　刘海昊　刘思洋

罗依林　缪汶利　欧季维　史鸿毓　王姝倩

张爽　张雅臻

目　录
CONTENTS

第一章　第二课堂——高校立德树人的重要平台 ················· 1

引言 ·· 1

一、追求青年全面发展 ·································· 1

二、服务高校立德树人 ·································· 6

三、建立资源共享平台 ································· 12

本章小结 ·· 16

参考文献 ·· 16

第二章　高校第二课堂育人的沿革 ················· 18

引言 ·· 18

一、新中国成立之前第二课堂育人思想 ················· 18

二、新中国成立之后高校第二课堂育人沿革 ············· 22

本章小结 ·· 33

参考文献 ·· 33

第三章　素质教育的国际经验借鉴 ················· 35

引言 ·· 35

一、素质教育的国际界定 ····························· 35

二、素质教育的国际最佳实践回顾 ····················· 37

三、国际经验对我国第二课堂育人的启示 ··············· 46

本章小结 ·· 50

参考文献 ·· 50

第四章　第二课堂育人的理论基础及运行机制 ········· 53

引言 ·· 53

一、第二课堂育人的理论基础 ·· 53

二、第二课堂育人的运行机制 ·· 63

本章小结 ·· 67

参考文献 ·· 67

第五章　第二课堂育人基石——能力素质体系 ·············· 69

引言 ·· 69

一、能力素质培养是第二课堂育人的核心 ····························· 69

二、能力素质体系构建是我国新时代青年培养的必然途径 ····· 75

三、能力素质体系的构建 ·· 80

本章小结 ·· 91

参考文献 ·· 91

第六章　构建课程项目体系，丰富第二课堂育人形式 ········ 93

引言 ·· 93

一、概述 ··· 93

二、课程项目体系的问题与发展方向 ····································· 95

三、课程项目体系的内容 ·· 98

本章小结 ·· 105

附录 ·· 106

参考文献 ·· 109

第七章　构建记录评价体系，强化第二课堂实施牵引 ······ 112

引言 ·· 112

一、自下而上的记录评价体系 ··· 112

二、设计制度化的记录评价体系 ·· 116

三、信息网络化的数据平台机制 ·· 122

四、强化数据的"四挂钩"运用 ·· 123

本章小结 ·· 126

参考文献 ·· 126

第八章　构建能力评估体系，驱动第二课堂对标改善 ······ 129

引言 ·· 129

一、能力评估的意义 ·· 129

二、第二课堂能力评估体系现状 ·· 130

三、构建评估体系 ·························· 132

四、能力评估结果的运用 ·················· 144

本章小结 ···························· 146

参考文献 ···························· 146

第九章 构建数据信息体系，提升第二课堂运行效率 ··· 148

引言 ····························· 148

一、建立数据信息体系的必要性 ·············· 148

二、构建怎样的数据信息体系 ··············· 153

三、如何构建高效数据信息体系 ·············· 156

本章小结 ···························· 167

参考文献 ···························· 168

第十章 构建价值应用体系，彰显第二课堂品牌效益 ··· 170

引言 ····························· 170

一、树立良好标准，推进高校教育创新 ·········· 170

二、契合学生需求，服务学生成长 ············· 174

三、解决企业用人难题，校企匹配完善供求 ········ 178

四、系统化建设，顺应国家教育改革潮流 ········· 182

五、数据共享，促进社会科学决策 ············· 185

本章小结 ···························· 186

参考文献 ···························· 186

第十一章 构建资源供给体系，服务第二课堂长效发展 ··· 188

引言 ····························· 188

一、实现第二课堂资源社会化供给 ············· 188

二、创造多样化第二课堂育人主体 ············· 191

三、建设丰富的第二课堂育人资源 ············· 201

本章小结 ···························· 208

参考文献 ···························· 208

第十二章 构建行为动力体系，凝聚第二课堂互动合力 ··· 210

引言 ····························· 210

一、第二课堂行为动力体系的概念 ············· 210

二、第二课堂目标设置机制 ················ 212

三、第二课堂考核评价机制 ………………………………… 216

四、第二课堂牵引机制 …………………………………………… 220

五、第二课堂反馈机制 …………………………………………… 225

本章小结 …………………………………………………………… 226

参考文献 …………………………………………………………… 227

第十三章　构建动态管理体系，促进第二课堂更新迭代 229

引言 ………………………………………………………………… 229

一、第二课堂动态管理的重要性及现状 ………………………… 229

二、构建第二课堂动态管理体系 ………………………………… 231

三、建立基于数据的信息管理系统 ……………………………… 238

本章小结 …………………………………………………………… 241

参考文献 …………………………………………………………… 241

第十四章　关键能力 …………………………………………… 243

引言 ………………………………………………………………… 243

一、基本含义 ……………………………………………………… 243

二、能力概述 ……………………………………………………… 244

本章小结 …………………………………………………………… 259

参考文献 …………………………………………………………… 260

第十五章　核心素质 …………………………………………… 261

引言 ………………………………………………………………… 261

一、基本含义 ……………………………………………………… 261

二、素质概述 ……………………………………………………… 262

本章小结 …………………………………………………………… 286

参考文献 …………………………………………………………… 287

后记　新技术推动下青年能力素质培养展望 ……………… 291

第一章

第二课堂——高校立德树人的重要平台

引言

习近平总书记始终强调高校必须坚持把立德树人作为培养青年的中心环节。立德树人对于开创我国高等教育事业发展新局面，实现全程育人、全方位育人具有重要的指导意义。高校第二课堂建设作为第一课堂的有效补充与延伸，以其综合性、针对性、灵活性、开放性为特点，以丰富校园活动为依托，以严谨的人才方案为抓手，以提高高校青年的综合素质为主线，使高校"立德"与"树人"两大教育任务完美结合，是培养全面发展的高素质人才的重要平台。

一、追求青年全面发展

（一）青年成长成才方向

从党的十八大以来，习近平总书记发表了大量关于青年成长成才的新理论、新思想。他从青年学生的理想信念、道德品质、社会实践、工作本领、创新创造等方面进行了深刻阐述，科学地回答了新时期如何正确引领广大青年成长成才。

树立远大理想、坚定理想信念决定青年成长成才的方向。[1]崇高的理想信念能为迷茫中的青年确定人生方向，提供成长动力。时代造就人才，青年的成长成才与时代和社会的环境紧密联系在一起。习近平总书记指出："中国梦是历史的、现实的，也是未来的；是我们这一代的，更是青年一代的。中华民族伟大复兴的中国梦终将在一代代青年的接力奋斗中变为现实。"① 青年是民族的未来、国家的希望。广大青年必须要把个人的梦想和民族的梦想结合在一起，肩负起时代赋予的重大责任，为实现中华民族的伟大复兴而努力

---

① 资料来源：2017 年 10 月 18 日，习近平在中国共产党第十九次全国代表大会上的报告。

奋斗。

高尚的道德品质是青年成长成才的基础。青年的成长不仅需要知识的积累和技能的提高，更需要高尚道德品质的养成。"国无德不兴，人无德而不立"。① 习近平总书记强调青年的道德品质的高低在很大程度上反映了整个民族的文明素养。在实现中华民族伟大复兴的今天，作为新时代的青年，既要努力继承中华民族的传统美德，又要自觉践行社会主义核心价值观；既要弘扬以爱国主义为核心的民族精神和以改革创新为核心的时代精神，又要坚持以振兴中华为己任，努力增强为国家、为民族服务的责任感和使命感。

投身社会实践是青年成长成才的有效途径。当代大学生多数没有经历过艰难困苦的磨炼，对社会知之甚微，很容易陷入理想和现实的矛盾之中。古人云，"纸上得来终觉浅，绝知此事要躬行"，同理论学习一样，社会实践也是一种非常重要的学习方式。不懈努力奋斗、投身社会实践以获得个人发展、服务社会，是青年大学生应该具有的生命状态。青年只有积极投身于社会实践，才能树立科学的世界观、人生观和价值观，才能增强社会责任感和使命感，培养奉献精神。

练就过硬本领是青年成长成才的基石。没有过硬的本领，再远大的理想也只是空谈。习近平强调青年要将学习作为首要的任务，"作为一种责任、一种精神追求、一种生活方式"。② 练就过硬本领是青年大学生获得个人发展、奉献社会的基本素质。青年学生要带着"路漫漫其修远兮，吾将上下而求索"的学习探索精神，不断获取新知识，开阔新视野，提升新能力。另外，青年学生需要经历千百次的实践检验，才能练就过硬本领，真正成为国家的栋梁之材。

勇于创新创造是青年成长成才的关键。创新是一个民族进步的灵魂，是一个国家兴旺发达的不竭动力。人才是促进创新的最重要资源，青年与生俱来地善于接受新事物，思维敏捷的特点决定了他们才是创新创造的主体。在大众创业、万众创新的今天，勇于创新创造是对于青年的时代要求。广大青年只有不怕困难、艰苦奋斗、勇于创新，才能担当时代赋予的重任。同时，勇于创新也是现代青年在激烈竞争的社会中赢得优势的核心能力。

（二）高等教育改革方向

习近平总书记强调："坚持中国特色社会主义教育发展道路，培养德智体

---

① 资料来源：2013 年 11 月 26 日，习近平在山东曲阜考察孔府和孔子研究院时的讲话。
② 资料来源：2013 年 5 月 4 日，习近平在同各界优秀青年代表座谈时的讲话。

美劳全面发展的社会主义建设者和接班人"。① 培养德智体美全面发展的社会主义事业建设者和接班人是我国高等教育肩负的重大任务，在实现中华民族伟大复兴的历史进程中，其独特地位和重要作用不可忽视。提高人才培养质量、服务立德树人是高等教育改革与发展的根本任务和最终目标，也是建设高等教育强国的必然要求。党中央、国务院在关于建设世界一流大学和一流学科的重大战略决策部署中也明确提出，要坚持立德树人，突出人才培养的核心地位，着力培养具有历史使命感和社会责任心，富有创新精神和实践能力的各类创新型、应用型、复合型优秀人才。

随着 VUCA② 时代的到来，高等教育的发展环境已经发生了深刻的变化，高等教育的价值逐步从传统意义上的传授专业知识、提供高端学历文凭向推进社会进步、满足个体全面发展的方向转变。以信息技术为代表的科技进步正在推动教育范式的根本性变革，学习的途径方法和内涵、人的交往方式、教育的时间空间、知识与信息资源等都在被重新连接和定义。当前我国经济发展进入新常态，社会需要大量的具有创新能力和服务社会经济发展能力的高素质技能型人才。仅仅通过传统的教育方式培养学生，比如考试达标获得文凭，并不能证明毕业生就具备了社会所需的各种素质，比如创造力、责任心、坚韧性、善于合作、乐于分享等。高等教育的发展与产业结构转型、经济方式转变的实践相脱节，满足不了经济社会的转型发展需求。

从供给侧结构性改革来看，高等教育应该根据产业结构的需求变化调整人才培养方式，培养出适应经济结构需要的全面发展的人才。[2]高校现在的第一课堂教学无法完成高等教育立德树人的神圣使命，因此必须在现有的第一课堂人才培养体系的基础之上，重视开发第二课堂培养方案。通过体系化的实践活动教会学生"学习如何学习"，帮助学生掌握应用知识的技能、发展形成积极正向的性格品质成为高校青年发展领域的最佳实践，第二课堂已经成为赋能青年不可或缺的重要育人平台。

（三）共青团改革方向

2016 年 8 月，中共中央办公厅印发了《共青团中央改革方案》，鲜明提

---

① 资料来源：2018 年 9 月 10 日，习近平在全国教育大会上的讲话。
② VUCA 是易变（volatility）、不确定性（uncertainty）、复杂性（complexity）和模糊性（ambiguity）的首字母缩写，最早在 20 世纪 90 年代用于军事领域，旨在强调世界正在变得越来越难以预测，管理应对变化和挑战的压力越来越大。

出中国特色社会主义群团发展道路，同时提出高校共青团必须要以保持和增强政治性、先进性、群众性作为改革的根本遵循和指引，开启了党的群团工作的新阶段、新篇章。

　　高校共青团是党的助手和后备军，也是党和政府与广大青年联系的重要桥梁与纽带。目前高校共青团在改革攻坚中，面临着问题与难点。首先，高校共青团职能发挥失衡。共青团的"三性"与"四职能"是着力解决青年问题，着力推进共青团工作和组织创新的重要法宝。但是当前共青团工作开展得不够理想，一些高校共青团仍然存在对自身职能认知与定位的模糊，以至于无法充分发挥其作用。其次，团学关系松散。高校团委是一级群众组织，是一个以青年学生为主要服务对象的部门。所以，从根本上来说高校共青团的工作必须以服务学生作为一切工作的出发点和落脚点。[3]然而一些高校共青团开展工作不匹配青年的需要，活动虽多，却不能为青年提供实质性的帮助。甚至一些共青团活动不仅消耗了学生的热情与经历，甚至引起了学生的反感，进而导致团学关系松散。最后，高校共青团在政治思想教育以及组织管理等方面也存在着不足。

　　促进高校共青团改革，要紧紧围绕着习近平总书记系列重要讲话以及《中共中央关于加强和改进党的群团工作的意见》，以强烈的责任担当推进各领域共青团改革，开创共青团工作的新局面。高校共青团改革的主要措施有以下几个方面：改进团中央领导机构人员构成、机构设置和运行设置；改革团中央机关干部的选拔、使用和管理；改革共青团的工作、活动和基层组织建设；加大党委和政府对共青团工作的支持力度。

　　实施高校共青团"第二课堂成绩单"制度是纵深推进高校共青团改革的关键路径。自2014年团中央学校部遴选35所高校开展"探索打造高校学生第二课堂成绩单"创新试点工作以来，截至2018年5月，全国已有507所本科院校、291所专科院校启动实施共青团"第二课堂成绩单"制度，充分发挥第二课堂育人功能的重要价值已经各高校在形成初步共识。2018年7月，共青团中央、教育部联合印发《关于在高校实施共青团"第二课堂成绩单"制度的意见》，明确指出要在2018年秋季学期，面向全国高校推广实施共青团"第二课堂成绩单"制度，不仅充分肯定了高校共青团第二课堂育人的重要价值，也标志着我国高等教育面向社会、面向学生构建新型人才培养模式的探索进入新的发展阶段。进一步完善高校第二课堂建设，成为服务高校立德树人、全面实施素质教育的新要求和新挑战。

（四）新时期第二课堂育人

党的十九大以来，随着我国经济结构的转型，进行供给侧改革逐渐成为适应新常态经济的重要手段。无论是习总书记对于青年成长成才的殷切期盼，还是高等教育以及共青团的改革，国家都越来越关注前端的人才供给问题。

第二课堂对于高校培养综合型、复合型、应用型人才具有巨大作用。第二课堂是第一课堂之外的重要教学手段，它能够引导和组织学生开展与第一课堂相关的各种有意义的课外活动。从形式上看，第二课堂活动形式丰富多样，包括思想引领型、创新创造型、社会实践型等活动。从教学内容上看，第二课堂的教学内容源于教材又不限于教材，它是素质教育不可缺少的一部分。同时，开展第二课堂育人活动对于深化高校共青团改革具有重要意义。高校通过开展第二课堂活动可以培养德智体美劳全面发展的人才。[4]

首先，开展第二课堂教学活动有利于加强对于学生思想品德的引导。第二课堂教育的内容与形式丰富多样，能够有效促进学生通过自主参与思想道德教育活动，以更直接的方式在思想、政治、道德等方面得到和谐的发展。另外，第二课堂可以突破传统思想政治理论教学的单项交流模式，较好形成学生与学生、学生与老师、学生与社会之间的多项交流与互动，促进学生思想交流。其次，开展第二课堂教学活动有利于加强对于学生创新能力的培养。第二课堂一方面通过专题讲座以及选修课开阔了学生的知识视野，激发学生的兴趣，进而充分发挥学生的创新性思维，同时也可以通过鼓励学生参加教师的科研活动以及举办学科知识竞赛等活动丰富学生的想象力。最后，开展第二课堂教学活动有利于加强对学生的应用专业能力的培养。学生通过第一课堂可以获得大量的理论知识，但是第二课堂可以将这些理论知识进一步系统化、深刻化，例如，一些实践性较强的专业不通过第二课堂的实践学习无法充分理解课本上的理论知识。由于第二课堂自身具有的高实践属性，学生可以通过这个平台将已经掌握或者没有完全掌握的理论知识通过实践运用，通过反馈发现与解决问题，产生理论与实践的升华。

《高校共青团改革实施方案》提出，高校共青团改革实施一定要牢牢地把握政治方向，尊重学生主体地位，突出重点聚焦问题，统筹推进上下联动，建设更加充满活力、更加坚强有力的高校共青团。2018 年 7 月，共青团中央、教育部联合印发《关于在高校实施共青团"第二课堂成绩单"制度的意见》，指出开展第二课堂活动是深化高校共青团改革，强化共青团育人职能，强化共青团组织建设的关键路径。开展第二课堂活动对于高校共青团改革的作用主要表现在以下几个方面。

首先，开展第二课堂活动，创新高校共青团工作。根据第二课堂育人活动形式多样性，创新共青团组织青年学生服务大局的载体和方式。比如，第二课堂活动可以围绕创业创新来建立学生与学生之间的交流协会，甚至可以建立学校与学校之间的创新创业联盟，以此改进学生创新创业教育，加强学生之间的创新创业思想的交流。其次，开展第二课堂活动，强化共青团组织建设。推进第二课堂促进共青团组织建设时要坚持多种模式、多重覆盖，创新和发展新的第二课堂活动形式；在学生社团中建立团组织，尝试在活动项目、网络虚拟群体中建立团组织；以第二课堂育人为核心，以活动为载体，全面加强共青团组织建设，促进高校团组织焕发新的活力。最后，开展第二课堂活动，改进共青团育人职能。高校第二课堂作为高等教育的重要组成部分，是共青团发挥育人职能的关键路径。通过加强第二课堂的育人方式创新，可以有效改进共青团育人职能，比如，2016 年团中央在高校重点推进的第二课堂成绩单制度，通过对学生在校期间参加各项活动以及活动中的各类成绩进行记录，从而对学生形成科学评价。共青团可以通过实行"第二课堂成绩单"制度，及时将这些评价反馈给学生，促进学生能力素质的全面发展，发挥第二课堂的育人职能，使其有机融入学校育人工作全局，改进其育人职能。

二、服务高校立德树人

（一）补充第一课堂不足

第一课堂是我们通常所说的课堂教学，是学校最为主要的教学组织形式。随着高等教育供给侧改革，传统的第一课堂教学无论是在内容上还是形式上都无法满足学生全面发展的需要。第一课堂在教学思想、教学主体、教学目标、教学程式以及教学评价方面存在着明显的不足。第一课堂的教学思想重视课本理论知识的学习、重视老师对课堂教育的主导、重视教学活动的结果。在教学过程中的"主知主义""教师中心"以及重结果轻过程思想，将有可能使得学生的学习是机械的、低水平的，是无独特个性、无批判性思考的。[5] 在第一课堂教学中，教师是教学的主体，是教学的主动者、支配者，相反，学生就是教学过程中的被动者与服从者。在这种情况下，教师会习惯性地按照自己已经设定好的教案展开教学活动，而学生只有被动地接受，一旦学生的想法和老师的教案不相符时，教师会尽力把学生从"弯路"上拉回来。这样教学带来的结果是学生无法主动学习、主动思考，学生的学习动力更多是来自分数的压力，学生甚至会丧失对于学习的兴趣。在教学目标上，第一课堂教学重视认知目标的实现，轻视学生实践能力的形成以及独特个性的发展。

这样盲目追求理论知识的掌握，把学生当作接受知识的容器，违背了教育的本质规律。在教学程式上，第一课堂教学重视专业知识的理论学习，轻视专业知识的实际应用；强调学习系统的书本知识，忽略了学生所学到的专业知识的实际应用，导致高校培养的学生出现高分低能的情况，不能满足国家发展的需要。在教学评价上，第一课堂教学评价的功能主要定位在对学生知识的记忆、理解方面的检查，忽视了对学生相互合作和自主探究能力的评价。

高校教育中以第一课堂为主体的教学无法完成培养全面发展学生的教学任务和培养目标，第二课堂成了学生教育的另一重要形式。相对于第一课堂，第二课堂的本身所具有的无法替代的特质，可以补充第一课堂的不足。第二课堂对第一课堂的补充主要表现在以下几个方面。

第一，在教学思想上，第二课堂更加强调提高学生的全面发展水平，以丰富的内容和空间为载体为学生提供一系列开放性活动，旨在提高学生的基本技能和综合素质。第二，在教学目标上，第二课堂的教学目标导向应用性。学生在第一课堂学习的目的是为了夯实自己的专业基础，为将来进入社会积蓄更多的能量。可是在专业理论知识与社会实践之间有着比较大的距离，第二课堂自身的应用型、实践性导向为学生搭建了一个投身社会实践的平台，可以有效缩短这个距离。第三，在教学主题上，第二课堂以学生为主体，注重学生参与的主动性。第二课堂不受学时、内容方面的限制，它完全是学生依据个人兴趣、个人志向自主选择参与的。这样就可以保证学生可以积极地参与第二课堂活动中，使自己真正成为学习的主体。第四，在教学内容与实现方式上，第二课堂更为丰富与多样。第二课堂在课程活动内容上的丰富是第一课堂无法比拟的，第二课堂所组织的活动按照类型可以分为思想教育、社会实践、社会工作、志愿服务、学生社团、学术科技、文体教育、勤工俭学等。学生通过第二课堂各种各样的活动方式，提高创新意识、锻炼实践技能、获得全面发展。

（二）促进对学生的思想引领

习近平总书记在 2016 年 12 月全国高校思想政治会议上明确指出，思想政治工作要始终贯彻到高校教育教学过程中，保证全方位育人和全程育人的顺利实现。在高校思想政治教育过程中，第二课堂活动在提升大学生思想政治水平中发挥重要作用。第二课堂所具有开放性、灵活性、广泛性、符合大学生心里等特点，使其能够有效组织多种活动形式推动高校思想政治教育。

第一，以第二课堂社会实践开展高校学生思想政治教育。通过第二课堂组织志愿老兵服务、红色文化论坛、公益活动、勤工助学等活动，有目的、有组织地引导高校学生积极投入到思想政治教育的实践活动中，使高校青年在近距离的感染与熏陶中增强自己思想道德水平。第二，以校园文化开展高校学生思想政治教育。校园文化是学校在长期的教育教学实践活动中所积累的精神文化与物质文化的总和。校园文化的功能主要表现在，广大师生置身其中，在生活、学习等各方面受到熏陶。在高校学生思想政治教育中，校园文化的功能是长期的、潜移默化的。第三，以学生社团组织开展高校学生思想政治教育。学生社团组织是高校学生自我管理、自我服务的重要平台。学生社团组织具有凝聚力强、联系广泛等特点，是高校思想政治教育的重要组织形式。在组织社团活动时，学生社团组织要以提高学生思想政治水平为宗旨，发挥社团组织在学生群体的榜样先锋作用，发挥社团组织的思想教育功能。第四，以网络开展思想政治教育。随着互联网与智能手机的普及，高校学生的价值取向、行为模式、政治态度、道德观念正在发生新的改变。高校思想政治教育工作要深入研究这些新的改变，因势利导利用网络平台加强对于学生的思想政治教育方法与手段的创新，比如开发思想政治教育网站、微博、微信公众号等等。

上文我们已经介绍了关于促进高校思想政治教育的第二课堂四种活动形式，下面我们将着重从思想政治教育的角度来分析第二课堂的功能。对于高校思想政治教育，第二课堂主要有导向、调节、凝聚、转化、开发功能。[6]

第二课堂的导向功能是指在具体的情境之下，第二课堂通过各种途径将高校学生培养成全面发展的社会主义事业的建设者和接班人。尽管第二课堂活动形式多种多样，但它们共同的特点是在校团领导的组织下开展的，这样也就保证了第二课堂所有的活动形式在主流价值观上与党的基本路线、方针保持一致。由于具有形式多样的优势，第二课堂对于高校学生有着强烈的吸引力，能够充分调动他们的情感，让他们在活动中得到深刻的体验。另外，第二课堂的活动内容包含着具体的教育目的，促进学生产生直接或者间接的导向作用，比如学生通过参加我们上文所提到的实践活动和社团组织，在这个过程中他们对于国情的认识会更加深刻和理性，增强学生立志报国的强烈责任心。

第二课堂的调节功能指的是通过第二课堂的各种活动方式，对于学生的情绪、心理以及人际关系进行调整，从而使学生的思想觉悟得到提高。高校第二课堂的调节功能可以帮助高校学生建立和谐的人际关系，培养他们良好的心理素质和心态。第二课堂内容丰富，包含各种活动形式，可以确保高校思想政治教育的有效率进行。[7]学生方面，在进行思想政治教育活动宣传时，学生往往会出现缺少兴趣、注意力不集中的情况。这时应根据实际情况，找出更适合学生的第二课堂活动形式，调节他们的情绪和心理，使得第二课堂的教学活动有针对、有目的地开展。

将党的执政理念、方针、政策向在校学生讲解、宣传，使他们能够认同，进而产生共同的凝聚力，为实现中华民族的伟大复兴而奋斗，这是高校第二课堂的凝聚功能。第二课堂的大多数活动以群体为单位进行开展，这些活动形式融合了思想性、知识型与趣味性，从而可以充分调动学生的兴趣和积极性。在这种群体氛围之下，学生的认同感、使命感与归属感被充分激发出来，因此形成了群体之间的凝聚力。这种群体之间的凝聚力会渗透到学生学习工作的各个方面，为学校和国家的发展总目标而服务。

高校学生在进行思想政治学习的时候，往往会遇到一些困难，进而导致他们产生一种错误的思想观念。而第二课堂的转化功能是指通过各式各样的活动，对学生原来错误的思想观念进行改造和引导，帮助学生将他们的思想与行为转变到正确的轨道上。当前我们正处于新的时代之中，高校思想政治教育一定不能千篇一律，空洞说教，要与时俱进、不断创新做好学生的思想转化工作。第二课堂可以创新性地组织各项活动将思想政治教育与实际环境融合起来，以不拘一格、生动活泼、学生乐于接受的形式进行渗透式教学，从而达到思想政治教育与时俱进的目的。

第二课堂对于学生思想引领方面具有开发性功能。首先，第二课堂往往能够超越专业的界限，容纳各学科的内容，扩大学生视野，激发学生的科研兴趣，有利于学生形成自己的判断力。其次，相对于第一课堂，在第二课堂对学生进行思想政治教育时，第二课堂所面临的困难情景更为复杂，更能激发学生思考，促进学生转换不同的思维定式和角度，有利于提高学生对于思想政治的认识与理解。

（三）实现社会需求对接

近年来，高校学生的就业问题越来越严峻。高等教育机构培养的研究性人才多，技术性人才少，导致高等教育供给与社会之间的需求不平衡，致使相当多的高校毕业生找不到满意的工作。高等教育需要开辟创新性的教学方式保证高校学生供给与社会需求之间的平衡。第二课堂由于其形式灵活、内容丰富等特点，能够弥补传统教育的缺点，提高学生的就业竞争力，满足社会对于人才的需求。以下，我们将对于社会需要什么样的高校学生以及第二课堂如何满足社会的需求进行论述。

严峻的就业形势下，社会对学生的就业能力的要求更高。高校毕业生不仅需要具有丰富的专业知识、人际交往能力、与团队成员融洽相处的能力、语言表达能力、组织管理能力等，更需要具有良好的职业素养、专业素养、创新素养。第二课堂在培养学生职业素质、专业素质、创新素质方面，具有无法比拟的重要作用。

在职业素质方面，第二课堂主要对学生的职业道德产生积极作用。诗人但丁曾说过，"一个知识不全的人可以用道德去弥补，而一个道德不全的人难以用知识去弥补"。可见，拥有良好的职业道德的学生对于社会的重要性。高校第二课堂可以组织一些在社会发展较好的优秀毕业生来讲述他们良好的职业道德规范，引导学生的言行举止。同时，第二课堂还能够开展以敬业爱岗、诚实守信、廉洁自律为核心的职业道德教育，引导学生积极踊跃地去实践锻炼，养成良好的职业习惯。

在专业素质方面，第二课堂主要是对学生专业实践能力的培养。培养学生的实践能力是第二课堂的应有之义，第二课堂通过丰富多彩的实习实践活动，促使学生将第一课堂学到的理论知识在实际的工作场景中加以实践运用。在这个过程中，学生由被动的学习变为主动学习，发现新问题，增加新技能，逐步提高他们的专业素养。

当前，社会最为需要的是具有创新素质的高校学生。创新能力的核心主要包括求知精神和创新思维，第二课堂对于高校人才求知精神和创新精神的促进作用首先是激发高校学生所学的知识。高校学生虽然通过教条式的求知活动具备了比较丰富的知识储备，但这些知识对于他们来说是抽象的。第二课堂活动可以调动学生实际的生活体验对现象进行观察、分析、概括。这样一个思维过程，可以促使学生将抽象的知识激活，将感性体验升华，进而获得创新能力的源泉。

（四）界定青年成长标准

青年是国家的未来，民族的希望。高校是青年成长成才的摇篮，它是青年获得知识与培育人格的象牙塔，也是青年锻炼能力与坚定信念的摇篮，更是青年勇于创新与放飞理想的乐园。但是，在实际的教学中，由于缺乏明确的青年成才标准而使得教学培养的目的与学生的成才方向相矛盾，从而抹杀了学生的实践能力与创新精神。高校培养青年需要一个相应的人才标准，第二课堂通过一系列能力素质体系的建立、能力评估体系的构建为高校培养青年指明了方向，确定了道路。

青年成才标准是使青年与一般人相区分的个人特征集合，具体包括青年能力与素质等方面。高校第二课堂能力素质体系对于青年成长的关键能力与核心素质进行了具体划分，明确了它们的内涵与价值意义，创造性地回答了新时代高校需要培养什么样的青年，即青年成才的标准。[8]第二课堂能力素质体系首先明确了专题知识、专业技能、关键能力以及核心特质四种青年成才的基本技能，确定了青年成才标准的大方向，然后又根据实际的需要将这四个版块内容进行拓展，使青年成才标准更加具体化，如将关键能力分为善于学习、批判思维、创新能力、与人合作、沟通能力五个方面，将核心要素分为了诚信正直、成就动机、责任心、主动性、好奇心、积极乐观、自信、韧性、情绪稳定、灵活性十个要素。

高校第二课堂所构建的能力评估体系可以对能力素质体系所确定的青年成才标准进行对标，收集整合青年成才与发展的各类数据，科学回答高校是否培养了所需要的人、青年是否成才等问题。第二课堂能力评估体系具有科学性、动态开放性、可操作性三大原则。科学性原则保证了青年能力素质评估指标含义清楚、准确，使得青年成才标准更为科学合理。动态开放性原则保证了对于青年能力素质进行多角度、全方位的考评，使得青年成才标准不断保持灵活，紧跟时代与社会的需要。可操作性原则保证了青年能力素质内涵清晰、定义明确，使得青年成才标准易于理解、易于量化。同时高校第二课堂能力评估体系的多源数据、多元主体、多维目标和多期连续的"四多"特征，确保了评估能力多维、全面，能力评估数据来源丰富，评估主体客观、多样，保证青年成长能力评估不断获得多维数据的反馈，及时得到实践的检验。

（五）提供青年成长大数据

高校青年在其成长与发展的过程中，会受到多种因素的影响，呈现出复杂多变的过程。随着信息技术的快速发展以及大数据时代的到来，构建青年成长大数据可以有效解决高校青年成长过程中所遇到的各种问题，帮助其快速成长成才。"第二课堂成绩单"制度的主要功能之一是对于学生的课外活动的经历与成果的数据进行收集，构建出可以客观反映学生在校成长发展的大数据体系。

"第二课堂成绩单"通过第二课堂记录评价体系客观真实记录学生在校期间所参加的各类课堂内外活动以及学生在这些活动中所取得的成绩与学分来实现信息化、数据化管理。第二课堂记录评价体系首先建立起了丰富的大学生数据资源库，这个数据库包括了学生志愿公益服务、创新创业创造、实践实习实训、技能特长培养等活动形式的数据。学生参加的各类第二课堂活动都可以在记录评价数据库中显示出来，以此鼓励学生积极参加活动，丰富自己的成长数据。[9]此外，"第二课堂成绩单"的青年成长数据库以与时俱进的理念积极吸收来自学生活动的有益资源，提高了数据储备量，保证了青年成长大数据的持续更新。同时，"第二课堂成绩单"数据库通过对于学生成长数据的统计、分析与整合，形成了可以分化、组合以及共享的学生成长数据模块。

"第二课堂成绩单"所提供的青年成长数据无论对于学生、高校还是社会都具有极为重要的意义。对于高校青年来说，青年成长数据库让青年的教育内容和信息反馈以更为快捷、方便的形式提供给了广大青年，节省了青年在进行选择、判断、整理成长信息上所花费的时间。另外，"第二课堂成绩单"数据有利于学生自我定位，让青年在自己成长数据的基础上总结已经存在的缺点与问题，帮助青年挖掘自身的潜力，发现自己，超越自己。这个成长数据库有利于青年进行自我评价，让青年在过去第二课堂活动的点滴中发现问题，为青年以后的成长发展选择提供数据支撑，实现青年思考与活动的理性化。对于高校来说，"第二课堂成绩单"所提供的青年成长数据帮助学校培养学生全面发展。学校可以充分利用青年成长大数据，针对性的为高校青年搭建全面发展的平台，鼓励和引导青年提高自我成长能力，不断完善自己。高校还可以利用青年成长数据对于青年思想进行有效捕捉与了解，实现对青年思想的发展预判、动态管理以及立体化引领。对于社会来说，社会可以根据"第二课堂成绩单"所提供的青年成长大数据来判断青年是否是社会所需要的人才，可以有针对性地对青年进行选拔，有效避免高校青年与社会不匹配所造成的资源浪费。

三、建立资源共享平台

（一）什么是第二课堂资源共享平台

我们通常认为，如果一个问题在其理论层面上还没有得到解决，那么在其在实践层面上解决的难度将会更大。对于第二课堂的平台性同样如此，为了解决其理论层面的问题下面将首先介绍高校教育资源共享的概念，其次阐述平台以及平台性组织，最后将回答什么是资源共享的第二课堂平台。

随着科学技术的发展，资源共享越来越便捷，高等教育资源的共享成了高校培养学生非常重要的方式。所谓高等教育资源共享指的是在一定社会环境和条件下，不同的高等教育主体打破现有的边界，对高等学校内外的教育资源实行不同程度的共享。关于高等教育资源的构成要素，按照其来源的不同，可以把高等学校的教育资源分为政府、高校以及社会三种教育资源。因此高等教育资源的共享可以在政府、高校和社会三个层面进行。

近年来，从现实的具体物品到抽象的网络电商平台，可以频繁听到平台这个概念。在生活中，提到的平台主要有三种类型，第一种是平台性产品，第二种是技术产业平台，第三种是跨产业交易平台。尽管平台的说法由来已久，但是对于平台的概念界定依然存在争议。按照 Baldwin 和 Woodard 的说法，他们认为："平台是为依附其上的部件订立机制的地方，通过机制关系来支撑系统的多样性与演化性"①。而平台性组织则是连接两个或者两个以上的需求方或资源方，产生它们独自无法产生的价值的组织，例如自媒体把读者和内容发布者连接起来，大型超市把消费者和商家联系起来，阿里巴巴、京东将买卖双方连接起来。

通过以上对于高等教育资源共享和平台性组织的分析，可以对于第二课堂资源共享平台下一个简单的定义，第二课堂资源共享平台是指通过第二课堂的活动，联动学校、社会、政府的资源，实现三方资源交流、共享以及价值最大化，更好地培养学生的组织。[10] 由定义可以看出：第一，第二课堂平台是一个组织，它的参与主体具有明确的目标导向，它能够采取有效的形式与管理方法为参与主体创造价值；第二，第二课堂平台是以各种各样的第二课堂活动为载体，包括学校与社会的课程共享、学校与学校之间的校际联盟等；第三，第二课堂平台化的实现形式是参与主体的资源共享，这些资源包括了人力资源、物力资源、课程资源、信息资源等；第四，打造第二课堂平台的目的有两个，首先是实现各参与主体的资源价值增值，但更重要的是希望通过这个平台，引进各方资源，可以为高校立德树人服务，为培养新时代社会主义接班人服务。

（二）建立第二课堂资源共享平台的价值

矛盾是事物发展的源泉与动力，高校教育资源供给与社会对于高等教育的需求之间的矛盾是推动打造资源共享的第二课堂平台的动力。2018 年 9 月 10 日，习近平总书记在全国教育大会上指出："要努力构建德智体美劳全面培养的教育体系，形成更高水平的人才培养体系"②。实践证明，传统的第一课堂由于其教育模式的局限性，无法引入多种教育资源对学生实施教育，难以培养德智体美劳全面发展的高校青年。传统第一课堂教学需要第二课堂平

---

① BALDWIN C Y, WOODARD C J. *The architecture of platforms*: *a unified view* ［J］. Harvard Business School Finance Working Paper, 2008 （09 – 034）.

② 资料来源：2018 年 9 月 10 日，习近平总书记在全国教育大会上的讲话。

台实施教育资源的整合，与其教育内容的相互配合，实现教育目的。在高校开展的第二课堂活动内容丰富、形式多样，仅仅通过高校共青团参与、组织、负责第二课堂活动，无法完成任务。高校共青团需要打造第二课堂资源共享平台，在这个平台上开展活动，使多部门协同工作，全校人力、物力等资源充分涌入。对于高校来说，由于地方高校的财政经费投入不足，高校教育资源的配置与分布差距，教育资源利用率不高。高校需要第二课堂平台进行资源整合与共享来促进高校之间的开放合作，提高高校教学资源的利用率。无论是对于政府还是企业部门，都面临资源供给与资源需求问题。他们需要将自己的政策理论、产品服务引入学校，扩大影响力并获得价值，更需要招聘高校的人才资源为其服务。第二课堂平台能够使学生与社会实现有效对接，使双方参与主体在资源共享、交流互动的过程中，满足各自需要。

第二课堂平台可以促进校内资源共享、校际资源共享、校企资源共享。首先第二课堂平台可以搭建校内资源共享机制，建立校内协同育人体系。第二课堂平台可以充分调动高校的人力与物力资源，促进高校教育资源的流动与共享。包括学生、教师，后勤人员、图书馆、运动场、后勤服务等，比如第二课堂开展一个校内小型运动比赛，需要学生的参加、教师的指导、后勤人员的配合、运动设施的使用等。其次，第二课堂平台能够使校与校之间的资源实现共享。各大高校可以根据自己学校的水平与类型，在第二课堂信息平台进行注册，从而完成各高校之间的纵向或横向的联盟，提高高校人力资源与物力资源的高效率共享。组成的高校联盟可以依靠第二课堂信息平台践行资源共享理念，包括课程互选、教师互聘、实验室开放等各方面努力。最后，第二课堂平台可以实现校企之间的资源共享。企业和学校作为产业界和教育界的两大主体，其资源共享程度直接影响到我国经济发展效益。第二课堂作为多元利益相关者的资源融合平台，具有规模优势、聚集优势，能够较好解决校企之间的资源共享困境。例如院校与社会之间的信息共享桥梁——国家精品资源共享课程，第二课堂平台通过融入精品课程为校企之间更深层次的合作提供新的契合点，将精品资源课程从学校引向了社会、从面对面教学引向了远程教学方式。

（三）建立第二课堂资源共享平台的保障机制

在我国高等院校，第二课堂资源共享平台是一种全新的高校育人方式，与传统育人相比，第二课堂平台育人具有后勤保障社会化、高教资源共享化、利益主体多元化等特点。为了实现各参与主体资源共享的目标，第二课堂资源共享平台健康稳定的发展，必须要依据第二课堂平台的特殊性建立一个有效的资源共享保障机制。有效的第二课堂资源共享平台的保障机制，既要符合高等教育的特点，又要符合第二课堂平台的作用发挥。具体来说，就是形成政府统筹、共享主体整体治理、市场机制协调、社会积极参与的立体的第二课堂资源共享平台的保障机制。[11]

第一，政府统筹。政府应该统筹社会与高校和谐发展，要深化高等教育改革，必须要建立学校、社会共同参与的机制，推动校企合作、资源共享的办学模式。首先，第二课堂资源共享平台的建立要根据以社会需要为导向，与市场相结合的思路。其次，强化高校学生的社会服务意识，鼓励高校有针对性的开设于社会需求密切相关的专业。利用高校青年去解决社会的实际需求，建立社会学习辅导小组，营造良好的第二课堂服务环境，最终形成第二课堂社会学习服务体系。

第二，参与主体整体治理。第二课堂资源共享平台包括政府、高校、企业、教师、学生等多个利益主体，这些利益主体需要成立共同的管理机构来协调各参与主体在平台的活动，监督各参与主体在平台的行为，保障资源共享的有序进行。

第三，市场机制协调。在政府统筹、参与主体整体治理的基础上，要保证第二课堂资源共享平台正常运转、提高高校育人质量，必须运用市场经济机制妥善协调各方利益关系。首先，第二课堂资源共享平台要采用市场机制来配置教育资源，按照国家教育方针、社会需求来调整第二课堂育人方向，提高第二课堂活动效率与育人质量。其次，逐步实现第二课堂资源共享平台后勤的社会化管理，要尝试把第二课堂资源共享平台后勤交给企业负责。要实现第二课堂资源共享平台的社会化管理，必须大力培养中介组织，引入企业参与。

第四，社会积极参与。从一定意义上来说，第二课堂资源共享平台关系到活动在这个平台的每个组织、每个人的利益，所以第二课堂资源共享平台的管理必须要接受来自社会各个层面的监督[12]。社会可以参与到第二课堂资源共享平台的管理过程中，可以使各资源共享主体充分了解第二课堂资源共享平台的管理运行方式，使他们更放心地将自己的资源共享到第二课堂平台，也可以保证第二课堂资源共享平台管理合法、合理、优质。完善第二课堂资源共享平台社会参与机制，使第二课堂共享平台处于社会的监督之下，是建立有效的第二课堂资源共享平台管理机制的重要保障。

本章小结

本章介绍了习近平总书记关于青年成长成才的思想，高等教育和共青团改革方向，新时期第二课堂育人对于青年培养问题的解决；概述了第二课堂服务高校立德树人的功能表现；并对第二课堂平台的概念、价值、保障机制进行了阐述。本章应注意掌握的内容与概念：习近平总书记对于青年成长成才思想的五个方面；高等教育的发展环境和对于第二课堂育人的需要；高校共青团在改革中所面临的问题以及可以采取的应对措施；资源共享、平台性组织、第二课堂资源共享平台的概念；第二课堂平台的资源整合价值；政府统筹、共享主体整体治理、市场机制协调、社会积极参与的第二课堂资源共享平台的保障机制。

参考文献

[1] 王勇. 党的十八大以来习近平关于青年教育的思想探析 [J]. 山西青年职业学院学报. 2018 (2).

[2] 程书强. 供给侧结构性改革视角下高等教育改革思路 [J]. 国家教育行政学院学报, 2016 (8)：12-16.

[3] 王亚青. 问题与对策——高校共青团工作新思考 [J]. 赤峰学院学报：汉文哲学社会科学版, 2018, 39 (8)：145-148.

[4] 成瑶. 高校第二课堂人才培养模式研究 [D]. 西安：西北农林科技大学, 2010.

[5] 蒋笃家. 传统课堂教学的诸多弊端 [J]. 考试周刊, 2015 (73)：171-171.

[6] 涂意. 高校"第二课堂"思想政治教育的路径探析 [J]. 亚太教育, 2015 (12)：195-195.

[7] 陈付庆. 浅析第二课堂在高校思想政治教育作用的发挥 [J]. 吉林广播电视大学学报, 2013 (8)：46-47.

[8] 孙嘉悦, 霍铃玲. 论第二课堂对大学生就业能力的影响 [J]. 决策探索（下半月）, 2017 (11)：46-47.

[9] 郝秀娟, 马海鹰. 大数据技术在大学生自我成长中的应用探究 [J]. 学园, 2017 (17).

[10] 郭燕莎, 郭燕妮. 大数据背景下大学生多元化成长模式探索 [J]. 天津职业技术师范大学学报, 2017, 27 (1)：75-78.

［11］岳建军. 高等学校教育资源共享问题研究［D］. 大连：辽宁师范大学，2012.

［12］张扬. 职教园区资源共享机制建设研究［D］. 杭州：浙江工业大学，2012.

第二章

高校第二课堂育人的沿革

引言

随着时代的发展，人们对于第二课堂育人的理论与实践的探索越来越全面、深刻。在中国教育发展的不同时期，先后涌现了孔子、孟子、王阳明、陶行知等著名教育家、思想家关于第二课堂的育人思想。另外，从第二课堂概念被提出，高校对于第二课堂育人进行了艰苦有益的探索，对于丰富当今第二课堂育人理论与实践具有重要意义。

一、新中国成立之前第二课堂育人思想

（一）中国古代因材施教与自主学习育人思想

第二课堂强调充分发挥因材施教育人思想，主张学生根据自己的兴趣选择第二课堂活动进行自主学习，以此充分开发学生的潜能，培养学生的个性，使学生成为创新型人才。因材施教与自学育人思想在中国的古代已经出现，最早提出因材施教思想的是孔子，而最早强调对学生自学能力培养的是孟子，两位伟大的思想家率先推动了我国古代第二课堂育人思想的发展。①

孔子提倡"因材施教""有教无类"等教育思想，在这里主要介绍孔子培养学生的原则——"因材施教"。孔子首先承认学生之间存在差异，并且在实践中也非常注意这一点。他在长期的教育实践的过程中，创造性地提出了"因材施教"的教育方法，并将之作为教育原则融合到其日常的教育工作之中。孔子经常通过观察、谈话对学生的思想、志向和言行进行归纳分类。他发现学生之间不仅有出身、年龄的差异，还有才能、志向、气质、性格、智力方面的差异。孔子是在了解学生的基础上，根据学生的实际情况，有的放矢地对学生进行教导，比如《论语》中记载了孔子的弟子冉有和子路问孔子：

---

① 杨国欣. 孔子教育思想对实施素质教育的启示 [J]. 教育探索，2006（8）：48–49.

"听过道理后需要马上去实行吗？"孔子回答冉有说："听到后应该去做。"而孔子对子路说："你的父兄在你前面，你怎么能听到就去做呢？"这段对话非常形象地说明了孔子针对学生的不同特点，对他们进行因材施教。同时应该注意的是，孔子提倡因材施教是以培养德才兼备的从政君子为统一目标，孔子主张将对学生统一要求与发展学生特长结合起来。在这一教学理念的指导下，孔子培养出三千弟子，七十二贤人。[1]

在我国古代，自主学习思想取得了很大的成就。先秦思想家孟子最早注意到对学生自学能力培养，他认为一个人如果要获得很高的文学造诣和知识水平，他就必须通过自主式的学习来获取更多的知识，掌握更多的社会经验。① 古代的教学实践中，汉代的太学教育和宋以来的书院教育是学生自主学习的典型。太学是汉代时期的最高学府，它以传授知识和研究学问为主要内容，它的教学形式一种是几百人上课的大班形式，一种是高低年级学生互相交流的课外自学形式。学生可以借助这个机会得到一个广阔的学习天地。他们除了学校规定的课堂学习之外，能够根据自己的兴趣去研究，向校外的经学家请教。宋代以来的书院教育延续了汉代太学以自学作为一种重要教学方式的优良传统。书院教育的教学形式是以老师指导和学生自学结合在一起。其主要过程是首先由教师关于自己的学术主张对学生进行讲述，学生在自学的基础上提出疑问，教师再进行解答。

（二）中国古代实践育人思想

实践活动作为教育的重要载体与内容，在不同的时间阶段，以不同的形式与内容存在。中国古代实践育人最主要的形式是游学。② 在游学中，游学者可以熟悉不同地方的制度、文化、习俗，开阔眼界；参观画廊、建筑、图书馆，提高文化素养；参加社交活动，锻炼实践能力；接触不同的学者与名人，汲取他们的思想与成就。更为重要的是，明代著名思想家、哲学家、教育家王守仁是最先比较系统地提出实践育人思想，即"知行合一"教育思想。[2]

中国古代非常重视游学对于一个人成长的重要作用，无论是孔子、司马迁，还是李白、顾炎武，他们都在游学中汲取了巨大的营养。游学一方面是

---

① 刘红升. 孟子教育思想：精义与启示［J］. 重庆交通大学学报：社会科学版，2018，18（2）：24－29.

② 肖菊梅，李如密. 中国古代游学的发展嬗变、教育价值及现实启示［J］. 河北师范大学学报：教育科学版，2017（6）：35－40.

我国古代学校教育的特殊形式；另一方面也是士子增长知识、提高道德修养、拜师求仕的重要途径。游学对于我国古代学校育人的发展具有十分重要的作用。根据《辞源》的解释，可以将游学定义为通过异地旅行来获得求知的文化活动，具体来讲就是有些人通过异地游览获得文化体验，增长知识，以及异地拜师求学的学术活动。在中国古代，游学具有深刻的教育价值。[3] 首先，有利于学术的交流与文化的传承。从某种程度上来说，游学可以当作文化传承与交流的手段。通过游学可以扩大士子的知识面，传播各种学术，融合各种学术思想。其次，游学有利于秉持知行结合、因材施教的教育理念。在中国教育史上，游学之风首先由孔子开启，进而使之发展成了中国古代教育重视实学的传统。最后，游学践行了因材施教的教育思想。通过游学，学生可以让教师更加清晰的理解自己的性格、学识水平、理想追求，便于教师进行因材施教。

在贵阳文明书院讲学的过程中，王守仁对自己的"知行合一"思想做出了具体的阐释。他从"知行合一"学说出发，提出了许多精辟的教学理念。在教学过程中，王守仁强调要知行合一，知行并进。在强调"知行合一"的同时，王守仁更加注意"行"的作用。他提出真正的知识就是实践，不去实践就没有得到知识的观点。他还提出学、问、思、辩、行是彼此不可分裂的，是有机统一的。王守仁的"知行合一"教学思想重视学生的全面发展，特别是学生的德育。他认为学生只有全面培养，才能对事物看得清楚，才能得到真理，教育的最终目的是要学生做到知行合体，把自己学到的知识用到实际生活中去。王守仁所主张的教学思维是发散的，思想是开放的，他的教学方法与当时的主流教育背道而驰，他用独树一帜的教学思想对于多形式、多角度教学方式做出了重要贡献。

（三）中国近代西化育人思想以及工读主义思潮

五四运动时期，民主、科学的新文化教育思潮波澜壮阔，各种教育思想纷纷出现，其中对中国教育影响最为深刻的是杜威的实用主义哲学和民本主义教育思想。[4] 受这两种教育思潮的影响，中国近代出现了将传统教育思想和西方教育思想相结合的教育家，以蔡元培、晏阳初、陈鹤琴、陶行知等人为代表，他们共同的特点是提倡将教育与生活、教育与社会、教育与国家结合在一起。同时，在这一时期，受国际工人运动以及"五四"新文化运动影响的工读主义思潮也出现并且发展起来。

蔡元培是我国著名的民主主义教育家和资产阶级革命家。1912年初，蔡元培根据时代对于教育提出的不同要求，发表了著名教育论文《对于教育方针之意见》，第一次明确系统地提出了军国民教育、实利主义教育、公民道德教育、世界观教育和美感教育"五育并举"、和谐发展的教育思想，以求达到"养成共和国民健全之人格"① 的教育目标。晏阳初是我国近代著名的乡村改革家和平民教育家。他认为中国所有的问题在于"人的改造"。晏阳初在定县乡村教育成功实验的基础上，总结概括出了"四大教育"和"三大方式"的教育思想。他认为中国农村存在着"愚""穷""弱""私"四大问题，要想彻底解决这四大问题，必须开展文艺、生计、卫生、公民四大教育。同时，他又针对"四大教育"的实现途径提出"三大方式"，即学校式教育、社会式教育、家庭式教育。陈鹤琴是我国近现代教育家，是实践教育的开拓者。他一生致力于将西方先进的教育思想和方法与中国国情结合，建设具有中国特色的现代儿童教育。陈鹤琴在总结自己以往教育实践和思想的基础之上，于 20 世纪 40 年代提出了我国第一套系统的教育理论和方法体系，即"活教育"理论体系。"活教育"理论是陈鹤琴最具代表性、影响力最大的教育思想，由目的论、课程论、方法论所组成。陶行知是我国近代著名的人民教育家，他一生从事教育事业，为中国教育寻觅曙光。陶行知在中国教育传统和现实的基础上，结合杜威的"教育即生活""学校即社会"的理论，形成了"生活即教育""社会即学校""教学做合一"的完整教育理论体系。陶行知认为生活具有教育的意义、实际生活是教育的中心、生活决定教育，教育改善生活。[2]

　　工读主义思潮萌发于第一次世界大战期间，经过蔡元培、李石曾等对旅法华工的教育活动以及后来受到国际工人运动和"五四"新文化运动的影响，形成了颇具声势的工读主义教育思潮。其思想内涵分狭义和广义两个部分，狭义部分指的是五四运动时期一些青年学生怀着救国救民的理想，宣扬工读结合教育，并且组织团体开展活动，主要包括国内的勤工互助和留法的勤工俭学两部分。广义部分指的是"五四"时期所强调有关工与读、工与学之间关系的言论和实践活动。由匡互生、周予同、刘熏宇等人于 1919 年 2 月在北京高等师范学校发起成立提倡"工学主义"的团体工学会，倡导把工学当作救济中国社会、发展民主自由的武器。工学会的成员认为只有打破劳心与劳力的分界，读书的人要做工，做工的人要读书，做工与读书相互促进才能改造中国社会。由少年中国学会的王光祈发起组织了北京工读互助团，相对于

---

① 蔡元培. 向参议院宣布政见之演说［M］//高平书. 蔡元培教育论集. 长沙：湖南教育出版社，1987：51.

工学会其主张更激进、影响更大。北京工读互助团的宗旨是以相互帮助的精神，实现半工半读。其主要特点是工读结合，以工养学。互助团试图通过将团员分成四个小组活动，团员每天工作四个小时，团体公有团员的工作所得并提供团员相应的生活费。互助团希望通过这样一种组织形式，实现"人人做工、人人读书"的理想社会。以李大钊为代表的共产主义知识分子也提倡工读结合，并且慢慢形成了知识分子与工农结合的思想。他们大力支持青年学生所开展的工读互助实验，鼓励青年到工农中去实践学习。

二、新中国成立之后高校第二课堂育人沿革

（一）第二课堂的提出与发展

从 20 世纪 80 年代起，我国高等教育逐步进行改革，第二课堂有了全新的舞台。第二课堂的概念首先由著名教育家朱九思、蔡克勇、姚启和于 1983 年在他们合著的《高等学校管理》中提出。该书指出在教学计划之外，引导和组织学生开展各类有利于学生成长的课外活动包括政治性、知识性、学术性、公益性、健身性的以及有工资的活动，就是第二课堂。① 随后，辜伟节在其著作的《第二课堂学概论》中说到"第二课堂，是指学生在第一课堂之余，在教师的引导下、组织下独立自主地学习与实践，从而获取有关知识与信息，锻炼各方面的能力，使自己各方面获得全面发展的活动。"② 总体来说，第二课堂在提出时就被认为是高校丰富学生知识、提升学生能力与素质的一条重要途径。

1999 年《中共中央、国务院关于深化教育改革全面推进素质教育的决定》强调高等教育需要加强对于大学生创新能力与实践能力的培养，提高大学生的人文素养与科学素养。③ 该决定的出台，对于高校培养人才提出了更高的要求，也使得高校工作者对于第二课堂有了更为全面的了解，更加重视高校第二课堂的建设。1999—2002 年，学界首先开始对于第二课堂进行探讨，其探讨方向主要集中在高校图书馆重要作用等方面，此时高校第二课堂研究并不是高等教育研究领域的主流。但是，也有一些研究者开始提出第二课堂以其活动的广泛性、形式的多样性、学生参与的主动性可以成为第一课堂的

---

① 朱九思，蔡克勇，姚启和. 高等学校管理 [M]. 武汉：华中工学院出版社，1983.
② 辜伟节. 第二课堂学概论 [M]. 北京：教育科学出版社，1991.
③ 中共中央国务院关于深化教育改革全面推进素质教育的决定 [EB/OL]. 中国教育新闻网，1999 – 06 – 13.

拓展和延伸。它有益地补充了课堂教育的内容，为高校培养人才的个性和人才的全面发展提供了理论基础。在 2002 年，由共青团中央、教育部、全国学联联合出台了《关于实施"大学生素质拓展计划"的意见》。该意见强调，实施计划要注重高校第一课堂与第二课堂的结合、课内外结合、学习与实践结合。① 该文件为第二课堂的发展以及理论研究提供了政策方面的依据。2003—2009 年，第二课堂的发展主要集中在对于第二课堂的建设方面，确定了第二课堂建设的指导原则以及培养措施，如多样性原则、开放性原则等。另外，这一时期还探索了第二课堂对于学生就业能力、思维能力、管理能力等其他方面的作用。2010 年之后，随着我国高等教育的扩招，高校毕业生人数呈现逐年上升的趋势，高校学生所面临的就业压力越来越大。2010—2016年，无论是高校还是学界层面对于第二课堂的探索主要集中在第二课堂对于高校学生就业竞争力方面的培养。高校陆续推出了第二课堂的课程设置体系、学分制、活动模式、教学模式等，第二课堂的发展呈现立体态势。在学界，丁娟惠提出构建第二课堂实践体系的 5P 模型，对于形成提升高校学生就业能力的第二课堂长期培养机制具有重要意义。[5]

（二）高校实践育人沿革

1. 高校思想政治育人沿革

我国高校思想政治教育自新中国成立以来就在探索中不断前行，根据我国高校思想政治育人认识的不断深化、实践参与面的广度及教育内容发展等方面的情况，可以将我国高校思想政治教育的发展划分为三个阶段。[6]

高校思想政治教育活动第一阶段是中华人民共和国成立之后到"文革"发生这一时期，这时我国的高等教育模式基本上遵循苏联模式，十分强调以教师、教室、教材为中心。在这种情况下，高校更加注重课堂教育。为了丰富学生的课余生活、发展学生多方面素质，高校一方面鼓励学生参加各种文娱体育类活动，另一方面也要求学生联系三大实践，比如到农村、车间、工厂去体验生活或劳动锻炼。从 1957 年之后，由于阶级斗争理论和"左倾"思潮的影响，高校思想政治教育开始逐渐脱离原来的本意。

高校思想政治教育活动的第二阶段是 1978 年到 2004 年，这一阶段是高校思想政治教育活动逐步形成的阶段。这一时期高校思想政治教育基本思想是"解放思想，改革开放"、培养"四化"人才。1979 年 3 月，《打开思想政

---

① 邱伟光. 实施"拓展计划"，全面提升大学生素质 [J]. 思想·理论·教育，2003
（4）：11 - 14.

治工作的新局面》为当时的高校思想政治教育工作确定了方向。在这时期，思想政治教育不仅全面恢复了课堂理论教学，而且对于社会实践也开始探索。1980年，全国涌现了以清华大学和北京大学学生为代表的高校学生自主开展社会调研活动，自此社会实践走向了高校思想政治教育活动的前台。国家教委、团中央于1987年6月联合发布了《关于广泛组织高等学校学生参加社会实践的意见》，该文象征着社会实践已经成了高校思想政治教育的重要形式。1990年5月，就高校开展暑期实践活动，中宣部、国家教委、共青团中央联合要求各地、各学校要把实践活动"抓紧抓好"。高校思想政治教育活动从内容单一逐步拓展形成了形式多样的活动，比如参观考察、劳动实践、服务咨询等活动。在1996年中共中央十四届六中全会通过的《关于加强社会主义精神文明建设若干重要问题的决议》强调："加强青少年思想道德教育，是关系国家命运的大事，各级各类学校都要全面贯彻党的教育方针，坚持社会主义办学方向，加强德育工作。"第二年六月，中宣部、国家教委、团中央、全国学联为了落实六中全会精神，在北京召开座谈会开始推进全国大中学生志愿者暑期"三下乡"活动，进一步拓展了思想教育的内容与形式。2002年2月，教育部印发了《关于加强学术道德建设的若干意见》，意见指出应用积极、健康的社会主义思想文化占领网络这个思想政治教育新高地；将高校学术道德教育作为新时期高校道德教育的新内容；心理健康教育是实施素质教育、促进全面发展的重要手段，并且正逐渐成为学校思想政治教育的重点之一；结合市场经济发展新要求，扎实推进学生创新工作。从2003年开始，高校思想网络开始成了思想政治教育的又一重要载体，同时也是深受学生喜爱的思想政治"精神家园"。2003年1月江苏省高校思想政治教育门户网站正式建成并开通，同年4月教育部号召各高校中学习并推广中南大学网络思政工作的做法。2004年5月，全国高校思想教育示范网站——"中国大学生在线"正式建成并开通，这是一个服务全国大学生的公益性大型综合门户网站。随着时代的发展、信息时代的来临，青年的生活越来越离不开网络，网络必须成为高校德育工作的新阵地。

　　2004年到2016年是高校思想政治教育活动蓬勃发展的阶段。这一时期思想理论教育以马克思、列宁主义，毛泽东思想，邓小平理论、"三个代表"重要思想，科学发展观来培养高校青年学生。[7]2004年8月，中共中央、国务院印发的《关于进一步加强和改进大学生思想政治教育的意见》开启了高校思想政治教育工作的新局面，从2004年起，中共中央将马克思、列宁主义，毛泽东思想，邓小平理论，"三个代表"重要思想和科学发展观，作为新时期高校思想政治教育的指导思想。2005 年 2 月，中宣部、教育部联合印发了《关于进一步加强和改进高等学校思想政治理论课的意见》（简称《意见》），《意见》指出要通过思想政治教育的学科建设加强和改进理论课教学，并且正式提出以"思想政治理论课"来代替原来的"两课"，课程增强了马克思主义基本原理与中国现实及历史的内在联系。为了贯彻中央《意见》精神，中宣部、教育部、共青团中央、中央文明办联合印发了《关于进一步加强和改进大学生社会实践的意见》，该文件强调要深刻贯彻党的教育方针，引导高校学生走出学校、深入社会，开展教学实践、专业实习、志愿服务、公益活动、勤工助学等，在实践中发展，树立正确的世界观、人生观和价值观，努力成长为中国特色社会主义事业的合格建设者和可靠接班人。① 该文件指出高校引导学生参加思想政治教育活动要遵循大学生成长和教育规律，以了解社会、服务社会为主要内容，以对学生进行思想政治教育为主要目的，以多种多样的活动为载体，以建立长效机制为保障。在新的发展环境中，高校思想政治教育活动已经不再拘泥于单一形式，而是各种活动形式间相互结合，比如网络与公益服务相结合、网络与建设校园文化相结合、学生创业与实习相结合等。

2. 高校创新创业育人沿革

"人才是第一生产力"，尤其是具有创业能力的新型人才是推动国家经济、政治、文化发展的源动力。自 2014 年夏季达沃斯论坛开幕式上，创新创业一词被多次提及。创新创业教育是我国高校教育活动的双热点，同时创新创业教育也是缓解就业压力、提高创新质量、建设创新国家的客观需要。高校是培养创新创业人才的摇篮，一直以来将创新创业教育放到十分重要的地位。[4]本节结合国家政策、高校活动以及文献综述将高校创新创业育人沿革分为自主探索阶段、多元探索阶段、全面推进阶段进行梳理。

中国高等学校的创新创业教育开始于 1997 年。"由于 1997 年以前高等教育领域的探索与实践找不到充足的文献，难以详尽其演进状态，这段历史没有'文字'记录（也可能是暂时没有发现），因此，将 1997 年以前的中国高校创新创业教育的称为初创时期。"② 在 1997 年之前，我国的职业教育、继续教育领域已经在创业教育方面取得了丰硕的成果。有学者认为 1989 年 11 月在北京召开的"面向 21 世纪教育国际研讨会"是最早提出创业教育的，但是

---

① 《关于加强和改进高等学校校园文化建设的意见》，教育部、团中央，2005 年 2 月。
② 刘荣. 当代中国美术院校的创新创业教育模式探索［D］. 西安：西安美术学院，2017.

在 1988 年 3 月就有学者提出创业教育的概念是"近十年来吸收全国各地研究陶行知的成果并结合四川的实际于 1988 年 3 月 16 日提出来的"。① 1990 至 1995 年是中国创新创业教育的"六年研究"时期，所谓"六年研究"是指在当时国际改革浪潮中，由联合国教科文推动以及国家教育委员会牵头在北京、河北、湖北、江苏、四川、辽宁六个省市作为项目单位来推行创新创业教育实验与研究。

我国高校创新创业育人的第一阶段是自主探索阶段，时间从 1997 年至 2002 年。从 1997 年开始，全国教育部门开始了对创新创业教育的自主探索阶段，比如清华大学举办了学生创业教育实践，武汉大学实行了"三创"教育，北京航空航天科技园等机构办理了创业注册等。另外，1998 年全国首次举办了"挑战杯"全国大学生创业大赛来推进高校创业教育、营造高校创业气氛、培养创业人才。2002 年 4 月教育部召开的创新创业教育试点座谈会强调："从现实角度讲，由于种种原因，高校毕业生的就业问题越来越突出，尤其是在今后几年更加突出。这就要求我们的高等学校一方面要不断提高人才培养的质量和社会适应性，同时也要加强对学生的创新意识、创新精神和创业能力的培养。高等学校毕业的学生不只是为了就业，还要创业，创造更多的岗位使更多的人能够就业。"②

我国高校创新创业育人的第二阶段是多元探索阶段，时间从 2002 年至 2010 年。2002 年，国家强力推动各大高校的创新创业教育项目启动，清华大学、中国人民大学等九所知名高校成了创新创业教育最早的试点院校。这九所试点高校初步形成了以中国人民大学为代表的以课堂教学为主的创新创业教育模式；以北京航空航天大学为代表的以提升学生创新创业意识与能力为主的创新创业教育模式；以上海交通大学为代表的以为学生创业提供实践与政策帮助为主的创新创业教育模式。③ 这三种模型在《创业教育在中国：试点与实践》中被称作"三种类型"。另外，还有一些学者认为还有"以中南大学为代表的三级创业教育模式，以黑龙江大学和温州大学为代表的创业学院模式，以浙江大学为代表的俱乐部模式"。

我国高校创新创业育人的第三阶段是全面推进阶段，时间是 2010 年至

---

① 胡晓风. 创业教育论集［C］. 成都：四川教育出版社，1995：312－319.

② 教育部高等教育司：《创业教育试点工作座谈会纪要》，高教司函〔2002〕101 号，2002 年 4 月.

③ 侯慧君，林光彬. 中国大学生创业教育蓝皮书——大学生创业教育实践研究［M］. 北京：经济科学出版社，2011：13.

今。在教育行政部门的指导下，中国高校创新创业教育开始全面推进。2010年4月，教育部办公厅、科技部办公厅联合发布《高校学生科技创业实习基地认定办法（试行）》，同年5月又颁发了《关于大力推进高等学校创新创业教育和大学生自主创业工作的意见》，进一步明确高校创新创业教育必须面向全体学生。李克强在2014年夏季达沃斯论坛首次提出"大众创业、万众创新"，并且在当年《政府工作报告》中正式提出要将"大众创业、万众创新"打造成为经济发展的新引擎。"双创"的提出鼓励了更多的青年学生积极参加高校创业实践活动，并且投入创业浪潮中实现自己的人生价值。2015年5月，《国务院办公厅关于深化高等学校创新创业教育改革的实施意见》发布，该文件强调深化高校创新创业教育改革，建成具有中国特色的创新创业教育模式。该文件的发布使得创新创业教育在全教育领域中得到推广，为高校学生创业规划提供了依据。

3. 高校志愿服务育人沿革

高校志愿服务教育是指高校组织大学生为促进社会进步参加各种志愿活动，以此提高大学生素质能力的教育方式。高校志愿服务活动是大学生通过服务社会提高自身能力的重要途径，高校青年参加志愿活动可以培养他们的责任意识、奉献精神、实践能力等。随着志愿服务事业在我国的迅猛发展，高校学生逐渐成为志愿服务活动的中坚力量。

我国青年早期志愿服务活动是在"学雷锋"的号召下开始的。20世纪60年代，在毛泽东的号召下，全国青年开展了轰轰烈烈的"学雷锋活动"，拉开了新中国成立以来我国青年志愿服务活动的历史序幕。[8]直到20世纪80年代后期，我国的志愿服务机构开始建成。随着社会主义市场经济的发展和社会精神文明的提高，我国志愿服务活动得到进一步发展。1984年9月，教育部负责人指出在高校内外开展公益劳动服务大学生思想政治教育。1993年，共青团十三届二中全会通过《在建立社会主义市场经济体制进程中我国青年工作战略发展规划》，首次正式提出"青年志愿者"并且决定实施"跨世纪青年文明工程"。在规划的号召下，以高校大学生社团为代表，全国高校迅速开展"青年志愿者行动"。1993年年底，共青团中央在铁路春运的背景下，组织2万名青年率先打出"青年志愿者"的旗帜并且开展了为铁路旅客送温暖的志愿服务活动。之后，全国40多万青年在全国铁路沿线和车站积极开展了"志愿者新春热心行动"。从此，中国青年志愿者服务活动在神州大地上蓬勃发展。①

1994 年 12 月，中国志愿者协会在北京正式成立，坚持"奉献、友爱、互助、进步"精神，以提供志愿服务、弘扬志愿精神为宗旨。中国志愿者服务协会的成立标志着中国青年志愿服务活动进入了一个新的发展阶段。1999 年 6 月，共青团中央、教育部联合印发《关于做好青年志愿者扶贫接力计划支教工作的通知》，提出组织青年志愿者扶贫接力计划支教工作，通过进一步深化志愿服务系列活动，扎实推进青年道德实践活动。随后，全国各级青年志愿者组织陆续建立，逐步形成了全国青年志愿者行动组织管理网络。从 2000 年开始，共青团中央将 3 月 5 日确定为"中国志愿者服务日"，即传统的"学雷锋活动日"。社会各界青年积极响应，广大青年的志愿服务活动的内容与形式越来越丰富多样。青年志愿服务经过十多年的发展，队伍不断壮大，组织网络与服务机制逐步健全，呈现出健康发展的良好态势。②

高校学生志愿服务活动是青年志愿服务活动的重要组成部分，由于高校志愿服务社团的蓬勃发展以及越来越多大学生参与志愿服务活动，大学生志愿服务开始成了中国青年志愿服务的中坚力量。20 世纪 90 年代以后，以北京大学"爱心社"、上海交通大学"青志队"、中国科学技术大学"芳草社"为代表，许多高校成立了高校志愿服务社团组织。近年来，高校青年志愿服务领域不断拓宽，形成了一批重点服务项目，如社会公益、环境保护、大型活动、城市社区建设等。2014 年 7 月，习近平总书记寄语南京青奥会志愿者："作为志愿者，无论是在台前还是幕后，无论是迎来送往还是默默值守，都可以在这场青春盛会中展现自己的风采。"③ 在 2008 年汶川地震、北京奥运会、残奥会期间，有约十万大学生积极参与其中，充分体现了当代大学生的时代风貌。高校青年通过各种志愿服务活动，其主观能动性得到充分发挥，综合素质与能力不断得到加强与完善。

4. 高校实习实践育人沿革

高校实习育人通常指的是高校组织大学生到用人单位参加社会实践，将所学的知识与技能运用到实践工作中去，使学生进一步理解专业知识，提高认识问题、解决问题的能力，为今后走向社会做好思想和业务准备。组织学

---

① 北京志愿者协会. 走进志愿服务［M］. 北京：中国国际广播出版社，2006：161.
② 北京志愿者协会. 走进志愿服务［M］. 北京：中国国际广播出版社，2006：161.
③ 共青团中央，教育部，全国学联. 2014 年 7 月，习近平写给"南京青奥会志愿者"回信。

生实习是提高学生政治思想水平和动手能力的重要环节，对于培养全面发展的社会型人才具有十分重要的意义。[9]我国高校实习育人随着国家经济的发展而变化，但无论形式与内容如何变化，"理论和实践相结合"的实习育人原则始终没有改变。我国高校实习育人按时间的历程大致分为改革开放前和改革开放后两个阶段。[10]

改革开放之前的高校实习育人带有明显的时代烙印，这一时期是高校实习制度初创期，其特点是以体力劳动为主，适当组织学生参加社会主义教育活动，强调思想政治工作，同时也会安排专业知识的学习。在这一阶段高校学生实习多被称作毕业实习，基本上以学生集中参加为主，各学科的实习时间各不相同。1959 年开始，有学校将毕业学习、生产学习并入生产劳动。1961 年，中共中央批准通过《教育部直属高等学校暂行工作条例（草案）》，条例规定"高等学校必须以教学为主，努力提高教学质量。生产劳动、科学研究、社会活动的时间，应该安排得当，以利教学"。该条例强调了高校育人要将生产劳动与专业知识的学习相结合，以社会实践辅助教学。1964 年 8 月，中共中央、国务院发布了《高等学校毕业生劳动实习试行条例》，这是我国第一个由国家制定的高校实习政策制度。该条例指出："高等学校毕业生劳动实习制度，是促进青年知识分子劳动化、革命化的一项意义深远的重大措施。"之后，中国进入"文化大革命"，高校实习依然遵循着"实践，认识，再实践，再认识"的原则，在教学计划中安排高校学生参加生产劳动实习。

改革开放之后，实习育人在高校得到广泛开展。改革开放初期，计划经济逐步向市场经济转变。1978 年邓小平在全国教育大会上提出"现代经济与技术的迅速发展，要求我们在教育与生产劳动相结合的内容上、方法上不断有新的发展"，高校教学计划继续强调实习育人的重要性，比如浙江大学在教学计划中明确规定"要加强实验、实习和设计等环节，以利于培养学生实际工作能力"。1985 年党中央颁布了《中共中央关于教育体制改革的决定》，确立了"教育必须为社会主义建设服务，社会主义建设必须依靠教育"的战略方针，并且强调"高等学校的潜力和活力得到充分的发挥，学校教育和学校外、学校后的教育并举，各级各类教育能够主动适应经济和社会发展的多方面需要"。从 20 世纪 90 年代开始，我国的高校与企业开始进行全方位的合作。高校通过与企业的合作，使得学生有机会进入与专业相近的企业实习，促进学生知识、能力和素质的提高，同时也能够加快高校科研成果转化和高新技术产业化的道路。进入 21 世纪，教育部门进一步重视实习对于学生实践能力培养的重要性。[11]2007 年，教育部等部门印发《关于进一步深化本科教学改革，全面提高教学质量的若干意见》，强调高校要加强学生的实习、实践等实践教学环节，尤其要重视加强学生专业实习和毕业实习等重要环节。2012 年教育部等部门发布的《关于进一步加强高校实践育人工作的若干意见》再一次提到加强学生实习教学环节。2013 年教育部明确将"实习实训的落实及效果"作为高校本科教学评估的一个重要审核要素。近年来，教育部门通过多种实习方式为大学生实习实践创造机会，如共青团中央的"紫光阁"实习计划等。

（三）高校素质教育沿革

"素质教育是一种深刻的教育哲学理念，一种进步的教育价值取向。它体现了时代发展的特征，也顺应了世界文化的整体走势。"① 20 世纪 80 年代，素质教育开始被提出，素质教育的提出对我国高等教育改革起到了重要作用。通过对高校素质教育发展变化过程的回顾，可以发现素质教育在我国高校的发展经历了提出讨论、试点探索以及全面实施三个阶段。

高校素质教育的提出尝试阶段是在 1995 年 9 月以前。"素质教育"一词是由柳斌在 1987 年 4 月的九年义务教育各科教学大纲统稿会上首先提出，他在"关于制订义务教育教学大纲的几点意见"的讲话中讲道："基础教育不能办成单纯的升学教育，而应当是社会主义的公民教育，是社会主义公民的素质教育。"素质教育的提出尝试阶段的特点是部分大学开始主动将实施素质教育与人才培养模式、教学改革的探索结合起来。在教学内容和教学方式方面，尝试实施素质教育的各高校强调在学校人文专业中加强科学教育，在理工科专业中加强人文教育，举办各种讲座、开设选修课、规定必修书籍等。[12]另外，这一阶段的素质教育注重加强学生的人文知识的传授，而没有探索如何将学生所学到的人文知识内化、提升为素质，以至于有学者发出"增加几门人文课程是否就是素质教育"这样的疑问。值得注意的是，在我国高校实施素质教育起到带头与促进作用的有两类学校：一类是办学时间比较长并且具有良好人文精神与人文氛围积淀的大学；一类是人文教育相对薄弱、以科技教育为主的理工类高校。由此看来，素质教育思想逐渐在高校教育中得到重视是高校素质教育提出尝试阶段的总体特点。

高校素质教育的试点探索阶段是在 1995 年 9 月至 1998 年 4 月，在这一阶段各高校经过教育思想、教育观念的大讨论，最终对素质教育思想进行了充分肯定。1995 年，原国家教委开始有计划、有组织地在全国 52 所高校开展加

---

① 张华. 素质教育本质探论 [J]. 中国教育学刊，1997（3）：23－25.

强大学生文化素质教育试点工作，并且成立了"加强高等学校文化素质教育试点工作协作组"，这对于全国高校素质教育的实施起到了有力的推动与示范作用。此后，全国高校结合自己的办学思想以及办学目标，纷纷开始对素质教育展开探索。各高校根据专业结构与专业教学计划的调整，努力在人才培养计划中贯彻素质教育思想。1998年4月高教司发布的《关于加强大学生文化素质教育的若干意见》强调："两年多来，先后召开了多次加强文化素质教育工作的专题研讨会、报告会和经验交流会。各试点高校做了大量的工作，采取多种途径和方法进行探索，取得显著成绩，积累了不少经验，在高校和社会上引起强烈反响。"这一阶段高校在人才培养目标上注重知识与能力结合，在教学内容上强调人文教育与科学教育相结合。

高校素质教育的全面实施阶段是从1998年4月至今。1998年4月，高教司第一次全国普通高等学校教学工作会议发布了《关于加强大学生文化素质教育的若干意见》，随后32个大学生文化素质教育基地建立。1998年5月召开的第三次全国大学生文化素质教育试点工作会议认为，在全国高校推行文化素质教育的条件已经基本成熟。这两次会议拉开了高校全面实施素质教育的序幕。1999年6月，中共中央办公厅发布《中共中央国务院关于深化教育改革全面推进素质教育的决定》，指出"深化教育改革，全面推进素质教育，构建一个充满生机的有中国特色社会主义教育体系，为实施科技兴国战略奠定坚实的人才和知识基础"。这一阶段高校素质教育实施的重点是如何提高学生培养质量，培养出更能促进社会发展的高素质人才。

（四）高校"第二课堂成绩单"制度

新时期第二课堂是高校学生开展思想政治教育与文化素质教育的重要阵地。2018年7月团中央、教育部联合印发的《关于在高校实施共青团"第二课堂成绩单"制度的意见》强调，完善第二课堂建设是全面落实立德树人的必然要求。共青团"第二课堂成绩单"制度一方面成功借鉴了新中国成立之前关于第二课堂育人思想的精华，另一方面在新中国成立之后高校第二课堂实践探索的基础上完成了继承、融合与创新。"第二课堂成绩单"制度对于全面深化教育改革，全面实施素质教育，全面落实立德树人，构建全员全过程全方位育人格局具有重要意义。[13]

2002年以来，全国高校根据"大学生素质拓展计划"，坚决主张"在思想政治与道德素养、社会实践与志愿服务、科技学术与创新创业、文体艺术与身心发展、社团活动与社会工作、技能培训等六个方面引导和帮助广大学生完善智能结构，全面成长成才"①。复旦大学以职业导航、素质训练、证书认证、社会认同的"四新"要求培育学生，② 北京科技大学通过给学分、经费、教材、网站、荣誉、证书的"六给"模式推动大学生素质拓展。③ 截至2008年，全国有57.9%的高校，本科有85.3%的院校实施了"大学生素质拓展计划"。从某种意义来说，这是"第二课堂成绩单"制度的雏形。但是，此时的"大学生素质拓展计划"的实施存在一些问题，比如管理队伍单一、参与面存在分化倾向以及学分真实性遭到质疑等。

围绕培养大学生全面发展的需要，2014年4月，共青团中央提出将尝试打造"高校第二课堂成绩单"作为助力大学生成长成才的新试点项目。2016年团中央大力推行"第二课堂成绩单"制度改革，当年3月，对外经济贸易大学首先颁发了全国第二课堂成绩单。2016年8月，中共中央办公厅印发《共青团中央改革方案》。9月，《高校共青团"第二课堂成绩单"制度试点工作实施办法》正式下发。北京科技大学率先召开高校共青团"第二课堂成绩单"制度试点推进会，拉开了全国高校开始推行"第二课堂成绩单"制度的高潮。2018年7月，团中央和教育部联合印发了兼具理论指导和实践意义的《关于在高校实施共青团"第二课堂成绩单"制度的意见》，将共青团"第二课堂成绩单"制度作为高校共青团改革的牵引性措施，作为高校立德树人的有利法宝。

无论是中国古代以因材施教、知行合一为代表的传统育人思想，还是近现代西化教育思想以及高校对于实践育人的探索，因为理论的不完善、不科学，以及时代的局限性，最终都没有达到最初的育人目标。[4]第二课堂则不然，它不仅可以通过丰富多彩、形式多样的活动融合实践全面育人思想，培养德智体美劳全面发展的社会主义青年，而且还具有相应的配套政策、规范的教育教学模式以及严谨的操作流程。"第二课堂成绩单"从表面上来看是一张学生实践成绩单，但实质上凝聚了中国古代的因材施教、实践育人等育人思想，而且继承了中国高校的育人理论与实践探索的精华并得到升华。首先，"第二课堂成绩单"制度充分借鉴了中国传统育人思想以及高校实践育人理

---

① 共青团中央，教育部，全国学联. 关于实施"大学生素质拓展计划"的意见［EB/OL］. 中国共青团网（2002－03－25）［2018－01－05］.

② 夏科家，陈郭华，钱海红. "大学生素质拓展计划"在复旦［J］. 中国青年研究，2003（7）：78－81.

③ 潘小俪，刘晓东. 创新实施"大学生素质拓展计划"促进高校共青团工作转型——以北京科技大学共青团"六给模式"为例［J］. 思想教育研究，2009（S1）：102－104.

论，整体设计了高校共青团工作内容，实现对于学生的思想政治引领、志愿服务公益、社会实践锻炼等方面的培养。其次，高校共青团可以为"第二课堂成绩单"制度的顺利实行提供保障：第一，高校共青团组织结构严密，具有强大的组织育人优势；第二，共青团与学生联系广泛，在开展学生工作时善于从学生的角度看问题，更能获得学生的认可与支持；第三，高校共青团开展的活动丰富有趣，对年轻学生来说有一种强大的吸引力。最后，"第二课堂成绩单"制度是实现对高校学生参与共青团第二课堂活动可记录、可评价、可预测、可呈现的一整套工作体系和工作制度。

本章小结

本章首先介绍了新中国成立之前关于第二课堂育人思想的沿革，包括中国古代时期的因材施教、自主学习、游学等育人思想，同时对中国近代几位重要思想家的西化育人思想以及工读主义思潮做了阐述。其次着重阐述了新中国成立之后的高校第二课堂育人沿革。最后总结了高校"第二课堂成绩单"制度对于前期第二课堂育人思想与实践的融合与创新。

参考文献

[1] 孙培青. 感悟教育史 [J]. 华东师范大学学报：教育科学版，2013，31（2）：69 - 73.

[2] 李涛. 百年中国教育史研究高潮的回顾与反思 [J]. 东北师大学报：哲学社会科学版，2003（2）.

[3] 蔡振生. 中国教育史研究的历史回顾与反思 [J]. 北京师范大学学报：社会科学版，1988（3）：36 - 43.

[4] 孙培青. 中国教育史：修订版 [M]. 华东师范大学出版社，2000.

[5] 曾剑雄，宋丹，高树仁. 大学生第二课堂研究：历程、焦点与前瞻——基于1999—2016 年 CNKI 的文献述评 [J]. 重庆高教研究，2017，5（6）：119 - 127.

[6] 梅鲜. 高校思想政治教育第二课堂建设研究 [D]. 上海：复旦大学，2013.

[7] 王克强. 高校思想政治教育第二课堂建设路径研究 [J]. 厦门城市职业学院学报，2017（2）.

[8] 潘艳艳. 高校志愿服务发展研究——以 S 大学为例 [D]. 苏州：苏州大学，2013.

［9］孙培青. 教育史学科未来的几个问题［J］. 河北师范大学学报：教育科学版，2005，7（1）.

［10］赵玖香. 校企合作发展历程及研究现状概述［J］. 齐齐哈尔工程学院学报，2011（2）：13－17.

［11］陆国栋，陈利华，孙健，等. 长时间实习多方合作、深度互动的育人模式［J］. 高等工程教育研究，2014（2）：50－56.

［12］黎琳. 中国大学素质教育回顾与展望［J］. 清华大学教育研究，2000（3）：83－88.

［13］徐倩倩. 第二课堂成绩单制度：高校共青团融入人才培养的新体系［J］. 广西青年干部学院学报，2017，27（2）：14－17.

［14］陆国栋，陈利华，孙健，等. 长时间实习：多方合作、深度互动的育人模式［J］. 高等工程教育研究，2014（2）：50－56.

第三章

素质教育的国际经验借鉴

引言

习近平总书记在北京大学师生座谈会上指出："教育兴则国家兴，教育强则国家强。"① 新时代为实现我国高等学校教育体制改革和建立"第二课堂成绩单制度"的目标，必须吸收借鉴先进国家和地区的教育实践成果，并将其与我国实际情况相结合。本章首先从素质教育的国际界定出发，层层推进，然后分别从素质教育的形式多样化、信息化及多方主体参与几个方面回顾了国际上的优秀成果，并总结了其对我国第二课堂育人的深刻启示。

一、素质教育的国际界定

（一）素质及素质教育的全新界定

"素质"一词在我国的《现代汉语词典》中的解释是："素"，即本色；"素质"，也就是事物本来的性质或心理学所指的人的神经系统和感觉器官上的先天特点。由此可见，素质所强调的是人的先天性。[1]但这种解释显得过于笼统，国外对于"素质"的概念经过了一个长期的讨论，并最终形成了关于素质的一种全新的界定。目前，不论是在职业技能方面还是在高等教育方面，欧盟国家对于"素质"的概念都给予了极大的关注，也就是我们所指的对于"素质"概念的全新使用。其"新"在于对于素质的关注已经从传统上提高行为导向的技能这种单一方面转换到将素质定义为与研究、就业以及职业发展相关联的几种知识、技能和态度的集合体。[2]

关于"素质"这一概念的讨论始于 20 世纪 50 年代末。1959 年，美国学者怀特写了一篇文章，他将素质定义为"对于知识的获取、技术的掌握以及

---

① 2018 年 5 月 2 日，习近平总书记在北京大学考察时发表重要讲话，高瞻远瞩地首次做出了"教育兴则国家兴，教育强则国家强"的科学论断。

探索的需要的一种最基本的动机"。14 年之后，美国管理学大师麦克利兰认为传统上的测评需要进行改进，因为传统通过对智商进行测试来对教育、培训和职业选择进行预测评估的方法是有一定局限性的。之后吉尔伯特将有效绩效的提高与素质联系起来。普拉哈拉德和哈梅尔在 1990 年提出将核心素质应用于组织层面。他们认为那些成功识别并将本组织的核心素质与发展战略相结合的企业会展现出更好的绩效。西方学者对于"素质"的讨论由浅入深，经过了数十年的演进，最终发展为现在国际上普遍认可的关于"素质"这一概念的最终界定。然而需要注意的是，"素质"必须放在特定的具体情境之下才有意义，我们生活当中有很多例子可以说明这一点。比如"沟通"这一素质，只有把它放在特定情境中才具有实际意义，我们就以某一区域的零售部的一线管理来说，在其过程中需要将"沟通"这一概念具体化。比如说服员工去做一些任务时所体现的就是说服性沟通，与说服性沟通相关的知识、技能和态度会在这一管理过程中展现得淋漓尽致。

"素质"在国际上的全新界定是在某一职业、组织和工作中与绩效相关联的知识、技能和态度的综合体。而与此相关联的素质教育就是以培育、提高受教育者综合素质为核心的教育。具体来说，关注人的发展是素质教育的本质和中心工作，人的素质虽然具有先天性，但会因为后天环境的影响以及可以通过相应的训练而改进提升。人的素质可以分为身体素质、心理素质、社会文化素质，而素质教育就是要不断聚焦人的成长过程，通过相应的措施实现人的各种素质的最优组合，构建科学健全的素质结构。从这里可以看出，素质教育所强调的是受教育者的全面发展，包括生理与心理、智力和非智力、情感与意志等因素在内的全要素发展。

（二）素质教育的重要作用

放眼全球，各个国家高校的第一课堂所传授的知识就其本质来说并没有太大的区别，但是这些知识在传递给学生并内化为学生自身的智慧时所使用的方法和路径却有很大的差别。学生综合素质的培育不仅包括书本上的知识，也包括书本以外学生自主选择的各项活动。一种好的教育并不是将课本上的知识周而复始地灌输给学生，而更应该将目光聚焦于学生如何去理解应用这些知识，以及在应用的过程中所创造的价值对于学生各方面需求的满足。学生只有通过将所学知识在实践中应用，才能不断加深其对知识的理解，提高解决问题的能力。

之所以说实施素质教育是培育受教育者综合能力全面发展更加深层次的一环，是因为第一课堂教育方式有其局限性。具体来说主要表现在以下两个方面。第一个方面是第一课堂目前只是停留在知识教育，而没有达到知识与智慧并重的程度。我们对这个世界的认知可以分为三个层次，即经验、知识和智慧。其中经验和知识是显现层面，也就是可以通过一定的媒介进行直接传递的。而智慧则是更加深层的一面，它潜藏于经验和知识之中又作用其上。知识和智慧并重的教育在实践中具体体现为知行合一、手脑并用。而第一课堂所做的更多的是将课本上的知识直接传递给受教育者，这显然做不到知识与智慧的结合。第二个方面是第一课堂在学生思维能力的培养上偏重演绎能力的锻炼，而缺少对归纳能力的足够重视。素质教育的一个核心问题是对学生创造性思维的培养。这是因为在第一课堂当中，老师将课本上的知识授予学生之后，最多只会通过一些简单的课堂活动将所学知识进行应用，但这只是一种演绎思维的训练，而演绎的方法只能验证真理。素质教育所做的是培养受教育者发现真理的能力，也就是归纳思维的应用。[3]

第一课堂在育人方面的局限性恰恰体现了素质教育对于受教育者全面发展所扮演的重要角色。素质教育的核心价值体现在它所要达到的目标是实现人的能力素质的全面提升，其中包括专题知识、专业技能、关键能力和核心特质四个方面的内容。这里需要说明的一点是，虽然第一课堂承担了以知识为主的育人内容，但其覆盖范围和实现手段仍然存在明显不足，对于那些最前沿的知识专题，比如一带一路、制造 2025、金融创新以及大数据等，在第一课堂中很难涉及。为了弥补这方面的欠缺，素质教育着力通过开展各项活动，比如专题讲座，主题演讲等来让受教育者切身感受时代心脏的跳动。专业技能包括通用技能、专业技能、职业技能三个层面，具体内容需要根据不同的专业特征和个性化的职业选择进行设置；关键能力包括善于学习、批判思维、创新能力、与人合作、沟通能力五个方面，聚焦如何在变革与创新时代获得可持续的发展优势；核心特质覆盖价值观、行为倾向和个人特质等影响个体成功的关键因素，包括诚信正直、成就动机、责任心、主动性、好奇心、积极乐观、自信、韧性、情绪稳定和灵活性等十个要素。

素质教育正是通过对受教育者能力素质的全面培养与提升而使其具备在如今日新月异的社会里披荆斩棘的资本，同时也为这个世界创造了源源不断的价值。

二、素质教育的国际最佳实践回顾

（一）素质教育形式的多样化

1. 志愿公益服务

青年志愿者公益服务对学生成才成长起着至关重要的作用，开展志愿服务活动是实施素质教育的重要内容和途径，为此，我们有必要借鉴西方发达国家的先进理念和运行机制，为我国高校志愿公益活动的展开提供更加丰富的经验。

我们先来说说我们的邻国日本。众所周知，日本是一个自然灾害频发的国家，地震频发所造成的人员伤亡和财产损失激发了广大青年的志愿服务精神和意识，所以日本是全世界最早开始进行志愿服务活动的国家之一。日本大学生参加志愿服务活动的形式主要有两种。一是将志愿服务活动和学校课程有机联系起来，比如说开设与志愿活动相关的课程，让学生能够了解志愿服务的基础知识，激发参与兴趣。二是与课程相分离的志愿服务活动，比如组织相关的讲座以及开设志愿服务的咨询服务来为学生提供相关的信息。[4]美国的志愿服务有着非常悠久的历史，美国总统奥巴马曾经在一次志愿者活动中说："美国历史始于志愿服务。"① 这句话足以体现出志愿活动在美国的地位。美国各大高校为学生提供了各种各样的志愿服务活动供他们选择，学生通过参加各种活动来提升和展示自己的能力，同时也丰富了社会交际能力，提升社会的认同感并获得他人的尊重。[5]与美国相邻的加拿大在 1937 年就建立了第一个志愿服务中介。值得一提的是，加拿大有一套完整的义工管理体系。一是健全的制度和载体，加拿大高校在录取学生时和中国的高校有一个很大的区别，他们除了关注学生的学业成绩以外，更加看重学生参加志愿服务的经历，并将其作为入学的一项重要条件。二是加拿大的义工管理体系强调的是通过心理暗示来提升服务效果。他们认为参加义工活动的人都具有很高的素养，在参加活动的过程中通过自我激励来实现自我约束，并不断提升能力，锤炼品性。[6]

2. 创新创业创造

正如前面所提到的，素质教育所要解决的是受教育者归纳能力的培养和提升，所谓归纳能力，通俗一点讲就是我们所说的创造性和创新性思维。而高校创业创新教育正契合了这一点。环顾整个世界，我们发现各个国家在创新创业教育上都有自己独特的一面。

英国的创业教育已经走过了 40 年的历程，现已形成了较为完善的创业教育体系和课程特色。英国有系统化的创业教育课程结构。根据对象的不同，课程可以分为面向在校大学生的课程和面向社会人士的创业教育课程。所以不论什么身份都可以参与相关的创新创业教育，满足了不同人的需求。此外，

---

① 美国前总统奥巴马在 2011 年国家志愿者周上说："美国历史始于志愿服务。"

英国许多大学有自己的科技园区，为创业的大学生搭建实践的平台，并且配有专业人士进行相关指导。所以说，英国创业教育相关课程激发了广大青年的创业热情，而与此相配套的科技园区则为大学生将创业意识转化为创业实践提供了优良载体。[7]在这一过程中，青年学生不仅收获了知识，激发了主动性，同时也满足了自我价值实现的需求。日本的创业教育是一个从小学到大学的连贯体系。从小学开始，日本就非常注重学生创业意识的培养，比如，很多学校利用早晨课前的两三个小时让学生勤工俭学，送送报纸或者餐饮等。这样做的目的是培养学生的创业意识。在中学时期，文部科学省进行相应的课程改革，在日本学校特有的"综合学习时间"内组织"商店街活动""动手练习"等活动和课程，以此来为学生的创业热情提供广阔的平台。大学阶段，学校的创业教育课程设置和活动更加深入，并且还非常注重与小学、初中、高中的相互合作。[8]由此看来，创业是对一个人能力和意志品质提升最为有效的途径，高度重视创业创新教育应该成为我国素质教育实施过程中着重关注的一个方面。

3. 文艺体育项目

卢梭曾经说过："如果你想培养你的学生的智慧，就应当先培养受他的智慧所支配的体力。不断地锻炼身体，使他健壮起来，以便他长得既聪明又有理性。"① 体育对于人的素质的作用并不仅仅是身体素质的锻炼，更重要的在于对于人的意志的磨炼。如果说体育对于青年素质的提升更加带有男性阳刚色彩的特点，那么文学艺术对于受教育者的内化作用则更具女性阴柔之美。

美国高校的课外体育活动是最为丰富的。通常开展的活动有美式橄榄球、田径、沙滩排球、篮球、棒球、游泳。参加体育活动可以使学生学会如何在集体活动中与他人相处，从而结识到更多的朋友，对自身的自信心也是一个极大的提升。美国课外体育活动的一大特点是更加注重个人潜能的开发。具体来说，参加体育活动不取决于自身身体素质水平，每个人都可以加入其中并且享受体育本身带来的快乐，体育活动的目的是培养学生的参与热情以及独立的性格和能力。[9]加拿大的课外体育活动分成以学校为单位和以班级为单位两种不同的形式，其中以学校为单位的活动包括各种俱乐部以及各种各样的体育运动会，项目有足球、垒球和越野赛等。以班级为单位的课外体育活动，首先由体育教师来制定一个详细的活动方案，然后再征求学生和家长的

① 卢梭在《爱弥儿》中提到"如果你想培养你的学生的智慧，就应当先培养受他的智慧所支配的体力。不断地锻炼身体，使他健壮起来，以便他长得既聪明又有理性"。

意见进行相应的调整，这也体现了加拿大体育活动多方主体参与的特点。丰富多彩的体育活动锻炼了学生的忍耐力、灵活性和协调性，同时也激发和培育了集体主义精神。[10]

4. 思想素质养成

思想素质是青年成长成才的内驱力，如同汽车的发动机一般，在社会生活实践中起着决定性作用，而且在一定程度上决定了青年发展的上限。思想素质包括意识形态、政治素养、责任心以及坚定信念等。充分借鉴西方发达国家的青年思想素质养成方法对我国开展素质教育尤其是社会主义核心价值观的内化具有重要意义。

一段时间以来，"意识形态淡化论"在西方一些国家还是颇为流行的，然而如果我们深入研究之后就会发现，其实西方国家对青年意识形态的教育一直都未松懈。除了通过法律来保障公民的言论自由之外，更重要的是通过学校的教育，尤其是带有宗教色彩的学校的教育。宗教在西方已经渗透到了人们生活中的方方面面，很多青年参加宗教活动比参加体育运动的频率都要高。[11] "基督教构成了民主和人民自治思想的最深厚的基础"，这是美国世俗学者桑多斯说的。教会学校会定期带领学生参加各种各样的教会活动，所以学生们的世界观、人生观和价值观在很大程度上是受宗教的影响形成的。

说到思想政治素质教育，西方国家虽然带有明显的阶级性，但通过对青年思想政治的培养，保障了国家政权稳定，同时也对受教育者的心理资本产生了积极的影响。美国的思想政治素质教育内容非常丰富，包括爱国主义教育、法制教育、价值观教育、健康人格教育等。就其具体实施途径来说也是富有多样化的。[12]首先，课堂教学是主要渠道，而课外的丰富多彩的活动是新领域。其次，西方国家的心理咨询发挥着不可替代的作用，很多学校设有专门的心理咨询中心，配备专业的心理咨询专家，为学生的发展提供各类信息。最后，西方国家还特别重视教育的生动性，通过组织和开展各类活动，激发和满足学生们热爱国家和热爱生活的心理体验。[13]

总体来说，西方国家对青年的思想素质教育大多是通过课外实践活动来进行的，这也反映了西方教育的一大突出特点。受教育者通过参加形式多样的实践活动，切身体会到书本上有关价值观的理论，并且不断内化为自身的思想素养。在这一过程中，还逐渐养成了对待事情的责任心以及持久的毅力。

5. 实践实习实训

实践是实施素质教育不可缺少的环节，甚至可以说素质教育的过程也是实践的过程。实习实训不论是在欧美各国还是在我国都是学生适应社会需求、增长技能才干的主要途径。但是由于经济社会文化背景的不同，西方各国实习实训还是体现出了不一样的特点，并且已经形成了较为完善的体系和模式。对于欧美国家的实习实训教育的介绍，我们主要通过教师的教育实习来展开。因为美、英、法、德等西方发达国家的教师教育发展得早，并且形成了各自鲜明的特点。

以教育实习为例，美国的教育实习的操作流程是将其分为三种类型：模拟实习、教育见习和教育实习。模拟实习一般是在学校的教育学院的实验室中进行，并且通常采用微格教学的方法，也就是通过声、像、光的技术对师范生应该掌握的各种教学技术和技巧进行模拟训练，使受教育者掌握相关专业所需技术。教育见习，是指让师范生到中小学中进行短期的、辅助性的教学工作，目的是了解学生实际生活情况以及学校教育工作的运行过程。而教育实习是在高校指导老师的指导下，去学校认可的中小学进行实际教学工作。一般要求制定出详细的教学计划并且评定中小学生。[14]

英国的教育实习特点是以中小学为基地的重负荷教学训练模式。1992年至1994年期间，英格兰、爱尔兰和威尔士均制定了有关师范生的培训条例，并且明确提出教育胜任力应该包括课堂教学和管理能力、教学评估能力、会使用教学策略，同时指出教育胜任力是衡量训练结果的"核心标准"。除此之外，英国的高校教育实习基本都包括"教学经验入门"以及"教学实际训练"两部分。"教学经验入门"就是让师范生到中小学中与学生进行接触，了解实际教学工作。"教学实际训练"就是让见习生到学校参与实际教学，通过面对不同文化背景、兴趣、特长和爱好的学生，见习生的应变能力和沟通交往能力得到了很好的锻炼。[15]

6. 技能特长培养

21世纪的社会是多元化的社会，社会对于人才的需求也是多样化的。大工业时期"标准化"的培养模式已经无法适应时代的潮流，高校必须重视对学生技能特长的培养，采取各种措施发掘学生的潜质，最终使每个人学有所长。我国第一课堂对学生的教育还仅限于将"标准化"的知识传递给受教育者，所以对其技能特长的培养则应成为素质教育重点解决的问题。

沟通技能在很大程度上决定着一个人的人生价值的实现程度。由于我国传统观念认为"言多必失""祸从口出"，人们形成了遇事沉默是金的原则。

这些观念在人们心中根深蒂固，限制了人们说话的欲望。[16]与此相反，美国的文化与我们是截然不同的，作为第三产业极为发达的国家，通过各种沟通技巧将自己的服务推销给他人并获得丰厚的报酬早已成为美国人的一种行为模式。当然，美国高校对于学生沟通技能培养的重视也是推动第三产业不断发展的原动力。目前，美国高校已形成了系统的、多元化、分层次的培养模式。首先，美国高校全面开设"公共演讲"课程，甚至有的学校将其设为必修课。公共演讲课锻炼了学生在任何场合都能够清晰表达自己的能力，同时也提高了大学生独立思考的能力，对于心理素质的培养也是一种效果显著的方法。其次，虽然美国高校设有专门的公共演讲课，但对于学生沟通技巧的培养绝不仅限于几门课程。在美国，任何教师的任何课程都贯穿有对于学生沟通交流能力的训练，比如大量的运用小组讨论、作业成果汇报以及方案陈述的形式。[17]

　　日本由于其特殊的地理环境以及发生频率极高的地震灾害，防灾技能教育成为日本的一大亮点。日本学校的防灾教育内容丰富，主要包括灾前预防、灾时避难以及灾后求助三个阶段的内容，并且教育内容全面贯穿于各学科、道德、综合学习时间以及特别活动等课程之中，例如理科中涉及的内容有日本常见自然灾害发生原理；特别活动课程侧重培养学生的实践技能；而综合学习时间则是更多地了解当地的实际情况，制定适合本地区的防灾计划。日本这种系统式防灾教育模式包括了技能的训练和思想意识的形成，无疑是对学生素质的一种全面提升。[18]虽然我国不具备相似的地理条件，但其中的教育理念是值得我们深思和借鉴的。

　　（二）素质教育的信息化

　　李克强总理在十二届全国人大三次会议的政府工作报告中首次提出"互联网＋"行动计划。信息技术在21世纪的迅猛发展不仅改变了人们的生活方式，更重要的是对人类思维方式的重塑。顺应互联网创新性的特点，促进高校教学改革是大势所趋。互联网作为一种现代技术，可以与不同产业、不同学科以及不同领域完美融合并焕发出生机。素质教育所涉及的范围十分广泛，包括社会实践、志愿公益服务、专业技能培养、实习实践等各个方面。在这些活动中充分利用互联网技术加快素质教育信息化的发展是素质教育现代化的题中应有之义。

　　首先，我们从课堂教学的视角来谈信息技术对于教育的根本性改变。我们都知道，传统的课堂是以老师为绝对中心。学生只是知识的被动接受者，只有老师拥有知识，或者说老师说的都是对的，这种观点在信息时代来临之前是为大众所认同的。然而，随着互联网信息技术的发展，传统的课堂教学模式已经被打破。美国的慕课（MOOCs）和翻转课堂是对传统授课模式进行的突破性创新。其中翻转课堂更是开发了一种颠覆观念的课程模式。它将以前应该在课堂完成的教师对学生的知识传递环节放在课前进行，而将知识的吸收和内化放在课中进行，与此同时，学习的决定权从老师手中交还给了学生。[19] 我们需要指明的是，翻转课堂之所以能够实现知识传递的课前进行，完全得益于互联网的资源共享功能。为了说明这种颠覆性模式的深刻意义，我们引用布鲁姆及其学生的认知分层理论。布鲁姆在 1956 年将教育目标分成认知、情感、技能三类。而在 2001 年，布鲁姆的学生克拉斯沃和安德森对其认知分层理论加以完善，并且按照人的认知水平的高低，将认知过程描述为记忆、理解、应用、分析、评估、创造由低到高的六个层次。布鲁姆认为，学生的认知过程是先从记忆开始的，然后再进行理解。所以教师会把课堂大部分的时间用于对之前所学知识的回顾以及对新的知识的传输。在这种情况下，认知分层中最上层的创造性活动是传统课堂根本触及不到的。然而，翻转课堂充分利用互联网技术，将传统认知分层理论彻底颠倒过来，即老师把大量的课堂时间安排在分析、评估和创造这几个高层次的认知活动。更进一步说，课前教师通过互联网将学习资源分享给学生进行自主学习，这样做可以把记忆、理解这些低层次的认知活动占用课堂时间降低到最低限度。在课堂上，教师组织学生进行小组讨论和案例分析等活动，从而极大地尊重了学生的主动性，使学生能够最大限度地发挥自身的创造性思维，同时将课堂变得更加有效和富有新意。

翻转课堂的实现得益于互联网技术的应用。互联网与课堂的结合大大提高了授课的效率，更重要的一点是彻底变革了传统教学理念。当然，除了课堂教学的信息化之外，欧美发达国家在国家政策支持方面对于教育与信息技术的结合同样十分重视。

美国政府从 1996 年就开始全面推进教育信息化发展，鼓励地方、州政府与私人部门之间建立广泛合作关系，并且增加网络信息硬件设备以及计算机的资金投入。2012 年 3 月，美国教育部长和联邦通信委员会召集苹果、英特尔等大型跨国公司举行会议，共同商讨措施以应对未来发展的挑战，并且计划未来五年内推动交互式数字课本在全美 K - 12 学校的普及和应用。日本政府在推进教育信息化的过程中，面对教育发展形势的变化，相继推出了"百校工程""未来校园"等政策，从而引领教育与信息技术的快速融合。日本基础教育硬件条件在这些政策的推动下逐渐实现了学生和教师能够用互联网连接，到一对一电脑系统为全部 6～12 岁学生提供学习资源和电子课本。同时，日本政府还颁布了统一的全国课程标准，并且明确规定了信息教育中学生的道德素质培养，指出学生在现代信息化条件下应该掌握的伦理知识和道德规范，以此来达到信息技术与素质教育的良性结合。英国的教育信息化目标十分明确，它是以培养学生的信息技能为导向。英国教育部门已经将信息技术作为学校的必修课，并且制定了健全的中学信息技术应用评价指标体系，使学生掌握适应社会发展的必备技能。[20]

总体来说，互联网技术以及人工智能这些信息革命的产物对于素质教育的辅助作用不言而喻，它们让教育变得更加高效便捷，满足了不同学生的个性化需求。然而我们不能忽略的是，信息化技术带来的冲击是对传统教育理念和教育模式的根本性改变。我们必须摒弃陈旧观念，积极探索素质教育与信息技术相融合的途径，从而开启崭新的教育时代。

（三）素质教育多方主体的参与

素质教育的主体在学校，但绝不仅限于学校。教育本身是全社会的事儿，需要来自多方主体的共同参与。除学校之外，企业、家庭、社会都是素质教育的重要推动者。加强素质教育多方主体的参与是全面深化改革的重要方向，也是素质教育的内在要求。在这一方面，西方发达国家比我国开展得早，并且已经形成了较为完善的合作模式。回顾这些国家的实践成果将会为我国素质教育的进一步发展提供直接经验。

1. 素质教育的家校合作

家庭是学生的第一所"学校"，俗话说"三岁看大，七岁看老"，这句话是在说家庭对于孩子的影响是贯穿一生的。家长的言行以及对待事物的看法会对孩子形成潜移默化的影响，并在不知不觉中使孩子形成一种相似的行为模式和价值理念。所以家校合作是教育发展到今天的一种必然趋势。从组织层面来看，家校合作需要规范化和制度化，也就是家长和教师的有序参与。日本以及西方发达国家建立了从学校到全国的家校合作组织体系。例如，日本有专门的家校合作组织——父母与教师联合会（PTA），其中包括班级的 PTA 和学校的 PTA。该联合会发挥作用的形式在于组织家长开放日、家长观摩学校课堂以及教师和家长的谈话会等活动。美国将学生家长看作是一种重要的教育资源，学区中的大部分学校还成立了"家长志愿者协调委员会"。这些家长组织首先从外围发挥作用，也就是筹措资金和购买设备。其次，通过学校组织，家长们能够对孩子的学习情况进行深入了解，从而更好地帮助他们成长。如果有问题，家长还可以通过家长组织向学校反馈情况，提出意见和建议。在具体操作层面，学校通过开展多种形式以及有实质性的家校合作活动，提高家长的教育常识和技能。活动既包括前面提到的学校开放日，也包括教师家长联谊会以及家长手册等丰富有效的活动。关于家长培训，英国的一大特色是"教学助手"。"教学助手"是从家长中招聘而来的，接受过专业培训的家长能够帮助教师出色地完成教学活动。从家长的视角，他们会更加兼顾到学生个体的差异，最终达到提升教育质量的目标。[21]

2. 素质教育的校企合作

校企合作又可以称作"合作教育"。素质教育的一个现实目的是满足企业对人才能力的需求。校企合作办教育直接实现了供给与需求的对接。因为素质教育能够为企业培养自身所需人才，所以企业在校企合作中的积极性和主动性是非常强烈的。目前国际上比较有特色的校企合作模式包括德国的"双元制"模式、英国的"三明治"模式、加拿大的"CBE"模式以及美国的"工学交替"模式。

德国的"双元制"培训模式就是学校与企业合作，并以企业为主，政府进行立法支持的管理体制。在整个过程中，企业充分发挥自身作用，主要负责学生的实践教学。而职业院校的教学工作要根据企业教学计划进行，二者相互配合。在政府方面，联邦政府根据《职业教育法》对企业的培训进行规范，同时各州根据《学校法》以及《义务教育法》来管理各个职业学校。加拿大政府对于职业教育的重视程度颇高，职业院校的经费大部分来自政府财政拨款，这一比例大约为60%。关于校企合作，加拿大的一个特色项目是带薪实习，也就是学生在学校和企业进行交替学习，而且工作实践学时应占专业理论学时的三分之一。带薪实习项目所带来的益处是全方位的，学生通过该项目积累了工作经验，并且明确了企业对自身的需求点。企业能及时填补临时的人力资源短缺，并且还能享受各省的优惠政策（安大略省规定企业每接收一个实习学生可以免除该省的合作教育税的金额高达3000加元），从而降低了招聘成本。学校则可以通过学生的反馈信息及时调整自己的教学大纲以适应企业对于人才的需要。[22]

3. 素质教育的校社共育

所谓校社共育，就是指以学生的和谐发展为终极目标，学校和社会教育机构在自愿的条件下，通过平等协商达成的互惠互利的协同行为模式。这里我们所讲的社会，是除企业之外的其他社会团体以及非营利性组织。校社共育是实现社会资源最优利用的有效途径，在学校与社会全要素互通互动的过程中实现社会的整体进步。

对于校社共育，我们首先应该清楚学校能够获得的社会教育实体有哪些。大致来看，社会教育实体可以分为以下四类：一是独立的教育实体，比如青年宫、青年活动中心等，这些机构也属于教育机构，因为它们既承担了教育职责，同时也有丰富的教育资源；二是兼具教育职能的实体机构，这些机构包括文联、社区、科协、工青妇等组织，这些机构虽然有其他职能，但青年教育也属于它们的职责范畴；三是兼具教育功能的实体机构，天文馆、动物园、博物馆等就属于这类组织；四是有教育资源的实体机构，一些大的工厂还有农场以及科研机构为青年参观考察和实地实践提供了帮助。其次，各主体应充分发挥自身优势，服务社会教育。在这个过程中，学校处于主导地位，学校提供的服务大部分是教育服务，包括提供课程、师资和场地的直接形式以及提供培训的间接形式。社会其他主体各自发挥自身优势，比如社区可以作为学校与家长之间的联结者，提供场地，定期开展家长咨询会。青年宫、博物馆等具有丰富教育资源的主体与学校的合作意向十分明确，学校通过主动与这些机构联系，组织学生定期参观，可以实现与社会资源的有效对接。[23]

三、国际经验对我国第二课堂育人的启示

（一）第二课堂形式要多样化

当我们回顾世界各国在素质教育方面所采取的政策、形成的模式以及运行机制后，我们必须对其加以深刻反思，思考哪些地方可以与我国的实际情况相结合，力求做到素质教育的"中国化"。其中首先要关注的方面是第二课堂形式的多样化，因为我们无法指望通过一项活动就能将学生发展所需的能力和素质全部囊括其中。所以必须要开展各类活动，并让广大青年朋友参与其中，从而实现学生素质的全方位提升。

对于志愿服务活动，首先，要从思想层面入手，使志愿服务观念深入人心。比如可以通过社会主义核心价值观的大力宣传使志愿服务的精神在社会不同阶层群体之间广泛传播。其次，要进一步加强志愿服务的激励。日本国际协作机构JICA为了鼓励青年参与志愿服务活动，在活动结束后会对参与者的职业发展提供大力支持，比如制定职业发展规划、提供就业和招聘信息、提供就业培训补助等。中国也可以借鉴日本的激励政策，通过各种表彰、奖励等营造一种鼓励参与志愿服务的社会正气。[24]

"大众创业，万众创新"是如今的主旋律，而高校学生是绝对的主力军。但是大学生的实际创业状况并不尽如人意。2016年我们国内的大学生成功创业比例仅为2%左右，这项数字与欧美发达国家大学生成功创业的20%至

30%的平均水平比较起来差距明显。为了解决这一问题，首先，我国高校创新创业教育应该以实践为导向，积极举办各类创新创业竞赛活动。其次，高校科技园区是"双创"实施的重要载体，高校应该在校内建立园区并且实行企业化标准管理，保持与高校科研的紧密联系，从而保证园区的存活率。最后，各高校应该搭建信息共享网络平台，充分利用互联网的优势促进知识和资源共享，为高校大学生的"双创"实践活动提供便利。[25]

社团是高校第二课堂最主要的阵地，涉及人数最多，并且覆盖面最广。另外，社团也是高校学生参与兴趣最为浓厚的课外活动。鉴于此，各级政府以及高校应该更重视社团的建设。虽然我国高校的社团规模总体来说比较可观，但是在运行机制以及资源供给方面还有所欠缺。在这一方面，政府应该起到主导作用，充分调动社会资源与高校进行对接，一方面可以刺激市场活力，另一方面又能为高校的社团建设注入强大动力。[26]

当然，我们应该认识到素质教育的基石是思想素质的教育。尤其考虑到我国的特殊国情，思想政治素质应当成为我国青年素质教育的主线。中国共产党有自己独特的政治优势，并且是我们国家唯一的执政党，各高校的基层组织党员人数众多，发挥基层党员先锋模范带头作用对于高校思想建设具有引领作用。社会主义核心价值观中所倡导的"富强、民主、文明、和谐、自由、平等、公正、法治、爱国、敬业、诚信、友善"的核心要义只有通过新闻媒体的大力宣传以及学校的相关主题教育，才能让其精神充分融入百姓生活，融入青年的学习过程，并帮助他们塑造良好的品性。

（二）第二课堂的现代化和信息化

互联网和信息技术的迅猛发展不仅改变了人们的生活方式，同时为我国第二课堂的信息化和现代化提供了良好契机。将第二课堂与信息技术相结合不仅是适应时代发展潮流，也是我国素质教育改革的必然要求。

20世纪90年代以来，世界上许多发达国家认识到了应将信息技术应用于教育领域，因此开始大规模建设教育信息化工程，比如美国的"教育技术规划"、韩国的"智能教育推进战略"、日本的"未来校园推进事业"、澳大利亚的"数字教育革命"等。在这种全球化的教育信息化浪潮之下，我国也逐步开始了教育信息化的步伐。1978年4月，邓小平同志在全国教育工作会议上提出了"要制订加速发展电视、广播等现代化教育手段的措施，这是多快好省发展教育事业的重要途径，必须引起充分重视"，这是我国教育信息化发展的开端。在这之后，我国又相继出台了一系列的政策方针来推动教育信息化的发展。2012年9月，国务院副总理刘延东在全国教育信息化工作电视电话会议上提出，"十二五"期间，要建设好"三通两平台"① 这个教育信息化建设的核心目标与标志工程，并且还着重提出了教育信息化建设的六个方面的重点工作。2016 年 6 月，为了落实中央有关教育信息化的战略部署，教育部制定了《教育信息化"十三五"规划》，提出到 2020 年，基本建成"人人皆学、处处能学、时时可学"、与国家教育现代化发展目标相适应的教育信息化体系的发展目标。

为了使我国在教育信息化的道路上越走越宽、越走越稳，应当充分借鉴之前我们所阐述的国际上的先进经验并将其中适用的部分与我国实际情况相结合。具体来说，在国家层面，应该加大对素质教育信息化建设的投资力度，尤其是要关注区域间发展的不平衡。我国东部接入互联网的学校比例已经达到 95% 左右，但是西部学校这一比例仅为 84% 左右。互联网的接入是开展教育信息化的最为基础的条件，必须引起高度重视。在社会层面，企业以及各类非营利组织和社会团体应该发挥自身优势，比如互联网企业应该大力进行信息技术的相关研究开发，为我国的教育信息化不断地注入动力源泉。而社会团体以及民间组织作为一种桥梁和纽带的角色，应该积极寻求将政府、企业、学校紧密相连的有效途径。从学校的角度来讲，应该将信息化的概念充分融入校园生活，定期开展有关"制造 2025"、人工智能、大数据等紧贴时代的主题讲座或者相关展览，从而将信息化与网络化的精神传递给学生。另外，还要举办有关计算机和人工智能的创新发明大赛，并对表现突出的选手给予一定奖励，在这一过程中，学生的思维能力和动手能力能够得到锻炼，同时获奖荣誉对于学生的自信心也是一次极大的提升。[27] 当然，信息技术对于素质教育的帮助不一定直接体现在学生对信息技能和能力的掌握上，也可以从侧面辅助学生提高素质。例如，无线网络使学生方便地获取学习资源，远程教学大大降低了学习的时间成本并且提高了学习效率，学生在网络的世界里想学什么就学什么，学习兴趣被点燃了，素质的提高则水到渠成。

我们应该认识到，国家、社会、学校三方主体的齐心协力是我国素质教育信息化的根本保障，而偏废任何一方都会造成发展停滞不前的困境。

（三）第二课堂要实现全社会多方主体参与

学校并不是教育的孤岛，教育的有效开展需要全社会多方主体的共同参与。运用系统理论可知，各要素形成一个整体会出现"1 + 1 > 2"的效果。在

---

① "三通两平台"即宽带网络校校通、优质资源班班通、网络学习空间人人通以及教育资源公共服务平台和教育管理公共服务平台。

我国素质教育的改革过程中，不能忽视家庭、企业以及社会的能动作用，欧美发达国家的模式和运行机制已经为我们提供了很好的借鉴，我国应在此基础上加快探索素质教育多方主体的参与机制。

从家校合作来讲，我国应该首先健全和完善家长参与学校教育的相关法律法规与政策。目前，我国对于家长参与学校教育管理方面没有明确的相关法律或政策支持。家长没有参与学校教育的合法权利，也就没有相应的激励效应。家长在被赋予合法权利之后，接下来要做的就是使家长参与学校教育能够制度化和规范化：一方面，要建立全国范围内的家校合作组织，这些组织可以在家长参与学校教育的过程中起到信息咨询和中介的作用；另一方面，为了使这些家校合作组织起到应有的作用，必须从制度上加以规范，也就是确定其合法性。在微观层面，学校要开展种类丰富的家校合作活动，比如家长参观日、教师和家长的联谊会等，让家长更加了解学校的教学工作。除此之外，有必要对家长进行相关培训，提高他们的教育常识和技能，这是教育专业化的有效延伸。[28]

校企合作是实现科技发展与经济增长的重要途径，然而我国的校企合作还面临着诸多难题，其中既包括经济体制转轨时期所产生的新矛盾，也有传统教育观念的思想阻力。一些企业的短期利益思想使得他们对产学合作教育的热情不高，这些企业往往不注重创新，对市场信号的判断能力较差。最为重要的是，我国部分高校采取消极的、封闭的办学模式以及在思想上缺乏将科研学术成果转化为生产力的动力是极不利于校企合作的发展的。要解决这些问题，必须要做到以下几点：第一，高校和企业都要提高思想认识，充分认识到校企合作是现代化教育发展的必然趋势；第二，各级政府应该起到带头作用，且新闻媒体要加大宣传力度，校企合作的根本目标就是培养全面发展的人才以及提高社会生产力；第三，高校应该主动走出象牙塔，积极与企业进行联系，建立产业园区，形成人才培养与企业的直接对接，让企业切切实实得到实惠，进而重塑企业的传统观念。[29]

对于校社共育模式，切实可行的方案有两种。第一种是校外资源联盟。这种模式的目的是建立校外的资源基地，从而为学生的课外实践活动提供条件。比如，如果某学校希望加强学生的科技创新思维，这时学校可以向当地科技馆提出合作意向，希望该科技馆每个月可以单独拿出某个时间段接待学校学生，并且派专人进行讲解。该科技馆同意合作，并希望学校能向家长多多宣传其形象。最后，学校评估教育效果。第二种模式是学校－社区教育共同体模式。这种模式由学校牵头完成，其流程也是学校首先评估教育需求，然后联系相应的社区。学校为社区提供诸如教师志愿者以及学校设施共享等服务，作为交换，社区为学校的实践教学活动提供场地和资源，通过"社区服务"等活动，培养学生的公益志愿思想以及行动力，这是社区对素质教育的重要价值体现。[30]

本章小结

本章从素质教育的国际最新界定出发，充分借鉴欧美发达国家关于素质教育在开展形式多样化、信息化建设以及多方主体参与方面的先进实践经验。在此基础上，分别从思想转变、政策支持、具体操作、运行机制等方面指出我国素质教育改革中出现的问题，并且提出了相关的建议。我们必须认识到，素质教育改革不是一朝一夕就能完成的，一定要长期坚持，在实践中不断完善和发展。

参考文献

[1] 史宁中，柳海民. 素质教育的根本目的与实施路径 [J]. 教育研究，2007（8）：10－14.

[2] 黄颖. 素质教育研究综述 [J]. 华章，2011（18）.

[3] "素质教育的概念、内涵及相关理论"课题组. 素质教育的概念、内涵及相关理论 [J]. 教育研究，2006（2）：3－10.

[4] 祁枫雪. 日本的青年大学生志愿服务活动 [J]. 商，2014（41）：64－64.

[5] Reinders H，YOUNISS J. *School－Based Required Community Service and Civic Development in Adolescents* [J]. Applied Developmental Science，2006，10（1）：2－12.

[6] 滕苏苏. 发达国家高校学生志愿服务对我国的启示 [J]. 湖北函授大学学报，2017，30（15）：20－21.

[7] 苗青. 英国创业教育对我国的启发 [J]. 教育评论，2018（3）.

[8] 李志永. 日本大学创业教育的发展与特点 [J]. 比较教育研究，2009，31（3）：40－44.

[9] ELEY D，KIRK D. *Developing Citizenship through Sport：The Impact of a Sport－Based Volunteer Programme on Young Sport Leaders* [J]. Sport，Education and Society，2002（2）：151－166.

[10] WILLIAMS I R，et al. *The impact of outdoor youth programs on positive*

adolescent development: *study protocol for a controlled crossover trial* [J]. International Journal of Educational Research, 2018 (87): 22 – 35.

[11] 田茂, 孙远平. 国外青少年道德养成新方法 [J]. 飞: 素质教育版, 2013 (1).

[12] 李占萍. 美国对青少年学生进行责任感的培养研究 [D]. 石家庄: 河北师范大学, 2003.

[13] 徐海祥, 陈士勇. 西方国家思想政治素质教育的特点及启示 [J]. 齐齐哈尔大学学报: 哲学社会科学版, 2008 (6): 139 – 140.

[14] 朱存侠, 刘亚东. 国内外高等职业教育实践育人模式的比较 [J]. 大众文艺, 2014 (9): 222 – 222.

[15] 李崇爱, 王昌善. 欧美发达国家教育实习的模式与理念 [J]. 教育评论, 2005 (4): 100 – 103.

[16] 刘雪峰. 美国高校大学生沟通能力的培养及启示 [J]. 当代教育科学, 2014 (19): 34 – 38.

[17] AHSEN N F, et al. *Developing counseling skills through pre – recorded videos and role play*: *A pre – and post – intervention study in a Pakistani medical school* [J]. BMC Medical Education, 2010 (1): 7.

[18] 边文美. 日本学校防灾教育及其对我们的启示 [D]. 上海: 上海师范大学, 2016.

[19] 刘晓宏. 美国教育信息化发展及启示 [J]. 教育与职业, 2010 (19): 102 – 103.

[20] 陈剑光. 信息化教育的国际经验及启示 [J]. 科技进步与对策, 2004, 21 (8): 145 – 146.

[21] 吕美燕, 何文娉, 刘婷, 等. 国外发达国家家校合作的启示 [J]. 商, 2014 (14): 180 – 180.

[22] 张东. 国外高校与企业如何实现共赢? [J]. 智慧中国, 2017 (7).

[23] 洪明. 论学校与社会合作共育的基本模式 [J]. 中国青年研究, 2016 (1): 97 – 101.

[24] 徐宏伟. 青年志愿者活动中如何体现大学生素质教育 [J]. 神州旬刊, 2011 (3): 71 – 71.

[25] 张帆, 张帏. 美国大学创业教育发展及对中国的启示 [J]. 中国人才, 2003 (8): 7 – 10.

[26] 张家勇. 国际与比较高等教育 从学生社团活动看美国大学的人才培养 [C] // 庆祝中国高等教育学会成立 20 周年大会暨高等教育国际论坛. 2003.

[27] 张晓东，朱晓亮. "互联网 +" 在教学改革中的应用 [J]. 考试周刊，2018 (8)：31 –31.

[28] 吕美燕，何文娉，刘婷，等. 国外发达国家家校合作的启示 [J]. 商，2014 (14)：180 –180.

[29] 郑旭辉，刘松青. 加强校企合作 促进素质教育发展 [J]. 设计艺术研究，2004，23 (2)：55 –57.

[30] 洪明. 论学校与社会合作共育的基本模式 [J]. 中国青年研究，2016 (1)：97 –101.

第四章

第二课堂育人的理论基础及运行机制

引言

随着我国高等教育进入新的发展阶段，原有的学习模式、学习理念、方法和手段需要不断创新和完善，现有的育人管理机制越来越难以适应大学生成才发展的要求，因此高校迫切需要探索新的指导理论、构建新的育人机制。本章主要从理论层面出发，探究第二课堂建设所依赖的理论基础，并在理论回顾的基础上构建全面、系统的第二课堂育人机制。

一、第二课堂育人的理论基础

第二课堂与第一课堂在学习内容、方式和效果等方面都有明显的区别，从更深层次看来，二者所依赖的理论基础也存在着一定的差异。随着教育学和心理学等理论的演进和发展，大量的理论和实践证明，传统的课程教育已经不能满足高等教育的育人需求，需要加强第二课堂建设来打造更为广阔的发展平台。

学习理论、生涯发展理论和素质模型等理论的完善和发展，不仅说明了第二课堂建设的重要性和必要性，还为如何建设第二课堂提供了坚实的理论依据。在此基础上，如何完善高校第二课堂体制建设，实现第一课堂和第二课堂深度融合，成为服务高校立德树人、全面实施素质教育的新要求和新挑战。

（一）学习理论：为什么第二课堂如此重要

学习理论是教育学和教育心理学的重要分支，主要研究学习是如何发生的、哪些因素会影响学习、学习是以怎样的方式进行的、有效学习的条件是什么等问题。从 20 世纪初形成的行为主义学习理论开始，到六七十年代盛行的认知学习理论，再到进一步发展的建构主义学习理论，以及目前更为盛行的人本主义学习理论，学习理论的完善和发展为重视和加强第二课堂建设提供了心理学视角下的理论依据。

行为主义学习理论认为任何学习都是通过条件作用，在刺激和反应之间建立直接联结的过程。所谓的学习就是通过不断地尝试形成刺激和反应之间的联结，从而逐步减少错误的过程。在学习过程中，强调重复和强化的作用，这就要求学习者不断地练习和复习，对反应做好充足的准备。对于教学者来说，就需要为学习者提供反应的机会和引导的线索，并对学习的结果进行适当的强化，以取得良好的学习效果。[1]

认知主义学习理论将关注的重心从"教"转向"学"，从教学者转向学习者。认知学习理论认为，学习的发生并不取决于外部刺激与反应之间的直接联结，而是学习者内部思维过程的认知变化。[2]学习者将外部的学习内容进行内部转化和加工，从而实现学习过程。在教学设计中，第二课堂是更重视且更能激发学习者主动学习的教育方式。它强调学习者的主动参与过程，为学习者创造了良好的自我认知的环境。

建构主义学习理论将知识的定义纳入了人的主观范畴，认为学习是将客观世界原有的知识和经验，通过个人的认识和内化来建构新的知识和意义。建构主义强调了学习者的独特认知过程，更注重学习者自身的创造性。[3]第二课堂的教学设计，在给予学习者主动参与的同时，更强调其在学习过程中的自我发展和创新，为学习者打造了更具创造价值的平台。

人本主义是当代最为重要的一种教育思潮。人本主义学习理论主张人的个体差异性，以培育"自我实现"的人或"完整的人"为课程目标导向，倡导有意义的学习观和以学生为中心的师生观。人本主义学习理论强调教学的目标在于促进学习，学习并非教师讲授教材为主，而是利用学生的好奇心，驱动学生去吸收任何他自觉有趣和需要的内容。这一理论还创造性地提出了"无意义"和"有意义"学习，分别对应认知学习和经验学习。[4]其中有意义学习主要体现在以下四个方面：高投入，将个体的认知和情感都投入具体的学习活动之中；主动性，基于内在的主观愿望主动去了解、挖掘和探究事件的意义；全方位，个体的行为、态度、人格等都将获得全面发展；自评估，个体将主动开展关于自身学习需求及学习目标是否完成等方面的自我评估。在人本主义学习理论的指导下，高等教育更要突出以学生为中心的观念，加强第二课堂的建设和管理，充分利用各种有效的学习资源，通过相互协作来实现"有意义"的学习。

学习理论的演进发展，特别是建构主义和人本主义学习理论的盛行，为第二课堂的产生提供了重要的理论支撑。我们必须认识到，教育的根本目标是促进学生的全面发展。高校育人的任务不仅仅是教授学生知识，而是重在向学生提供各类学习的资源，营造一种促进学习的氛围，激发学习的兴趣和动机，让学生主动选择有意义的学习内容和适合的学习方式，在知识、技能、态度、特质和价值观等多方面实现全面发展。作为资源共享和促进学习的平台，第二课堂在推进学生全面发展方面发挥着不可替代的作用，这充分体现了当今高校第二课堂建设的必要性和重要性。

（二）新人力资本理论：非认知能力同等重要

"人力资本"的相关研究兴起于 20 世纪 60 年代，主要是指个人拥有的能够创造个人、社会和经济福祉的知识、技能、能力和素质。在早期的经济学研究中，由于人力资本难以进行定量分析，相关的测量主要针对能力，并大多以教育年限或教育回报为替代变量。随着现代心理学的深入发展，相关的性格、特质、偏好、动机等因素被纳入非认知能力范畴，对人力资本的研究框架进行了进一步的完善。以诺贝尔经济学奖获得者赫克曼教授为代表的新人力资本理论强调，能力（认知能力和非认知能力）才是人力资本研究的核心，能力尤其是非认知能力会长期影响个体的成长与发展。

对能力的认知是从单维能力向多维能力演进的过程。从片面追求以认知能力为核心的人力资本概念，到多种非认知能力的引入与开发，是心理学与经济学的一次深度结合和发展。大量非认知能力的相关实证研究，都证明了相关的特质、性格等因素对个人收入和工作绩效有重要影响。对劳动力市场的低技能劳动个体而言，非认知能力显著影响个体的工资收入、职业稳定性和社会行为，并且超越了认知能力的影响。[5]新的概念和研究并不是证明了认知能力不重要，而是表明非认知能力同等重要，需要将二者有机结合，构建完整的人力资本概念框架。

新人力资本理论的另一个重要支撑，是关于人的能力形成过程中"敏感期"和"关键期"的研究。"敏感期"是指在这一阶段，技能的形成比其他技能更容易获得。而如果只有在特定阶段才能形成某一特定技能，则被视为这一技能形成的"关键期"。相比认知技能，非认知技能的可塑期跨越的生命周期更长。相关的研究发现，青春期的干预可以有效影响非认知技能的形成，因为负责控制情绪和自我管理的脑前额皮质在 20 多岁时仍然是可塑的。① 在学生的整个发展过程中，认知能力的发展在后期已经趋于稳定，而非认知能

---

① 李晓曼，曾湘泉. 新人力资本理论——基于能力的人力资本理论研究动态［J］. 经济学动态，2012（11）：120 – 126.

力在前期投资和后期投资之间的可替代性更高，后期仍存在很大的提升可能。可见，对于大学生的人力资本投资，应该着力加强非认知能力的培养。

新人力资本理论证明了非认知能力与认知能力同等重要，而传统课堂教育培养的重点就在于认知能力的提升，第二课堂则为非认知能力的提升搭建了全新的平台。通过对学生性格、特质、态度、动机等非认知能力的培养，第二课堂从另一个层面对大学生人力资本进行了质和量的提升，最终作用于大学生未来的社会经济行为表现，进一步彰显第二课堂组织育人与实践育人的优势。

（三）素质模型：全面发展与长效匹配

素质是个体能够通过行为表现出来的知识、技能、特质、动机等个体特征，可以对个人长期绩效产生作用。在管理学领域中，素质也被指代为胜任力或胜任特征，其主要的特点就在于能将高绩效者和普通绩效者区分开。① 素质概念出现之后，在学术领域和管理实践中广受关注，不同学者对素质的界定，从单纯的个人所具有的知识、技能、个人特质与态度等逐步延伸，引入了"与工作相关""影响工作中的行为""与绩效相关""持续学习与提升"等内容。概括而言，当前主要从以下几个方面对素质进行把握。第一，素质最终通过行为表现出来，可以利用行为进行识别和测量。在具体环境下，不同的素质会产生不同的行为，这就为素质测评提供了可能性。通过建立测评量表，可以对被测评者表现出来的行为进行测量打分，最终通过技术方法来对其本身的素质进行识别。第二，素质与工作绩效有密切联系，可以预测绩效。大量实证研究表明，个人的一些优秀素质在某些情景下可以导致更高的绩效水平。如果某些要素不能够对绩效水平进行预测或衡量，就不能称之为素质要素。第三，素质与工作情景相关联，具有动态性。素质不是一成不变的，而是动态发展的；在不同的工作情景或工作要求中，可以产生不同的素质表现。第四，素质能通过学习和开发而获得提升。素质并不一定都是与生俱来的，通过后天的学习和应用可以提升素质，这也正是教育的意义所在。

对于素质概念的准确把握对于构建素质模型具有重要意义。素质模型是指胜任某一职位所需要具备的一组被确认的素质要素的总和，自 20 世纪 70 年代以来，素质模型就在人力资源管理实践领域被广为应用，其中最为著名的就是麦克利兰的冰山素质模型。

麦克利兰将胜任力特征分为知识、能力、社会角色、自我概念、特质和

---

① 江波. 人力资源管理心理学［M］. 上海：华东师范大学出版社，2014.

动机六个层次。其中冰山上层的、能够看得见的知识和技能容易通过培训和教育来获得发展，被称为基准性素质。而处于冰山下层的、不易被发现的部分，如社会角色、自我概念、特质、动机等，在短期内很难改变和发展，被称为鉴别性素质。对这两类素质的区分，对于个人绩效的长期发展具有重要意义。在高等教育中，传统的课堂教育更多地聚焦于冰山上层的知识和技能层面的素质，很难对冰山下层的素质产生直接影响。而第二课堂的目标在于学生的全面成长，就应更多地考虑冰山下层的鉴别性素质。

素质模型的相关理论为人才培养提供了重要的理论依据，培养什么样的人，怎么样培养人，对于这些基本问题的回答都需要构建高等教育下的大学生素质模型。在第二课堂的建设中，也需要以素质模型为依托，构建系统的能力素质体系和能力评价体系，全面提升大学生的能力素质，更好地服务于全面发展的教育目标。

（四）生涯发展理论：从职业指导到生涯教育

生涯是个体与外部环境互动过程中，对自己所扮演的各种角色的认知、自我呈现和动态调试的综合性历程。20世纪70年代，生涯教育随着美国的经济社会发展应运而生。在不断吸收心理科学和社会科学的基础上，各种生涯理论通过实证研究和实践应用不断丰富，并进一步趋于成熟。日趋成熟的生涯理论为我国高校的生涯教育，特别是对第二课堂建设中的生涯管理和辅导提供了重要的理论支撑。

作为生涯领域的集大成者，舒伯系统地提出了生涯发展理论。生涯发展是一个连续不断、循序渐进、可以进行预测的动态过程。在这个过程中，个体的职业生涯可以划分为五个阶段：成长阶段（出生到14岁）、探索阶段（15~24岁）、建立阶段（25~44岁）、维持阶段（45~65岁）、衰退阶段（65岁以上）。① 大学生一般处于职业生涯的探索阶段，这一时期需要通过学校活动、社团休闲活动和实习兼职等机会，对自己的能力及角色、职业做一番探索，使职业偏好逐渐具体化、特定化，最终形成个人的职业偏好。在这一时期，传统的课程教育已经不能满足大学生的职业发展目标，需要构建第二课堂的平台，开发生涯教育和就业指导的发展评估模块，帮助学生形成自己的职业偏好。

随着全球化和信息化的发展，职业呈现出多变性和流动性，后现代生涯理论与新的时代特征相吻合。混沌生涯理论认为，由于人的局限性，个体将

① 刘勇. 大学生生涯管理与辅导［M］. 北京：科学出版社，2008.

接受改变和偶然，不可预测性和不确定性是生涯发展的本质特征。生涯建构理论则认为，生涯是个体对外部环境和经验的认知，进而对其进行预测和建构的产物。[6]总之，在后现代生涯理论看来，传统的职业指导和就业培训并不能实现有效的生涯教育，职业不是生涯的唯一角色，在大学生涯教育中，应该将职业纳入整个宏观的生涯视野。在这种理论的指导下，高校应该开展深度的生涯辅导，进一步帮助学生接受生涯的不确定性，提升生涯发展的适应力。由此可见，传统的课堂教育远远不能达到这样的效果，需要应用权变的思想观念，整体规划生涯教育。

无论是传统的生涯发展理论还是后现代生涯理论，都强调了高等教育中生涯教育的重要性。在传统的职业指导和就业培训中，已经很难有效地培养更具竞争力和适应力的全面人才，需要引入第二课堂育人的整体机制，从学生自我生涯的认知分析到设计规划，再到评估反馈，开展全面的生涯辅导和教育。

（五）课程理论：全面系统的课程项目体系

"课程研究领域"作为一个学术研究领域，20 世纪 20 年代初从其他教育研究领域独立出来。课程是指学校按照一定的教育目的所构建的各种学科和各种教育、教学活动的系统。① 在课程理论的研究中，泰勒原理奠定了课程理论的基础，其后发展的结构主义课程观、实践性课程观、后现代主义课程观等日趋成熟，为当今高等教育的课程发展提供了坚实的理论基础。第二课堂的建设与课程理论的发展相辅相成：一方面，完善和创新高等教育，构建全新的课程体系，需要加强第二课堂的建设；另一方面，第二课堂机制的提出与构建也需要课程理论的支撑和指导。

泰勒的科学管理原理被应用到学校的教育管理中，形成了以"效率"为中心的泰勒课程原理。泰勒原理认为，通过设置教学目标，进而选择和组织学习经验，并对学习效果进行评价和控制，最终构建课程与教学的管理体系。虽然这一原理奠定了课程理论的基石，但也成为对传统课程教育批判的主要对象。[7]

在对泰勒原理批判继承的基础上，结构主义课程理论提出要以学科的基本观念作为统整改学科基本结构的核心，进一步构建全面的课程体系。其中学科结构包括三层含义：学科间的组织结构、学科间的句法结构、学科的实质结构。[8]在结构主义的指导下，新的课程改革应该从课程的编制出发，更注

---

① 王伟廉. 高等学校课程研究导论［M］. 广州：广东高等教育出版社，2008.

重学科的基本结构，构建更为全面系统的课程体系。第二课堂相对于传统的课堂教学，增加了与能力素质相关的课程实践项目，对于构建系统的课程结构具有重要意义。

在课程编制主体的探讨中，实践性课程观呼吁建立"集体审议"的程序机制，建立多元主体的新模式。[9]传统的课程编制主要以专家学者为主体，教师、学生等教育实际参与者被排除在外，这在很大程度上导致了理论与实践的脱节。在充分考虑各方意见的基础上，尊重教师和学生在课程实践方面的主体地位，才能保证课程的开发更具实践性。在第二课堂的课程项目体系中，以高等教育的育人需求和学生主体实践性为出发点，进一步拓展了高校课程项目的外延，为学生提供了广阔的学习和成长的空间。

相比于目标导向的课程开发模式，过程开发模式为课程理论开创了一个新的研究视角。过程模式主张教育不是工具，教育应该关注那些更具内在价值的东西。[10]课程的开发不应该聚焦在目标和结果，更应该注重过程原则和程序方法，这样才能为学生培养思考和理解能力创造良好的氛围。在当下的高等教育课程开发中，如果仅以学生掌握的知识数量和内容强度为目标导向，很难满足能力素质方面的育人需求。第二课堂的课程项目设计拥有更丰富的课程参与形式和内容，更注重整个学习过程的体验和经历，很大程度上契合了过程模式的课程观。

后现代主义课程观的兴起，融合了自然科学的不确定性原理和杜威的改造主义哲学思想，是对课程理论的一次全新构建。后现代主义提出了课程的"4R"标准，即丰富性（Richness）、循环性（Recursion）、关联性（Relation）和严密性（Rigor）。[11]以第二课堂的课程体系为例，在丰富性方面，从思想素质养成到创新创业创造，从志愿公益服务到实践实习实训，第二课堂具有完备丰富的课程项目设计；在循环性方面，第二课堂课程从育人需求出发到课程记录评价反馈，以开放性的形式培养学生的多方面能力素质；在关联性方面，第二课堂以学生为主体，综合考虑各方面的教学需求和学习资源，建立全面系统的课程体系；在严密性方面，第二课堂力求多元化的形式和内容，充分体现适应性和灵活性的特征。可见，第二课堂的课程设计充分吸收和借鉴后现代主义课程观，并实现了更大外延上的完善和创新。

在第二课堂的课程项目体系的设计中，多种经典的课程理论发挥了重要的理论支撑作用。从最初的育人需求出发，到课程的编制与开发，再到最终的评价与反馈，第二课堂的课程项目设计充分尊重和考虑多元主体的需求，将不同的育人项目进行系统的整合，形成了一个全面的课程体系。第二课堂在借鉴第一课堂课程开发的同时，弥补了传统课程教育的局限，构建了一个与第一课堂相辅相成的动态课程项目系统。

（六）激励理论：积极参与的动力机制

激励是一项重要的管理职能，是指提高动机水平的一个过程，而动机是个体通过努力来实现目标的愿望。① 从本质上讲，激励的过程就是一个不断满足需要的过程，个体在受到激励时会依据自身的内外部条件做出不同反应。而激励理论主要是研究动力从何而来，以及如何实现有效的激励等问题，根据切入点的不同，可将激励理论分为内容型激励理论和过程型激励理论两类。

内容型激励侧重于激励的驱动力部分的研究，关注激励产生的原因，强调人们对激励的需求，而这些需求会转化为动力并最终采取期望的行为。按照马斯洛的需要层次理论，人的需要分为五个层次：生理需要、安全需要、社会需要、尊重需要和自我实现需要。低级需要主要通过外部激励满足，而高级需要只能通过提供内部刺激才能实现。借鉴这一理论，第一课堂教育满足的是基本的知识需要或认知需要，而第二课堂则通过提供更广阔的平台，满足学生的社会关系需要和自我实现需要，二者在需要动机的激励方面是不同却又互补的。赫茨伯格的双因素理论将激励分为保健因素和激励因素两类，除了关注外部激励因素外，还需要关心工作本身的性质，应该尽量使工作丰富化。在教育教学的设计中，也应丰富教育的内容和形式，赋予学习更多的内涵和意义，激发学生内在的学习动力。内容型激励理论对教学育人的最大启示在于，要充分关注学生的需要动机，创新学习内容和形式，进一步调动学习的积极性和主动性，更好地服务于立德树人的教育目标。

过程型激励理论更关注激励是如何发挥作用的，更强调个人对外部激励环境的适应过程。过程型激励理论更多的是理论方面的指导，对于如何构建第二课堂育人的行为动力机制提供方法或手段上的支撑。

强化理论认为，需要通过环境的变化来调整和改变人的行为。其中强化是指对一种行为的肯定或否定的后果，强化行为主要分为正强化、惩罚、负强化和忽视四类。大量的研究发现，正面强化比负面强化更为有效，在实践中应以正面强化为主，奖惩结合的方式来实现有效激励。而强化行为产生作用的前提在于及时反馈，需要把行为的结果通过某种途径及时传达给员工。在第二课堂的建设中，需要建立完善的学习反馈机制，并在此基础上建立奖惩结合的激励机制，来鼓励学生达到期望的学习效果。

---

① 方振邦. 管理学基础［M］. 北京：中国人民大学出版社，2016.

公平是任何激励方式的最大公约数，只有建立在公平基础上的激励机制才能产生更大的效果。公平理论的核心在于个体的行为都是建立在交换和维持公平感的基础上，个体的行为动力也取决于其努力维持的公平感。从比较内容上看，公平分为分配公平和程序公平，无论是过程还是结果的不公平，都会对个体的绩效和满意度产生影响。在第二课堂的评价机制构建中，应该秉持公平的原则。既关注过程的公平，也关注结果的公平；既重视结果的绝对值，也重视结果的相对值；同时，也要加强对学生公平心理的引导，树立正确的公平观。

目标设置理论是美国心理学家洛克和休斯于 20 世纪 60 年代提出的。该理论认为，目标本身就具有激励作用，能够把需要转化为动机，使人们朝着一定的目标努力，并将自家的行为结果与既定目标相对照，及时进行调整和修正，从而实现目标。依据目标设置理论，在第二课堂的建设中，应该努力为学生设置清晰的目标，综合考虑学生的自我效能感和承诺感等特性，通过实现学生的个人目标来实现整体的教育目标。

激励理论的不断深入发展，为构建鼓励学生积极参与的动力机制提供了重要的理论支撑，也为第二课堂建设体系的完善打下了良好的基础。激励理论不仅回答了第二课堂为什么重要的问题，还回答了如何建设有效的第二课堂的问题。在秉持公平公正、按需激励原则的同时，应坚持目标导向，以第二课堂平台为依托，建立物质与精神相结合、内部与外部相结合、正面与负面相结合的综合激励机制，从而最大限度地激励学生成长成才。

（七）社会资本与心理资本的重要作用

社会资本是指处于社会网络或更广泛社会结构中所能调动的为自己（或组织）带来经济效益的社会资源。随着研究的不断推进，学者们把社会资本主要划分为社会网络、对组织和社会的信任、群体规范以及相互的合作等多个部分。[12]其中，社会资本强调了社会网络的重要性，社会网络越大，社会资本越雄厚，从而获取社会资源的能力也就越强。大量研究显示，社会资本对个人的深度发展产生重要影响，个人社会资本的积累能提升劳动者和职位的匹配程度、增进职业满意度、增强人力资本效果、获得更多的升迁机会，同时对个人的工资水平也有显著影响。对大学生而言，社会资本不仅影响他们在校园内的成长成才，更影响他们未来的就业质量与生活水平。特别是在就业方面，社会资本一方面影响大学生的就业心理，对其就业期望和就业自信程度产生直接影响；另一方面，也会影响到其就业满意度和个人未来的人力资本发展程度。由此可见，基于社会交往的社会资本与个人发展密切相关，高等教育更应该为学生创造良好的社会交往氛围,为学生积累社会资本搭建更广阔的平台。

心理资本概念的提出,起源于路桑斯等人将积极心理学引入组织行为学的范畴。心理资本,即个体在个人发展和成长中表现出的一种积极的心理状态,具体表现为四种:乐观(对现在与未来的发展具有积极的看法)、自我效能(有信心面对具有挑战的工作)、希望(对目标锲而不舍)和韧性(在困境中持之以恒)。[13]在对大学生心理资本的研究中,学者们通过研究发现,心理资本对学生发展的重要作用不断凸显。一方面,大学生心理资本发展可以促进心理健康教育,帮助学生树立积极的心理状态;另一方面,心理资本也是就业教育的重要内容,提升心理资本可以增强学生的就业能力,促进职业生涯的良性发展。结合个人社会资本的需求,心理资本的提升对于大学生人际关系的构建具有重要促进作用,能够帮助大学生拓展社会关系网络,增加社会资本的积累。

从大学生培养的角度来说,上述社会资本、心理资本的影响因素都与社会实践以及集体生活密不可分,基于课堂的知识传授在这些方面的影响甚微。第二课堂作为传统课堂教育的补充,为学生创设了实践实习、创新创业的交往平台,最大限度地利用校园和社会的学习资源,拓展学生的社会网络,提升学生心理素质。高校应结合自身的实际情况,以第二课堂为依托平台,积极开展的心理环境建设,支持和鼓励学生参加有意义的社团和实践活动,把对社会资本和心理资本的培养作为常态化的教育实践活动。

(八)理论总结

1. 第二课堂和第一课堂互为补充,相互促进,二者缺一不可

在人才培养的诸多方面,第一课堂存在"做不了"和"做不好"这两大困境,知识传授加技能培训的教育方式已经难以适应经济社会对高等教育的发展需要。大量的理论和实践表明,传统的课堂教育已经不能满足当下全面发展的育人目标,需要引入第二课堂教育进行补充和延续。在移动互联的时代,知识的获取已如呼吸空气一样便利,学生更需要的是潜在能力的培养,包括领导力、创造力、沟通能力、组织能力、适应能力等,还要具备积极的心理特征和良好的个人品质。传统的课堂教学更多是基于学生既定的认知能力使他们熟练掌握并提取记忆内容,难以对学生成长真正需要的能力和品性进行培养和历练。而第二课堂不仅在实践育人和能力提升等方面具有独特优势,还能提供更具灵活性和针对性的知识传授和技能培训,辅助第一课堂的课程教学活动。只有充分利用第一课堂和第二课堂两个平台,将知识培养和

能力提升深度结合，才能更好地实现全面发展的育人目标。

2. 第二课堂的建设需要构建全面、系统的运行机制

第二课堂建设的重要性和必要性毋庸置疑，但是如何建设运行体系高效完整的第二课堂整体机制才是核心要义。第二课堂的运行机制不仅要适应学生丰富的教育需求，还要与第一课堂教育深度切合、相互补充，这就需要从多个方面出发，建立一个整体的育人机制。在上述理论中，素质模型和新人力资本理论对能力素质的培养提出了更高的要求，课程理论的深入发展更需要第二课堂充分发挥其"课堂性"的特点，多种激励理论为第二课堂的动力机制的建立提供了理论指导，生涯发展理论则更注重第二课堂的价值性的应用。所以，第二课堂建设要以目标导向为原则，坚持科学理论的指导，建立多维度、多层次的整体运行机制。

科学理论对实践具有指导作用，它既是实践的结晶，也是实践的指南。以上相关理论回顾的意义不仅在于说明第二课堂为什么重要，还在于解决如何建设第二课堂的问题。更为重要的是，在具体实践中，一定要坚持理论与实际相结合的原则，各高校在第二课堂建设中应结合自身实际，坚持科学理论的指导，探索符合发展规律和实际情况的特色建设道路。

二、第二课堂育人的运行机制

第二课堂建设有其必然的时代需求，也有重要的理论依据，已经成为高等教育事业的重点发展方向。从宏观角度而言，只有通过归纳高等教育的发展经验和规律，探索第二课堂的建设途径，构建全面、系统的第二课堂运行机制，才能进一步提升第二课堂育人的实效。

（一）当前我国第二课堂建设实践中的问题

第二课堂的概念已经提出多年，共青团中央、教育部等部门也多次在不同场合推广"第二课堂成绩单"制度，并在几百所高校中试点运行。但在具体的实践方面，由于育人观念和指导理论的落后，一些高校对于第二课堂的特点、优势和建设途径认识不清，导致第二课堂无法充分发挥其在实践育人方面的独特作用。主要表现在：第一，第一课堂与第二课堂无法有效契合，第二课堂仍然属于传统教育的"休闲娱乐项目"，没有充分发挥其在能力提升和知识补充方面的价值；第二，相较于第一课堂，第二课堂的培养缺少相关动力机制，学生缺少内在的参与动机，活动参与的主动性、积极性不高；第三，第二课堂课程项目设计不尽完善，只是聚焦在实践层面的几个要点，没有充分利用第二课堂的平台性特征，提供满足学生学习发展需要的课程活动；

第四，缺乏适应第二课堂发展的高水平的专业化师资队伍，并且缺乏配套的教师激励机制。[14]这些问题的实质在于第二课堂建设缺乏整体的设计与经营，没有统筹处理好各个部分之间的关系，需要建立一个完整的系统来配合第二课堂的育人目标。

基于时代发展的需要以及第二课堂实际建设中的问题，高校应该坚持科学理论的指导，着力推进第二课堂建设规范化和系统化，从多角度出发，构建全面、系统的第二课堂育人运行机制。

（二）第二课堂功能体系的设计

所谓系统，一般具有整体性、动态性和目的性三大基本特征，而系统的思维方式则强调要注重整体与局部、局部与局部、整体与外部环境之间的有机联系。高校第二课堂育人自身就是一个系统工程，涵盖能力素质、课程项目、记录评价、能力评估、数据信息、价值应用、资源供给、行为动力和动态管理等九大功能体系，各体系之间相互关联、有机互动，构成了一个不可分割的功能体。具体而言，科学高效的第二课堂机制应包括以下内容。

（1）构建能力素质体系，夯实第二课堂育人基石。能力素质是高校育人的核心，也是第二课堂育人的关键目标。新人力资本理论指出，能力（特别是非认知能力）会对个体长期发展产生重要影响。素质模型则更进一步对素质的概念和特性进行了界定，将其划分为基准性素质和鉴别性素质两类。在第二课堂建设中，应着力构建能力素质体系，在配合第一课堂对知识和技能进行补充教育的同时，重点关注关键能力和核心特质，以切合劳动市场需求和国家发展需要，真正实现第二课堂"提升能力，锤炼品性"的育人目标。

（2）构建课程项目体系，丰富第二课堂育人形式。课程项目体系是实现第二课堂能力素质培养目标的载体，是保障和提高第二课堂育人质量的关键。第二课堂育人涉及思想素质养成、政治觉悟提升、文艺体育项目、志愿公益服务、创新创业创造、实践实习实训、技能特长培养等内容形式，在保证"课堂性"的同时，充分发挥了其适应性和灵活性的特征。在课程体系的构建过程中，要从课程的编制出发，综合考虑各方面的教学需求和学习资源，力求内容和形式的多元化，满足学生不同的课程活动需要。

（3）构建记录评价体系，强化第二课堂实施牵引。记录评价体系的关键是对学生参与各类课程项目活动的行为进行记录与评价，不仅需要全程记录学生参与活动的行为和表现，还要基于记录信息对学生的表现进行科学评价。第二课堂的育人内容和形式较于第一课堂更为丰富，其记录评价也更为复杂。在记录中，要坚持客观真实的原则，应用科学高效的记录形式和方法，全面记录学生的有效信息内容；在评价中，要灵活应用多元评价主体、多维评价角度、多种评价方法来形成科学的评价结果，为"第二课堂成绩单"提供基础数据支撑。

（4）构建能力评估体系，驱动第二课堂对标改善。能力评估体系直接回答了是否培养了所需要的人以及培养效果如何的重要问题，是对第二课堂育人结果的重要反馈。但能力评估相对于记录评价更为复杂，是更为深入的评估反馈过程，需要科学的评估工具和方法的引入。科学的能力评估体系应具有多源数据、多元主体、多维评估和多期连续等特征，配合能力素质的育人要求，通过科学的评估结果提供针对性的反馈意见，推动第二课堂建设持续改善。

（5）构建数据信息体系，提升第二课堂运行效率。数据信息体系需要强大的技术手段支撑，通过对数据的整合和共享，提高第二课堂运行的整体效率和质量。数据信息的收集和积累是第二课堂机制发展运行的重要依据，从某种意义上讲，数据信息体系的科学性直接决定了"第二课堂成绩单"的科学性。整个运行机制实际上就是依靠数据的输入、处理和输出的过程维系，这就需要整体提升第二课堂建设的信息化水平，着力搭建青年成长的大数据平台。

（6）构建价值应用体系，彰显第二课堂品牌效应。第二课堂育人的结果最终通过"第二课堂成绩单"的形式表现出来，其价值充分体现在个人成才成长和社会发展需求两方面上。在具体的价值应用层面，应该将"第二课堂成绩单"打造成为学校人才培养评估、学生综合素质评价、社会单位招录高校毕业生的重要依据，发挥第二课堂对青年发展的独特价值。同时，应该总结第二课堂的育人规律和经验，在学术、管理等多个领域推广应用，充分彰显第二课堂的品牌效应。

（7）构建资源供给体系，服务第二课堂长效发展。在相关的供给保障方面，要进一步引导和充分利用各类实践育人资源，尽快形成社会化、专业化、规范化的第二课堂资源供给体系。高校应打造高水平的专业化师资队伍，充分发挥校友和在校学生等其他人力资源在学生成才成长中的价值；同时提供相应的场地、经费和后勤支持，通过技术外包、服务外包等多种方式利用社会资源，确保高质量的资源供给和保障，以适应第二课堂的育人需要。

（8）构建行为动力体系，凝聚第二课堂互动合力。第二课堂的重要优势在于以学生为主体，提供满足其兴趣和需要的课程项目内容，来实现对其内在动机的激励。而行为动力体系的构建需要激励理论的支撑和指导，坚持按需激励的原则，综合利用多种激励方式和方法，通过目标设置的形式激发学生自我提升的内在动力，并对其进行有效的评估进而提供建设性的反馈，充分调动学生主动参与、持续参与的积极性。

（9）构建动态管理体系，促进第二课堂更新迭代。第二课堂作为一个系统工程，需要利用外部环境预测和内部数据分析的结果进行过程管理和持续改善，充分发挥其"动态性"特征。动态管理体系的构建要综合利用多种管理方法，对整个育人过程进行科学决策、全面监测、有效评估、及时反馈和完善改进，来保证整体运行机制能够自我调节和优化，实现高水平、高质量的综合管理，适应内外部环境的变化需要。

（三）第二课堂运行机制的整合和创新

基于相关领域的理论支撑和关键环节的核心设计，上述九大体系的构建为第二课堂运行机制搭建了整体的框架，并形成了五个主要的互动关系。

（1）青年能力发展目标和育人实现手段之间的关系。第二课堂的建设，归根结底就是对第一课堂的知识技能教育进行补充和完善，从而实现"提升能力、锤炼品性"的育人目标，而如何通过多种管理手段，为目标的实现提供保障，才是整合第二课堂运行机制的核心要义。这就要求在第二课堂的设计和经营过程中，坚持一切以目标为导向、一切为目标服务的原则。

（2）能力素质评估和项目记录评价之间的关系。能力素质评估是整合个人成长发展的数据后，对是否实现培养目标的反馈；而项目记录评价是对个人能力素质的活动表现的记录和评价。项目记录评价体系的设计一定要满足能力素质多维度的评估要求，在实现课程项目与能力素质匹配的同时，项目记录评价与能力素质评估也能相互促进。

（3）关键数据的输入、输出和加工关系。关键数据是整个机制运行的重要支撑，从哪些方面获取数据、获取什么形式的数据、如何对数据进行加工以及输出数据的形式，这些问题对数据的内容和处理过程都提出了更高的要求。无论是在目标设置还是评估反馈方面，数据都是贯穿始终的。换句话说，数据的内容和过程的科学性决定了运行机制本身的科学性。

（4）数据匹配和价值应用之间的关系。"第二课堂成绩单"是第二课堂育人结果的充分体现，也是高校人才培养和社会需求匹配的关键一环。在具体的价值应用方面，要充分突出成果的应用，推进第二课堂的成绩结果成为社会对青年能力素质评价的重要依据，让数据结果转化为个人职业规划、社会需求匹配、科学研究决策的重要价值性参考。

（5）核心体系运行和外在功能保障之间的关系。在整个运行框架中，既需要与能力素质和课程项目直接相关的核心体系，也需要包括资源供给和动力机制在内的功能保障，统筹处理好内部与外部、核心与非核心内容的有机联系。通过内外体系的相互作用，使整个机制形成一个管理闭环，进行不断的优化和改善，更好地适应环境变化的需要。

在系统论的视野下，除了对第二课堂系统的结构性特征关注之外，还应该重新审视其系统的开放性特征、阶段性特征和文化性特征。开放性特征要求第二课堂系统能充分适应外部环境的变化，扩大其系统的外延；阶段性特征要求无论是目标设计还是具体操作，都要循序渐进、层次发展；文化性特征则更注重软性管理，推进形成第二课堂育人的独特文化。

第二课堂育人机制的整合和创新，为第二课堂实践育人活动的开展打造了完整的系统框架，通过九大体系的整合和五大关系的联动，进一步彰显了强大的系统动力。但在具体实践过程中，各高校也应结合自身的实际发展需要，灵活协调整个机制的运行和发展，使第二课堂的建设更加符合科学发展规律的需要，也更加符合高等教育全面育人的需要。

本章小结

本章通过对学习理论、新人力资本理论、课程理论、社会资本与心理资本等相关教育学和心理学理论的回顾，不仅说明了第二课堂建设的必要性和重要性，还为第二课堂的深入发展提供了坚实的理论依据。

在此基础上，结合时代发展的需要和高校第二课堂建设的实际情况，整合多个方面内容，构建了涵盖能力素质、课程项目、记录评价、能力评估、数据信息、价值应用、资源供给、行为动力和动态管理等九大功能体系的全面、系统的第二课堂运行机制。对青年能力发展目标和育人实现手段、能力素质评估和项目记录评价、关键数据的输入输出和加工、数据匹配和价值应用、核心体系运行和外在功能保障等五大关系进行整合创新，为进一步彰显第二课堂独特的育人价值提供了重要支撑。

参考文献

［1］ ERTMER P A，NEWBY T J，盛群力. 行为主义、认知主义和建构主义（下）——从教学设计的视角比较其关键特征［J］. 电化教育研究，2004（4）：27－31.

［2］叶增. 建构主义学习理论与行为主义、认知主义关键特征之比较［J］. 现代远程教育研究，2006（3）.

［3］佐斌. 论人本主义学习理论［J］. 教育研究与实验，1998（2）：33－38.

［4］肖焰，蔡晨. 基于能力理论的人力资本研究综述［J］. 中国石油大学学报：社会科学版，2017（6）：25－30.

［5］阮娟. 后现代生涯理论视野下的高校生涯教育改革［J］. 江淮论坛，2017：131.

［6］覃红霞，陈兴德. 经典的解构——从泰勒到后现代主义课程观的变迁［J］. 江苏高教，2003（2）：109－112.

［7］靳莹，周志华. 从结构主义走向建构主义的课程观及其启示［J］. 教育理论与实践，2006（20）：45－48.

［8］陈晓蕾. 施瓦布实践性课程探究模式初探［J］. 福建论坛：人文社会科学版，2007（s1）：225－226.

［9］汪霞. 课程开发的过程模式及其评价［J］. 外国教育研究，2003（4）：60－64.

［10］吴萌，来玲. 后现代主义课程观下的检索课教学模式创新［J］. 情报杂志，2008，27（4）：154－156.

［11］赵建国，王嘉箐. 社会资本对大学生就业质量的影响研究［J］. 财经问题研究，2017（6）：126－133.

［12］都丽萍. 基于行动研究的高校学生心理资本干预初探［J］. 中国特殊教育，2017（7）.

［13］孙丽华. 试析高校第二课堂的设计与经营［J］. 黑龙江高教研究，2012，30（12）：186－188.

第五章

第二课堂育人基石——能力素质体系

引言

经过前面章节的介绍可以明确，第二课堂育人区别于传统课堂教育的核心在于：第二课堂对青年人格与品性锤炼上发挥着更为重要的作用。即第二课堂通过实习实践等手段，着眼于个体成长发展过程中处于更深层次的专题知识、专业技能、关键能力以及核心素质等模块的积累和提升。那么能力素质体系对于个体成长与发展为什么如此重要？对于我国青年来说能力素质体系应如何划分？依据什么？第二课堂的能力素质体系具体应包含哪些内容？本章将结合领域内丰富的研究成果以及当前我国青年培养与发展的大方向阐明上述问题。

一、能力素质培养是第二课堂育人的核心

自 20 世纪中后期，能力素质的概念在人力资源管理领域对于个体绩效的重要作用一直是学者不断开展研究的方向之一。随着一系列诸如冰山模型、大五人格等能力素质模型，以及诸如新人力资本理论等研究成果的不断产生和发展，能力素质对于个体的作用越来越凸显，人们逐步意识到针对能力素质的培养是影响个体未来发展走向的重要一环。

（1）什么是能力和素质

能力素质又称胜任力、才干等，指促使个体产生较高工作绩效的多种个性特质的集合。其核心反映出以不同方式所表现的个体知识、技能、个性以及动力机制等因素。① 领域内将其认定为决定以及区分个体绩效水平的核心个人特质。

探究能力素质对于个体绩效影响的意识来源已久。早在 1911 年科学管理

---

① 况志华，张洪卫. 人员素质测评技术 [M]. 上海：上海交通大学出版社，2001.

学派学者就通过实地考察发现，优秀工人与较差工人在工作效率上存在较大差异，并且建议通过时间、动作等指标分析工人的能力模型构成，进而以培训的方式提高工人的工作效率。[1]随着管理理论的不断发展，学者逐渐将这种能力素质与智力水平区分开来，提出能力素质模型的概念，[2]即清晰地划分出个人能力素质由哪些特质构成。McClelland（1973）作为能力素质研究领域中承前启后的重要学者，在前人的基础上，进一步通过大量实证研究将个人的760余种特征进行分类，提出由21项基本素质构成的"素质词典"，并基于此提出了素质的冰山模型（如图5-1所示）。该模型将其前期研究中所发现的21项基本素质再次进行归类，划分为"冰山以上露出水面"的基准性素质，以及"冰山以下沉在水中"的鉴别性素质。基准性素质如知识、技能等显露在外，容易通过学习模仿而提高，但难以鉴别个体实际差异；鉴别性素质如内驱力、个人品格、态度等隐藏在内，不易通过简单的学习模仿而提高，是区分个人长期表现的关键因素。随后学者基于广泛的实证研究指出：实际工作中，纵向来说职位越高对于鉴别性素质的要求也就越高，横向来说职位职责不同对于基准性素质的要求也各不相同。这也从侧面反映了鉴别性素质与基准性素质在个体的纵向水平提升以及横向职业延展上的重要价值。

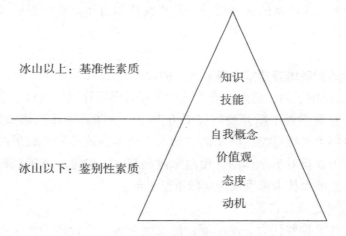

图 5-1 素质的冰山模型

能力素质模型的研究主要回答了能力素质是什么的问题，而以新人力资本理论为代表的一系列能力素质发展理论则主要回答了不同种类素质的不同价值的问题。

在能力素质研究的最初阶段，学者将人力资本定义为存在于人体之中的，具有经济价值的知识、技能和体力（健康状况）等质量因素之和。早期的研究把个人能力作为难以测量的变量，并结合实证分析将个体的能力划分为以智商为代表的认知能力，以及以情感、社会适应性、人际沟通交往能力为代表的非认知能力。这一阶段的研究主要侧重于认知能力，学者普遍认为认知能力是影响个人绩效的关键所在。

随着研究的不断推进，广泛的实证分析指出以智商为代表的认知能力得分在 10 岁左右就不再发生变化（Hopkins& Bracht，1975）[3]。相比认知能力，非认知能力可塑周期的时间跨度更大。进一步的研究越来越凸显了非认知技能对于个人工资、教育等方面的重要性（Heckman，2001）[4]。在对这一领域探索进一步深入的过程中，学者发现在某些低技能要求的岗位上，非认知技能对于个人发展的重要性要明显高于认知技能。在人力资本研究基础上产生了许多的新兴结论与观点，使得新人力资本理论应运而生。该理论将人力资本划分为能力（认知技能与非认知技能）、技能（培训和教育）以及健康（身体健康与心理健康），并且以能力为人力资本的核心。基于这一理论的进一步研究，学者发现在工资决定等因素的考量中，非认知能力与认知能力作用相当。并且在社会行为领域，非认知能力水平将更大程度地影响人们的职业选择（Heckman，2006）[5]以及健康状况（Ryff，2005）[6]。

非认知能力在个人成长和发展中所处的核心地位日益凸显，针对其培养提升手段的研究逐步成了学者们重要的探讨方向之一。而第二课堂的教育模式正是为我国青年非认知能力以及冰山模型中冰山以下鉴别性素质的锻炼与提升提供了切实可能的解决方案。

（二）第一课堂在育人方面的不足之处

显然对于培养全面发展素质完备的人才，仅仅依赖以知识技能传授为主要着眼点的第一课堂是远远不够的。我国教育领域很早就意识到了这一问题，正如第二章中所介绍的，"全面发展""素质教育"等提法由来已久，但相当一段时间内，并没有得到全面的贯彻落实。近年来，随着应试教育所引发人才"高学历低素质""高智商低情商"等问题的愈发突出，传统第一课堂教育存在的缺陷越来越引起社会各界的广泛关注。

1. 第一课堂育人机制

第一课堂指传统意义上的知识教育，[7]即以提升基本知识水平为核心目的，以课堂面授教学为主要手段的传统课堂教育活动。第一课堂围绕基础知识与技能的传播展开，可简单概括为如下过程：首先由有关部门依照青年成长规律与需求，拟定科学化的培养目标、计划、内容等；进而由基层教师通过分解对应的培养目标、计划与内容，因地制宜设计培养方案、拟定具体教学内容、安排与进度；最终以课堂教学的方式将应知应会的知识技能传授于学生，并辅助进行巩固。同时，结合实际教学过程中所存在的问题、青年成长的时代特点以及先进国际教育经验等，有关部门不断调整培养的目标，进一步由基层教师进行落实，从而形成一个不断循环、往复改进、循序提升的高效循环机制。

正如第一章所说，这种教育方式具有"主知主义""教师中心"以及"结果导向"等特点。1949 年中华人民共和国成立初期，我国文盲率高达 70%。① 这一阶段，我国青年经过家庭的教育往往连识文断字都很难做到，基础知识十分匮乏。故此大规模推广以传授必要的知识技能为主导、以教师讲授为核心、以掌握知识为主要目的的第一课堂教育，对于快速提高全民的基本知识水平，进而有效服务社会化大生产，推动国家经济、科学、社会水平高速发展大有裨益。

经过几十年的建设、实施与调整，我国在第一课堂的教育层面积累了相当的经验，构建了成熟的教育模式与知识体系。青年群体的知识掌握水平提升迅速。在素质教育不断普及的浪潮下，截至 2016 年年底，全国小学净入学率已经达到 99.92%、初中毛入学率达到 104%、总体义务教育巩固率达到 93.4%，已经处于世界中等偏上的水平。这一数据从侧面反映出，我国传统以第一课堂为核心的知识教育的发展取得了相当的成果，并且在辐射范围、教育内容安排等方面正逐步趋于成熟。

2. 第一课堂的局限性

尽管第一课堂在知识的普及层面发挥了重要的价值，但随着我国青年基础文化水平的全面提高，其在素质教育层面上的短板日益凸显。传统第一课堂"主知主义""教师中心"以及"结果导向"等特点是一柄双刃剑。一方面"主知主义"充分且高效地提高了青年一代的基础知识水平；但另外一方面"教师中心""结果导向"使得学生过分看重以考试成绩为代表的"学习结果"，同时过分依赖老师在教育过程中的引导作用，缺乏对学生自主学习、自我开发等能力的培养。具体来说，我国传统的第一课堂教育在教育目的、教育方式以及教育环境层面都存在一定局限性。

从教育目的来说，第一课堂的核心在于传授知识、答疑解惑，这就导致考量学生是否掌握了对应的知识成为培养重点。加之直至今日，我国升学途径仍以考试为主。使得学生在一开始的知识学习过程中，就是以高分为结果

① 郝和国. 新中国扫除文盲运动 [J]. 党的文献，2001 (2)：71－74.

的导向性学习。部分第一课堂的教育从知识掌握转向了应付考试，这一点本就偏离了第一课堂本身的初衷。同时，第一课堂关注学生的知识掌握，对于个人的素质与能力关注甚少。当今我国发展对于人才的需求越来越多元，人才竞争已经不仅仅停留在依靠知识的层面上。第一课堂对于能力素质，尤其是深层次如鉴别性素质培养上所存在的缺陷，是由其本身定位决定的。

从教育方式来说，我国的第一课堂长期以来普遍以教师讲授为主导。学生自主学习、研讨等缺乏制度化的培养规范。授人以鱼不如授人以渔，传统第一课堂的教育方式有效地将知识传递给了学生，但由于有关学习方法的教育较少、学生参与度相对较低，学生的综合能力没有得到充分的开发。

从教育环境来说，第一课堂教育定位于传统的课堂教育。由于课堂这一固定环境的限制，学生所接触的人、事、物等元素均十分有限。读万卷书行万里路，不断经历不同的情景对于青年的培养是具有显著价值的。但第一课堂的教育决定了学生在环境上缺乏变化与流动性。

传统第一课堂教育所引发的问题在一段时间内集中凸显。"高学历低素质""高智商低情商"等一度热门的社会话题，均为我国当前青年能力与素质的培养敲响了警钟。

（三）能力素质教育是对第一课堂的重要补充

结合本章前面的内容我们不难得出如下论断：①当前研究领域前沿指出：个体的能力和素质与所掌握的知识技能同等重要，在当前社会发展阶段甚至某些层面上来说能力素质更富有价值；②我国传统的第一课堂教育存在一定缺陷，难以满足青年能力素质的培养要求。基于此，发展以提升青年能力素质为重点的教育模式，以弥补传统第一课堂不足的问题迫在眉睫。

而能力素质教育之所以能成为也必将成为第一课堂的重要补充，主要基于以下三个核心要点：

首先是教育目标的互补完整性。从这个角度来说，要达到我国一直以来所提倡的青年培养目标，应将能力素质教育与传统第一课堂教育互为补充、协同发展、齐头并进、双管齐下。顺应国家方针政策与社会需要，培养对于国家有用且德智体美全面发展的青年人才，一直以来都是我国教育尤其是高等教育的核心任务。[8]但传统第一课堂着眼于基础的知识技能教育，难以充分达到这一目标。高速发展的时代呼唤更高素质的人才，这种素质并不仅仅指知识，更指我国传统意义上所说的"吃苦耐劳""勇于担当"以及"持之以恒"等优良的品质。而能力与素质教育的目标正是充分提高青年的综合素质水平，其与第一课堂中提升青年的知识能力水平相辅相成互为补充。以冰山模型进行比喻,能力素质教育发力于冰山以下的鉴别性素质,而第一课堂教育发力于基准性素质,二者共同作用、协同推动我国青年的全面成长与发展。

其次是教育内容的互通联系性。从这个角度来说,第一课堂教育与能力素质教育在内容上具有相互联系、相互促进的关系。第一课堂中知识技能的学习要取得良好的效果,需要具有一定水平的学习能力、批判思维、韧性等利好学习的能力素质;另一方面,能力素质教育与培养的过程中也需要以必要的知识技能储备作为基础。第一课堂的教育内容往往集中在基础知识与专业领域技能,而能力素质教育则充分结合了第一课堂的专业性与学生个人兴趣,在具有针对性地提高学生个人能力素质水平的同时,也对第一课堂的知识技能等学习成果加以巩固、实践与扩展。简单来说,第一课堂教育树立了基本的知识框架与技能体系,而能力素质教育则使得知识技能得以高效地应用于实际情境。基于此,在第一课堂的基础上开展卓有成效的能力素质教育,有助于在内容层面上互为补充、相互联系、彼此促进,进而有效推动我国高质量青年人才的培养。

再次是教育手段的互联充分性。从这个角度来说,第一课堂教育立足于校本课程的课堂之内,而能力素质教育则走出课堂,走向现实情境,二者结合使得教育手段相互联系、更为充分。第一课堂的教育手段相对固定且单一,即主要通过教师的课堂教授展开。而能力素质教育靠书本是读不出来的,国际前沿的能力素质培养最佳实践纷纷指出:能力素质的教育应在实际情境的实践中进行科学的培养才能取得相应效果。[9]第一课堂的课堂教育同能力素质培养所依托的实习实践、志愿活动、社团参与等课余的实操教育相结合,充分调动了可能的教育资源。能力素质教育对第一课堂相对单一的教育手段进行了有效的补充,将课余的一部分基于学生个人兴趣的活动纳入教育培养的范畴,切实提高了教育的质量与效率,丰富了传统意义上教育的内涵。

由此,基于传统教育过程中的一些局限性,能力素质教育从教育的目的、内容以及手段三个层面上均对传统的第一课堂教育具有重要的补充作用。在人才需求愈发多元的当今,能力素质教育对于我国青年成长发展的价值逐步提升。"人才水平的较量归根结底是知识技能与能力素质的较量",作为第一课堂的重要补充,以及第二课堂的培养重心,能力素质的教育必将在我国青年教育中扮演核心角色。

二、能力素质体系构建是我国新时代青年培养的必然途径

（一）适应新时代国家发展战略需要

"青年一代有理想、有本领、有担当，国家就有前途，民族就有希望"。
随着我国人才需求的不断发展，对于个人尤其是青年一代综合能力的培养，
日益成为我国高等教育改革与发展的根本任务与最终目标，更成为建设高等
教育强国的必然要求。从国家角度来说，培养德智体美全面发展的社会主义
事业建设者和接班人是我国高等教育肩负的重大任务，在实现中华民族伟大
复兴的历史进程中，占有着独特的地位，并且发挥着不可忽视的重要作用。
同时，党中央、国务院在关于建设世界一流大学和一流学科的重大战略决策
部署中也明确提出，要坚持立德树人，突出人才培养的核心地位，着力培养
具有历史使命感和社会责任心，富有创新精神和实践能力的各类创新型、应
用型、复合型优秀人才。

通过对习近平总书记自 2013 年至 2018 年年底，六年之间针对我国青年
培养和发展的共计 33 次公开讲话、座谈等核心思想进行统计、提炼，得出我
国青年能力素质的顶层需求如表 5 - 1 所示。

表 5 - 1　我国新时代发展战略下对青年能力素质的需要

摘自	能力提炼
习近平同团中央新一届领导班子成员集体谈话并发表重要讲话（2018 年 7 月 2 日）	创新、勤学、修德、明辨、笃实，爱国、励志、求真、力行
习近平在北京大学师生座谈会上的讲话（2014 年 5 月 4 日）	价值观、勤学、修德、明辨、笃实
习近平在北京大学师生座谈会上的讲话（2018 年 5 月 2 日）	爱国、励志、奋斗、求真、力行、激情、理想、奋斗、奉献
以习近平同志为核心的党中央关心青年和青年工作纪实（2015 年 7 月 23 日）	价值观、勤学、修德、明辨、笃实
习近平在中国政法大学考察时强调：立德树人德法兼修抓好法治人才培养 励志勤学刻苦磨炼促进青年成长进步（2017 年 5 月 3 日）	初心、求知力
中国共产主义青年团第十八次全国代表大会（2018 年 6 月 26 日）	创新精神、奉献精神、自信开放

续表

摘自	能力提炼
习近平在北京大学师生座谈会上的讲话（2018 年 5 月 2 日）	团结意识、奋斗精神
习近平给莫斯科大学中国留学生的回信（2017 年 12 月 30 日）	理想信念、技能、担当、奉献精神
中国共产党第十九次全国代表大会（2017 年 10 月 18 日）	理想信念、务实、与时俱进、实践能力
习近平总书记给第三届中国"互联网＋"大学生创新创业大赛"青年红色筑梦之旅"的大学生的回信（2017 年 8 月 15 日）	理想信念、担当、奋斗精神、韧性、实践能力
习近平在中国政法大学考察时强调立德树人德法兼修抓好法治人才培养励志勤学刻苦磨炼促进青年成长进步（2017 年 5 月 3 日）	思维能力、实践能力逻辑分析能力、创造力、情绪、心境、修养
全国高校思想政治工作会议（2016 年 12 月 7 日）	理想信念、与时俱进、实践能力、分析能力
习近平在纪念红军长征胜利 80 周年大会上的讲话（2016 年 10 月 21 日）	奋斗精神
习近平致首届清华大学苏世民书院开学典礼的贺信（2016 年 9 月 10 日）	世界眼光、合作意识
习近平向首届亚非青年联欢节致贺信（2016 年 7 月 28 日）	交流互鉴、合作
习近平在联合国教科文组织第九届青年论坛开幕式上的贺词（2015 年 10 月 26 日）	人际沟通、交流互鉴
习近平出席第十五届中越青年友好会见活动时的讲话（2015 年 4 月 7 日）	交流互鉴、合作意识、大局观
中俄青年友好交流年开幕式在圣彼得堡举行，习近平和普京致信祝贺（2014 年 3 月 29 日）	友好交流、务实合作、互学互鉴、共同成长
习近平致第二届中越青年大联欢活动的贺信（2013 年 11 月 26 日）	交流互鉴、合作意识、大局观

续表

摘自	能力提炼
习近平在庆祝中国共产党成立 95 周年大会上的讲话（2016 年 7 月 1 日）	奉献精神、创新精神、奋斗精神
习近平考察中国科技大学时与大学生对话（2016 年 4 月 26 日）	踏实、自信心、奉献精神
习近平在知识分子、劳动模范、青年代表座谈会上的讲话（2016 年 4 月 26 日）	道德修养、学习与实践能力、创新创业能力
习近平致全国青联十二届全委会和全国学联二十六大的贺信（2015 年 7 月 24 日）	理想信念、拼搏精神、责任感
习近平对话梁晓声：我跟你笔下的那些知识青年不一样（2015 年 4 月 1 日）	韧性
印度世界事务委员会的演讲（2014 年 9 月 18 日）	学习与沟通能力
中国科学院第十七次院士大会、中国工程院第十二次院士大会（2014 年 6 月 9 日）	创新思维与能力
习近平给华中农业大学"本禹志愿服务队"回信（2013 年 12 月 5 日）	奉献、友爱、互助、志愿精神、实践能力
习近平致 2013 年全球创业周中国站活动组委会的贺信（2013 年 11 月 8 日）	想象力和创造力、务实、实践能力
中国共产主义青年团第十七次全国代表大会（2013 年 6 月 17 日）	理想信念、创新精神、奋斗精神、实践能力、道德修养
中国有梦 青春无悔——习近平五四青年节参加主题团日活动侧记（2013 年 5 月 5 日）	理想信念、担当、拼搏精神、责任感
习近平同各界优秀青年代表座谈时的讲话（2013 年 5 月 4 日）	务实、理想信念、学习与实践能力、创新精神、奋斗精神、道德修养、勤奋学习、拼搏精神、责任感
习近平给北京大学考古文博学院 2009 级本科团支部全体同学回信（2013 年 5 月 4 日）	理想高远

　　通过对习近平总书记的讲话、座谈进行梳理、提炼、分析，可以得出我国对于青年能力素质的顶层需求主要着眼于创新、勤学、修德、明辨、笃实、爱国、励志、求真、力行、价值观、奋斗、激情、理想信念、奉献、初心、

求知力、自信开放、团结意识、技能、担当、务实、与时俱进、学习与实践能力、韧性、思维能力、逻辑分析能力、创造力、情绪、心境、分析能力、世界眼光、合作意识、交流互鉴、人际沟通、大局观、友好交流、互学互鉴、共同成长、踏实、道德修养、拼搏精神、责任感、友爱、互助、想象力等45个能力素质点。综合来说，其在关注相对普遍的如学习能力、沟通能力与团结协作等通识性能力的基础上，对于青年更深层次如韧性、责任感、创新思维、情绪稳定性以及批判思维等素质的关注也尤为突出。

我国新时代发展战略对于青年人才能力素质的需求，结合研究领域的相关成果，可以划分为以技能、技术等为代表的技能类；以知识、文化为代表的知识类；以学习能力、思维能力等为代表的关键能力类；以及以韧性、责任感等为代表的核心素质类。

为国家的蓬勃发展培养优秀的青年人才，一直以来都是我国人才培养的核心要义。当前与我国新时代发展战略相匹配的人才需求已经从"知识型"逐步转向"综合型"。这就从顶层设计上对我国当前青年能力素质的全面培养提出了更高更新的教育要求。

（二）满足企业用人需要

改革开放以来，我国企业从数量到水平都呈现井喷式发展。中国制造到中国创造的全面转型、"一带一路"倡议等多边合作的广泛开展等利好企业腾飞的时代浪潮纷至沓来。高速发展的企业呼唤具有全面能力素质的人才。在基础的专业知识之外，企业对于综合素质要求的越来越高已是大势所趋。另一方面，"人岗匹配"以充分发挥员工主观能动性的观点越来越得到企业广泛的认同。这里所说的"人岗匹配"不仅仅是知识技能上的匹配，保持个体素质与岗位要求的同构性也尤为重要。[10]这就使得企业对于特定岗位素质的需求以及应聘者所具备素质，二者以及相互间匹配关系的考量越来越重视。从企业的角度来说，人才的需求已经从单纯要求掌握一定专业知识，逐步发展为要求具备相应的能力以及个人素质。简单来说，诸如会计岗位对于"注重细节""责任感"等个人素质的要求较高，而从事方案策划工作的岗位则对于"创新能力""批判思维"等个人素质的要求较高，等等。这里只是举例说明基本原理，具体来说个人素质与岗位匹配情况更为复杂。从上例中不难看出，不同岗位对于人才能力与素质的要求差异性较大且十分突出，某些岗位是否具备对应的胜任力素质甚至直接成了准入条件。故此，在当前企业人才的选拔过程中，能力与素质的匹配越来越成为关注的重心。

　　企业对于人才素质的需求在研究领域内可分为专业知识、职业技能、相关业务能力以及个人特征素质。[11]具体来说，专业知识指胜任岗位所必需的知识储备。这里的知识并不仅仅指岗位工作中所必需的，还应包括与岗位工作相关，有助于绩效持续提升的诸如时事政治、领域前沿等在进一步开展工作过程中可能用到的信息化的知识积累。[12]而职业技能则指为保证工作顺利开展而必然具备的专业技术。在信息与数字技术快速发展的今天，专业技术的内涵不断扩张，逐步从对技术类工种的职业化要求，发展为对办公软件等信息处理软件应用的普遍要求。企业更为广泛的专业技能需要，对青年人才培养提出了新的要求。相关业务能力指在岗位上达成目标或创造更高绩效所需的个人能力。如创新能力、学习能力以及批判思维等，均在不同岗位上表现出十分突出的价值。个人特征素质层次最深，指长久担任某一岗位工作或达到高绩效所必需的个人内在特质。这一类素质如注重细节、责任感以及情绪稳定性等，属于个人深层次的性格特征，在岗位胜任的角度来说，往往在长期工作或突出业绩的获取过程中发挥重要的作用。这四个方面将企业对于人才的需求充分联结起来，成为企业选贤任能的重要标准。

　　随着我国人才总体知识积累水平的持续提高以及工作自动化水平的快速发展，企业甄选人才的标准在满足岗位基本知识需求的前提下越来越侧重于个人的能力与素质。在教育水平显著提升的当下，除部分领域如研发等知识性岗位，能力与素质已经成为企业甄选人才的核心指标。

（三）为高校教育改革创建载体

　　以高校为主要培养单元的高等教育，其目的归根结底在于为国家发展、社会进步服务，培养专业化、技能型的高素质人才。一直以来，高校对于人才社会性、专业性、学术性以及国际性[13]的培养已经成为领域内的共识。具体来说，社会性指高等教育自身与国家和社会发展需求紧密相连的性质。国家战略、社会发展趋势的变化是推动高等教育的人才培养规模、专业设置以及教学方式、内容、组织形式等不断改革的源动力。同时高等教育也是我国社会创新、文化传承的重要途径，本质上应与当前社会经济发展紧密结合。专业性是基础的特征之一，指高等教育将学科领域细化进一步培养专业化人才的性质。我国传统的教育体制下，经过小学、初中的通识性知识的教育，高中逐步进行文理分科，而以大学为代表的高等教育则将学科进行更进一步的划分。纵观一直以来我国教育制度的设计，其逐步细化与专业化的特征可见一斑。学术性是高校发挥自身科研优势，推动科学技术、理论研究进步的重要特征。其核心指高等教育通过培养研究型人才，而不断启迪新知的性质。

大学是我国主要的学术机构之一，在科研突破的领域中担任着人才培养以及成果产出双重角色。以人才培养推进学术成果的持续产出，进而推动我国综合学术水平不断创新发展，同时向更为精尖的科研机构源源不断输送专业人才，构成了我国高等教育学术性特征的核心内涵。国际性在全球化发展的背景下逐渐凸显，指高等教育培养青年人才具备国际化思维、开放化视野的性质。国际文化交流频繁且高效的今天，作为我国未来的重要人才储备，青年一代应放眼世界，不断吸取相关领域内国际的先进技术与最佳实践经验，力图以世界方案解决中国问题。同时青年一代还肩负着推动我国"走出去"的重大历史使命，中华民族的伟大复兴迫切需要具有国际视野的新时代青年人才。由此可见，社会性、专业性、学术性以及国际性涵盖了高等教育的主要特征与核心目的。对于不同的国家发展阶段而产生的不同的人才需求导向，在高等教育改革与实践中相对应的特性体现也有所侧重。

近年来，需求转型不断带动人才培养方向的发展，在国家、企业对于新时代青年人才需求已经发生转变的强力推动下，高校教育改革持续推进。社会性、专业性、学术性以及国际性的人才培养要求普遍提高的同时，与需求端紧密相连的社会性和与国际发展战略布局密不可分的国际性越来越成为高等教育改革的主流。社会性与国际性的重点培养仅仅依靠传统的第一课堂教育远远难以达到需求，迫切需要从能力与素质端对传统的高等教育培养体系进行改良。这就使得能力素质的培养与提升，以及相关体系的构建与完善，成为当今教育改革重要的出发点与落脚点。针对青年能力与素质的教育为高校教育改革创造了良好的载体，能够促进我国青年教育事业切实契合国家与社会的发展需要。

三、能力素质体系的构建

在明确了"为什么"，即能力素质因何重要的问题之后，进一步全面开展我国青年能力素质培养的关键在于明确"是什么"的问题，即能力素质体系的构成与搭建。

本部分结合国内外就业导向的能力素质研究成果、最佳实践经验、国家发展需求以及我国独特的文化背景，构建了以专题知识、专业技能、关键能力、核心素质等四个维度为核心的青年能力素质体系（如图5-2所示），并基于我国当前教育实际对相应能力素质的定义、培养、评价、反馈等方式进行具体说明。

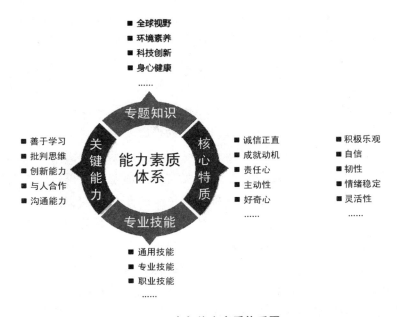

图 5 - 2　青年能力素质体系图

（一）专题知识的构建

在以第二课堂的青年能力素质体系中，专题知识指与专业相关，且局限于第一课堂教学素材、模式的限制，难以实时跟进更新的信息化知识。从培养手段特点的角度来说，传统第一课堂中尽管主要承担的即是以知识和技能为主的育人内容，然而其覆盖范围和实现手段仍是明显不足的。受第一课堂教学计划编制、教材编写、教学模式限制等因素的影响，针对最前沿的、模块化的知识专题，如一带一路、制造 2025、金融创新、大数据、心理健康等，在传统教学过程中很难覆盖。相比较而言，第二课堂对经济社会变化的敏感反应和活动组织的灵活性，可以对第一课堂形成必要的补充。另一方面从实用性的角度来说，这些前沿并且反映当前领域、行业、国家乃至世界发展趋势的模块化专题知识充分反映了当前社会、文化、技术等领域的发展方向，对我国青年立足于自身专业不断开阔视野与思路、充分把握国家社会需求等方面具有很高的价值。

我国青年的专题知识水平在第二课堂体系中可以通过很多方式如讲座、社会团活动以及相关竞赛活动等进行提升。这里所说的讲座主要指经验探讨、领域前沿解读、发展趋势剖析等类型的讲座。这一手段与第一课堂的教育模式十分类似，但主讲者权威性更强、见解深刻独到、内容安排紧跟前沿动态是其特有的核心优势。并且专题讲座的形式做到了资源的充分流动，领域内专家的知识产出通过公开讲座以及讲座的录像等资料使得广大受众可以获得平等的教育资源，打破了传统第一课堂基于学校而产生的教育资源流动上的限制。社团活动主要指理论学习和专业研究型社团的活动。区别于文化艺术型、实践参与型以及管理服务型等类型的社团，[14]这一类社团主要以深化专业学习研究为核心目的。社团以其自身互动性、实践性强等特征为强化专题知识素养提供了彼此交流、共同丰富的空间。同时基于社团的专题知识交流更有利于紧跟前沿发展，尽管学生为主要信息传递主体使得对于相关知识的见解可能存在偏差且不深入，但这种形式更有利于知识的交流、思考以及快速积累。相关竞赛活动指有关部门、组织所开展的针对某一专题专业知识与技能所展开的学科专业竞赛。知识体系化较强、针对性较强且扎实是基于竞赛而提升专题知识水平的主要优势。竞赛通过其自身的竞争性质，以个人荣誉、奖金奖品等激励手段促进青年主动进行相关专题知识的积累，并且可以依据领域内前沿发展对于竞赛内容进行导向性的调整。但应注意到，竞赛机制、内容设计等因素也会导致知识积累靠死记硬背，不注重原理而仅注重结果等相关负面问题。这里仅将专题知识积累中的讲座、社团活动、相关竞赛等主要途径进行简单阐述，具体教育实践过程中第二课堂以其丰富的教育形式，对与专业紧密关联的专题知识积累起到了十分积极的促进作用。

在学习培养效果的设计与考量上，将学习渠道、项目内容、累计时长等因素综合测度是重要的方式之一。从实际操作角度来说，应依据不同发展阶段、专业学习特征设定相应专题知识积累计划。诸如在培养计划中将专题知识版块不同学习方式的单位时长赋予基础分值，并规定一个学期内专题学习的内容范围以及时长规定。并且将一定学分作为升学、毕业等重要途径的基础分，而将一定限额之内的超额分值作为超额奖励分值与评奖评优等激励机制相挂钩。如此设计不但保证了基本专题知识学习内容的相关与积累量的充足，而且鼓励了学生学习的积极性。当然这仅仅是设计思路的举例，具体实践中在保证专题学习切实有效的基础上设计与考量方式应充分考虑地区、专业、培养方向等多方面因素。

专题知识在第二课堂中是第一课堂制度下难以充分沉淀，但与高校人才培养、青年成长与发展密切相关的知识信息。同时第二课堂以其教育形式丰富的特征，为专题知识的积累创造了多样化的渠道，从根本上对填补第一课堂中青年知识上的盲区进行了强有力的辅助与补充。

（二）专业技能的构建

在国际已有的青年培养发展、可就业能力等研究中，专业技能的概念以"核心技能"[15]"岗位技能"[16]以及"个体技能"[17]等不同的表述形式频频出现。除部分就业能力、胜任力模型将技能泛化代指全部能力、素质等含义之外，大部分模型中的"技能"概念指在专业领域内具有专业特色的，完成专业工作所需掌握的技术、手段。从价值角度来说，作为直接对接工作岗位与工作任务的要素，专业技能掌握的多样化和熟练程度很大程度上影响了青年初次进入劳动力市场时所展现出的工作能力，进而影响用人单位对青年人才水平的综合评价。尽管长期来看，知识、能力与素质也将发挥重要作用，但技能与工作本身直接相关的特点难以替代。另外，从培养角度来说，不同于专题知识，专业技能的掌握在"听"的基础上，更大程度依赖于实践中反复去"做"。传统高等教育的第一课堂中对于专业技能的掌握十分重视，已经将专业实习等作为必修课程之一。但我国当前的教育实践中，学校教学安排方面，实习与实训学时不足、资源不足等问题屡见不鲜；学生技能积累方面，在校阶段局限于课程安排难以进行充分的技能训练和积累等情况越来越突出。而第二课堂恰恰能做到利用学生的课余时间，对接社会资源提供专业性、实践性都很强的技能训练资源，充分弥补了第一课堂的不足，展现出其在青年专业技能提升上的重要优势。

专业技能在第二课堂体系中可以通过很多开放性的形式进行高效的培养与提升。诸如社团活动、实习实训以及志愿公益等项目都可以为青年专业技能的积累提供丰富的资源渠道。社团活动一直以来是第二课堂育人的重要途径之一，因其多样化的特征为青年多种就业能力的综合提升提供了有效的平台。不同于专题知识的积累，专业技能积累主要依托于实践参与和管理服务类的社团组织。这一类社团组织以实际举办、参与专业性的实践为核心目的开展社团活动。在社团专业性的基础上，一方面青年依据个人兴趣、学科特点针对性地参与相应的活动，另一方面社团依据专业性质与对口的社会资源进行高效对接为实践提供场地、工作等，全方位助力青年走出校园走向社会工作岗位的实习实践需要，进而为充分积累专业技能提供有效途径。这里所说的实习实训与实践活动有所差异，主要指通过系统仿真模拟等方式开展的实训，以及学校与学生共同发动资源而进行的实习活动。实习实训是第一课堂与第二课堂共有的培养手段之一，但第一课堂局限于理论知识课程等安排，在实训上的资源相对缺乏、时间相对紧张的问题十分突出。而基于第二课堂的实习实训设计可以充分调动学生个人的资源，引导其进行与专业相关的社会实践，进而使其在现实中快速积累专业技能。志愿公益从本质上来说是社会实践的重要形式之一，其核心在于青年通过服务他人而提升个人的专业技能水平。类似于社团活动与实习实训，志愿公益活动从服务的角度出发，通过不同类型的活动为不同专业创造个性化的实践机会，使得学生在充分发挥个人专业所长服务他人的同时，充分锻炼积累个人的专业技能水平。与专题知识板块的介绍相类似，上述的三个途径同样是简单举例，在教育实践中第二课堂育人的灵活性与多样性为专业技能的积累创造了良好的条件。

设计与考量的部分，专业技能与前面提到的专题知识具有相似之处。在明确专业培养需求的前提下，综合不同培养渠道、活动类别、时长等一系列因素对专业学生的专业技能积累水平进行规定，并与升学、评优等保健、激励因素挂钩，力图在保证学生基本专业技能水平的基础上，对主动学习进行有效激励。

专业技能总的来说是第一课堂体系中有意识进行培养，但始终存在不足的技能技术模块，其核心是青年在劳动力市场中首先在工作中表现出来的个人积累之一，很大程度上影响着个体在劳动力市场上的准入条件。而第二课堂体系在专业技术层面为第一课堂当前的培养进行了充分补充，全面助力于我国青年专业技术的培养与积累。

（三）能力素质指标的构建

在行业、岗位层出不穷、飞速发展的今天，传统由 McClelland 提出基于严谨心理学测量的素质模型在社会企业需求中逐步被以 Lominger 为代表的"素质辞典"所替代。员工的能力素质，一方面越来越为企业所重视；另一方面正在朝着相对统一的评价标准发展，越来越有迹可循、有据可依。"人岗匹配"的概念一直以来都将个体能力素质与岗位特质的匹配作为重要的评价标准。人才培养服务于国家、社会需求，那么高等人才培育则必然是基于目标领域、行业乃至岗位而开展的能力素质教育。

第二课堂的核心目的即是充分整合资源，围绕我国青年就业导向的能力素质展开针对性的培养，以对第一课堂育人进行有效补充。故此关键能力与核心素质是第二课堂育人关注的重心所在。本章基于国际青年就业能力体系等相关研究与应用的最佳实践，结合我国新时代国家发展战略下对青年能力素质的需求等各方面因素，构建我国青年关键素质体系指标。同时立足于当前我国高校教育培养实际，对能力素质的记录、评估等系统的思路进行简单探讨。

1. 能力指标确定

随着人格特质等研究理论的不断推进，世界各国都意识到个人能力素质的培养关键在于和劳动力市场的有效对接，由此一批以个人、社会发展以及就业为导向的能力素质层面的最佳实践应运而生。各国具有代表性的就业素质模型是本书能力素质指标体系的重要理论基础。

针对具有代表性的国家、机构所提出的就业能力与素质进行汇总，如表5-2所示。

表5-2　能力素质指标构建的国际经验借鉴

组织机构	一级能力	二级能力及解释
美国培训与开发协会（ASTD）（1989）可雇佣技能	基础技能	阅读、写作、计算
	沟通技能	说、听
	适应性技能	解决问题
		创造性思考
	开发技能	自尊
		动机
		目标设定
		职业生涯规划
	群体效果技能	人际技术
		团队工作
		协商
	影响技能	理解组织文化
		共同领导
美国职场基本素养达成秘书会（SCANS）（1991）职场基本素养	资源管理	时间管理
		金钱管理
		物质资源管理
		人力资源管理
	人际素养	参与团队
		教导他人
		为客户服务
		领导能力
		协商能力
		工作适应能力

组织机构	一级能力	二级能力及解释
美国职场基本素养达成秘书会（SCANS）（1991）职场基本素养	信息素养	获取与评判
		组织与保持
		解释与交流
		处理和加工
	系统化素养	了解系统
		监控与修正表现
		改善与设计系统
	技术素养	选择技术
		运用技术
		维护与检修
美国职场基本素养达成秘书会（SCANS）（1991）学生基本素养指标体系	基本技能	读
		写
		算
		听
		说
	思维素养	批判思维
		制定决策
		解决问题
		想象能力
		学会学习
		推理能力
	个人特质	责任感
		自尊感
		社会性
		自我管理
		正直诚实
美国缅因州（1993）大学生就业能力素质	自尊	相信自我价值和能力
	成就动机	通过竞争提升的愿望
	基本技能	阅读、写作、计算

续表

组织机构	一级能力	二级能力及解释
美国缅因州（1993）大学生就业能力素质	特殊职业的技术知识和技能	专业工作必备知识技能
	思维能力	提取问题
		解决问题
		决策能力
		分析思考能力
		创造性思维能力
	学习能力	评估学习需求
		选取适当学习手段
	人际交往技能	人际理解力
		团队精神
		谈判能力
	组织认知技能	评价组织文化
		合理展现自我能力
		人际网络
美国国家素养研究院"面向未来"项目（EEF）（1996）成人核心素养指标体系	沟通技能	阅读理解
		通过写作表达观点
		有效的语言表达
		积极地倾听
		批判地观察
	决策技能	解决问题和做决定
		计划
		以数学解决问题的能力
	人际技能	与人合作
		引导他人
		提倡和影响
		解决冲突和协商
	终身学习技能	对学习负责
		研究性学习
		反省和评价
		使用信息和通信技术

续表

组织机构	一级能力	二级能力及解释
美国面向 21 世纪核心素养的指标体系	学习与创新素养	创造力与创新
		批判思维与问题解决
		交流沟通与合作
	信息、媒介与技术素养	信息素养
		媒体素养
		通信技术素养
	生活与职业素养	灵活性与适应性
		主动性与自我导向
		社会与跨文化素养
		创作与责任
		领导与负责
英国教育与就业部（DFEE）（1997）就业能力	传统智力技能	智商等
	核心或关键技能	沟通技能
		计算技能
		IT 技能
		学会如何学习的技能
	具有市场价值的个人特性	与职位相关的人格特质
	掌握企业如何运营的知识	了解企业的运行规则等知识
加拿大会议委员会（CBC）（2000）可雇用技能	基本技能	沟通
		管理信息
		运用数学
		思考和解决问题
	个人管理技能	积极的态度和行为展示
		承担责任
		适应性强
		持续学习
		安全工作
	团队技能	与他人工作
		参加项目
		执行任务

续表

组织机构	一级能力	二级能力及解释
中国教育部（2016）中国学生发展核心素养	自主发展	学会学习
		健康生活
	社会参与	责任担当
		实践创新
	文化基础	人文底蕴
		科学精神

各国的最佳实践综合来说，往往将面向就业的能力素质体系划分为知识、技能、能力素质三个维度。一方面，这在理论层面上印证了前述知识与技能作为主要模块体现在能力素质体系中的重要价值。另一方面，可以看出尽管基于不同的社会市场需求以及文化背景，具体的细分能力有所出入，但如学习能力、沟通能力、创新能力、团队合作等基础的能力素质，在各国的最佳实践中都得到了普遍的重视。

由此在借鉴国际经验的基础上，结合我国新时代战略下对于青年的能力素质需求，进一步整合提炼，并依据能力素质的层次进行划分，得到以善于学习、批判思维、创新能力、与人合作和沟通能力为核心的五项关键能力，以及以诚信正直、成就动机、责任心、主动性、好奇心、积极乐观、自信、韧性、情绪稳定性和灵活性为核心的十项核心素质。

能力素质指标与各模型来源之间的对应关系如表 5-3 所指示。

表 5-3　能力素质与相关出处对应关系表

能力素质点	习近平总书记对青年发展的要求	中国教育部(2016)中国学生发展核心素养	美国培训与开发协会(ASTD)可雇佣技能	美国职场基本素养达成秘书会(SCANS)职场素养	美国职场基本素养达成秘书会(SCANS)学生素养	美国缅因州大学生就业能力素质	美国国家素养研究院成人核心素养指标体系	美国面向21世纪核心素养的指标体系	英国教育与就业部(DFEE)就业能力	加拿大会议委员会(CBC)可雇用技能
善于学习	√	√	-	-	√	√	√	-	√	√
批判思维	√	√	√	√	√	√	√	√	√	√
创新能力	√	√	√	√	-	√	√	-	√	-
乐于合作	√	√	√	√	√	√	√	√	√	√
沟通能力	√	√	√	√	√	√	-	√	√	√
诚信正直	√	√	-	-	√	√	√	√	√	√

续表

能力素质点	习近平总书记对青年发展的要求	中国教育部(2016)中国学生发展核心素养	美国培训与开发协会(ASTD)可雇佣技能	美国职场基本素养达成秘书会(SCANS)职场素养	美国职场基本素养达成秘书会(SCANS)学生素养	美国缅因州大学生就业能力素质	美国国家素养研究院成人核心素养指标体系	美国面向21世纪核心素养的指标体系	英国教育与就业部(DFEE)就业能力	加拿大会议委员会(CBC)可雇用技能
成就动机	√	-	-	-	-	√	-	-	-	-
责任心	√	√	-	-	√	-	-	√	-	√
主动性	√	√	-	-	-	-	-	√	-	-
好奇心	√	√	-	-	-	-	√	-	-	-
自信	√	√	-	-	√	-	-	-	-	-
乐观	√	-	-	-	-	-	-	-	-	-
坚韧性	√	-	-	-	-	-	-	-	-	-
灵活性	√	-	-	√	-	-	-	-	-	-
情绪稳定	√	-	-	-	-	-	-	-	-	-

　　基于此，本书第二课堂育人体系所依托的能力素质指标体系已经构建完成。后续章节将在此体系基础上，深入探讨课程项目、记录评价、能力评估、数据信息、价值应用、资源供给、行为动力、动态管理等第二课堂育人的具体运行系统，并且针对每个能力素质点诸如内涵发展、价值意义、影响因素、能力测评、培养提升等要素在本书的第十四、十五章详细展开。

　　2. 培养资源对接

　　"读万卷书，行万里路"，知识技能的学习与实践一直以来都是相辅相成的。前者解决理论积累的问题，后者解决能力素质掌握的问题。换句话说，能力与素质的培养很大程度上来源于实践的参与。第二课堂育人着眼于实习实践资源与在校学生个人成长需求之间的对接，通过课程项目体系的构建整合活动资源，一方面为青年提供能力提升的动力，另一方面规范切实可行的实践育人的具体内容。这里仅是将基本思路进行概述，具体课程项目体系的内容将在本书的第六章中进行详细介绍。

　　3. 能力素质记录

　　客观、科学地记录既是对能力素质培养的有效证明，也是进一步分析、评估能力素质水平的信息来源与数据基础。围绕活动的基本信息、参与情况等信息进行体系化的记录，要求在设计之初对能力素质体系的构成清晰明了。基于能力素质培育导向的记录手段、内容设计，不仅为后续的评价分析打下基础，更为充分发挥第二课堂育人对于传统第一课堂教育的全面补充作用提供有效助力。

4. 提升效果评价

有效的评价与记录类似，在充分汇总、评估能力素质培养效果的同时，为统一能力衡量标准提供了可能，进而推进"人岗匹配度提升""就业导向发展"等成长模式逐步切实转化为具体任务与活动参与指标。同时，统一标准的能力素质评价结果可以有效刺激青年之间的相互比较，提供个人不断进行自我提升的持续动力。第七章将对记录评价体系进行详细介绍，将其基本原理、现实意义、操作逻辑等问题充分展开。

本章小结

本章在经典能力素质研究成果的基础上，阐明了什么是能力和素质，以及第二课堂育人体系中聚焦能力与素质培养的重要意义。进而通过分析我国新时代发展战略下对于青年人才的需求，总结出顶层设计的角度上所需要的能力素质趋向。最终以国际上应用相对广泛的就业能力素质模型为蓝本，结合我国发展对于青年的需求，梳理提炼出我国第二课堂育人系统中的能力素质体系与具体能力点指标。本章所构建的能力素质体系，具有承上启下的关键价值。一方面承接二课堂育人的目的以及我国顶层设计需求；另一方面为第二课堂育人系统中课程项目、记录评价、能力评估等一系列子体系的构建奠定基础。

参考文献

［1］FREEDMAN D H. *Is management still a science*？［J］. Harvard business review，1992，70（6）：26 - 8，30 - 3，36 - 8.

［2］王晓东. 国内外能力素质模型研究综述［J］. 科技信息，2011（22）：615 - 616.

［3］HOPKINS K D，Bracht G H. *Ten - Year Stability of Verbal and Nonverbal IQ Scores*［J］. American Educational Research Journal，1975，12（4）：469 - 477.

［4］HECKMAN J J，Rubinstein Y. *The Importance of Noncognitive Skills*：*Lessons from the GED Testing Program*［J］. American Economic Review，2001，91（2）：145 - 149.

［5］HECKMAN J J，Stixrud J，Urzua S，et al. *The effects of cognitive and non - cognitive abilities on labor market outcomes and social behavior*［J］. Nber

Working Papers，2006，24（3）：411 – 482.

　　［6］RYFF C D，SINGER B H. *Social Environments and the Genetics of Aging*：*Advancing Knowledge of Protective Health Mechanisms*［J］. The Journals of Gerontology Series B：Psychological Sciences and Social Sciences，2005，60（Special Issue 1）：12 – 23.

　　［7］彭巧胤，谢相勋. 再论第二课堂与第一课堂的关系［J］. 学校党建与思想教育，2011（14）：45 – 46.

　　［8］刘兵. 完善高校第二课堂培养模式研究［J］. 中国高等教育，2009（18）：59 – 60.

　　［9］周爱国. 国外大学生实践能力培养的经验及启示［J］. 淮阴师范学院学报：哲学社会科学版，2011，33（1）：128 – 132.

　　［10］张宪，刘生彦，王文广. 人岗匹配模型构建及应用：以 A 公司人岗匹配实践为例［J］. 中国人力资源开发，2014（22）：54 – 60.

　　［11］韩艳芳，潘京. 现代企业对人才素质的要求［J］. 管理观察，2006（2）：23 – 24.

　　［12］潘玉驹，廖传景. 基于社会需求的应用型本科人才培养及评价［J］. 高教发展与评估，2014（5）：88 – 94.

　　［13］赵会利. 互联网背景下的高等教育改革路径［J］. 技术经济与管理研究，2018.

　　［14］张文学. 高校学生社团发展现状及其指导［J］. 中国青年研究，2006（6）.

　　［15］刘小平，邓靖松. 高校毕业生可就业能力结构的实证研究［J］. 现代大学教育，2009（5）.

　　［16］NAS. High Schools and the Changing Workplace. The Employers' View. Report of the Panel on Secondary School Education for the Changing Workplace［R］. Washington，DC：National Acadeny Press. 1984：1 – 68.

　　［17］WEIR D，MCQUADE E，MAGUIRE T. *Individuals and their employability*［J］. Journal of European Industrial Training，2005，29（6）：447 – 456.

第六章

构建课程项目体系，丰富第二课堂育人形式

引言

2018 年 6 月 22 日，共青团中央与教育部联合发布《关于在高校实施共青团"第二课堂成绩单"制度的意见》，标志着第二课堂成绩单制度的完善与实施正式被提上日程。该文件提出，课程项目体系是共青团"第二课堂成绩单"制度的实施基础。构建科学合理的第二课堂课程项目体系，必须对能够课程化的项目活动进行课程化设计，制定教学大纲，配备师资力量，规范教学过程，完善考核方式；对不宜课程化的项目活动规范供给标准，注重质量控制。

一、概述

（一）什么是课程项目体系

要清楚何为课程项目体系，首先要知道什么是项目、什么是课程体系。所谓项目，是指一系列独特的、复杂的并相互关联的活动，这些活动有着一个明确的目标，必须在特定的时间、预算、资源限定内，依据规范完成。而课程体系，则是指在一定的教育价值理念指导下，将课程的各个构成要素加以排列组合，使各个课程要素在动态过程中统一指向课程体系目标实现的系统。在构建第二课堂课程体系的过程中我们发现，有些项目活动并不适合课程化，此时就需要以项目的形式规范供给标准，控制质量。

总的来说，第二课堂的课程项目体系是借鉴第一课堂的育人理论与实践，在立德树人、实践育人教育理念的指导下，将不同类别的育人项目及其构成要素整合，在动态过程中构建可以"提升能力、锤炼素质"的有机系统。另外，在《团中央学校部关于推广实施高校共青团"第二课堂成绩单"制度的通知》中对第二课堂课程项目体系做了如下定义：课程项目体系是"第二课堂成绩单"的实施基础，本质上是对第二课堂活动的分类整合和体系构建，同时在设计上应基于新形势下学校共青团的重点工作任务和职责。

（二）构建第二课堂课程项目体系的意义

1. 有利于实现培养目标

课程体系的构建与实施，主要围绕培养什么样的人才、如何培养人才以及如何达到高校培养目标要求来展开。因此，课程体系的构建应以高校人才培养目标为基本依据和最终目的。[1]

第二课堂是相对课堂教学即第一课堂而言的，是指在第一课堂外的时间进行的与第一课堂教学内容相关的教学活动，之前一直被称作"课外活动"。第二课堂总体育人目标是培养大学生良好的政治素质与思想品德修养、创新思维和创新创业能力、人文艺术素养和全球视野、团队精神和奉献精神，这既与第一课堂教学一脉相承又与综合素质核心要求基本一致。[2]构建第二课堂课程项目体系，通过体系化的实践活动帮助学生掌握应用知识的技能、形成积极正向的性格品质是实现综合素质培养目标的必由之路。

2. 可以保障和提高教育质量

在第二课堂成绩单制度提出之前，社会上对于第二课堂的印象是可有可无的课外活动，对于第二课堂的作用以及其与第一课堂之间的关系不甚了解，这导致了学生以及高校对于第二课堂的轻视，极大阻碍了第二课堂作用的发挥。相较于第一课堂关注的知识点及应用这些知识的技能，第二课堂的育人目标指向更深层次的能力和素质。和获取知识、掌握技能相比，提升能力、锤炼素质的难度更大，要求也更高。第一课堂的知识和技能要求经过历次课程体系和教学大纲修订优化，已具备坚实的学科基础和实践经验，培养计划、课程课纲、教学计划等课程保障体系都在有条不紊地运行着。而第二课堂尽管不是新鲜事物，各院校都在团组织的引导和支持下，开展了丰富多彩的第二课堂活动，对大学生的成长发展发挥了重要作用，但是也要看到，由于一直以来缺乏顶层设计和系统筹划，第二课堂的育人目标、育人手段及其之间的承载关系未见清晰界定，缺乏统一规则，亦无明确要求，导致在实践中不同育人主体对第二课堂涵盖哪些活动、如何在时间和重要性上安排各类活动、如何整合第二课堂各类活动形成合力、如何真正体现第二课堂的育人效果等问题缺乏统一认识，大大限制了第二课堂的作用发挥。构建第二课堂课程项目体系将推动第二课堂成绩单制度的制度化、科学化、常态化，使得第二课堂的活动更加多样化，记录更加规范化，活动机制趋于常态化，考核趋于标准化。

（三）构建第二课堂课程项目体系的必要性

1. 对于团学工作的梳理和分类

习近平总书记特别强调要注重发挥共青团、学生会组织和学生社团的作用，重视加强第二课堂建设，重视以文化人和实践育人，这些重要要求为高校共青团牵头统筹第二课堂育人工作指明了前进方向、提供了巨大动力。高校共青团要充分发挥其服务高校立德树人根本任务、牵头统筹第二课堂育人工作的关键作用，要重点围绕培养什么样的人、如何培养这样的人、是否培养了这样的人、如何用好这样的人等关键问题，基于相关领域的理论支撑，理清关键环节，创造性地提出高校共青团第二课堂建设的运行机制，更好培养德智体美全面发展的社会主义事业建设者和接班人。

构建第二课堂课程项目体系回答了"如何培养这样的人"的问题，这是高校共青团建设第二课堂运行机制的重要组成部分。而高校共青团作为第二课堂建设的领头羊，其日常活动也应纳入第二课堂课程设置中来。

而在当前阶段，部分高校组织第二课堂活动较为混乱无序，为了避免不同部门重复开展同类活动，避免特色活动参与学生单一等造成的资源浪费现象，学校应同高校共青团合作，整合管理部门、二级学院、社团组织等所有活动资源，统一管理、细化分工。换句话说，第二课堂课程项目体系是某种形式上的对于团学工作的梳理和分类。

2. 第二课堂活动需要借此来获得校外认证

社会经济的高效发展势必需要高素质人才的推动，特别是在当下全球经济化和国内改革开放的局势下，越来越多的大学生已经认识到自身发展与社会的衔接不足，迫切需要补强自己的知识储备和能力结构[3]，第二课堂在提升大学生综合素质、增加当代大学生社会实践经验与能力方面发挥着不可忽视的作用。而构建第二课堂课程项目体系则为量化评估大学生在专业课程之外的各种素质与能力提供了工具，推动了第二课堂活动及成绩得到校外认证的进程。

二、课程项目体系的问题与发展方向

（一）构建课程项目体系的难点

1. 第一课堂课程项目体系的问题

第一课堂的课程体系经过不断的发展完善和改革，如今已颇为完善。其培养计划、课程课纲、教学计划等保障课程体系从计划目标到结果验证的一系列制度都在有条不紊地运行。第二课堂的课程项目体系是在第一课堂的课程体系的基础上发展而来的，那么第一课堂的课程体系发展至今，都遇到了哪些困难呢？这些困难对于我们构建第二课堂课程项目体系是否具有借鉴意义呢？

笔者通过查阅相关资料，大致整理出现阶段我国高校第一课堂课程体系出现的问题。

（1）课程内容过于陈旧，缺乏更新。随着专业和职业（群）的发展变化，必然会对原本陈旧课程内容提出更新要求。课程内容具有一定的稳定性，同时，也需要根据社会和行业的变化做好更新处理。课程体系和课程目标具有较强的稳定性，课程内容则具有灵活性和较好的可变性[4]，而现阶段，各高校教学内容陈旧老化、育人功能淡化，教学内容仅仅局限于教材内容的讲授，没有及时补充最新的理论基础知识和学术前沿成果，与当今科技、生产、生活和社会发展脱节[5]，不利于人才的培养。

（2）实践应用型课程设置不足。现阶段各高校的课程设置中普遍存在"重理论课程设置，轻实践类课程设置"的问题，课程设置满足不了学生求职的需要，这与教师缺乏专业经验有关。教师是教学的实施者，教师自身能力的缺乏会影响学生对于专业的认知。这样的课程体系培养出来的学生实践能力不足，不能满足社会上各用人企业的需求。面对这样的员工，企业只能对其进行再教育，相当于高校将自己的任务转移给企业，增加了企业的用人成本，也对学生的职业发展产生了不良影响。

（3）课程设置存在一定的随意性。第一课堂的课程设置大致分为必修课与选修课，许多学科属于交叉学科，在发展过程中会与各领域进行结合交叉，这使得各高校在课程设置中除专业基础课外有一定随意性[6]，课程设置的科学性、准确性无法得到保障。

（4）教学内容不清晰。教学内容不准确、不清晰一方面是教学设计不合理所致，另一方面是因为教学内容本身不足。如同一个专业所开设的不同选修课之间内容可能会存在重合，这样不合理的课程内容和知识分布不利于高效利用课堂宝贵时间，教师重复讲解曾经学习过的知识点还会导致学生出现厌学心理[7]。

（5）自下而上的反馈机制基本缺失。第一课堂课程体系中自上而下的传达机制十分完善，上级机关对课程改革的指令、对老师的考核、监督能够顺利地到达老师处，但下级对具体政策的执行情况，老师的建议、呼声却鲜少被上级知悉或采纳，这使得学校在课程开发与改革时对真实情况了解不清，学校的课程制度难以贴近实际，课程的作用无法充分被发挥。[8]

2. 第二课堂课程项目体系的问题

第二课堂课程项目体系的构建需借鉴第一课堂课程体系的内容，在其已有框架上进行适当修改创新。因此，前文所述的第一课堂课程体系所遇到的瓶颈对于第二课堂课程项目体系的建构极具参考价值。我们在构建第二课堂课程项目体系时应针对第一课堂课程体系所出现的问题进行针对性的解决与预防。而在第二课堂发展的历程中亦出现许多问题亟待解决，具体如下。

（1）第二课堂活动形式不丰富。第二课堂活动虽然呈现多样化的形式，但还是主要集中在思想成长、文化娱乐、体育竞赛和社会实践领域，形式大多是定期或不定期的专题知识讲座、交流座谈会、专业演讲比赛等，缺乏其他领域和形式的活动，学生的主动参与度不高。

（2）第二课堂教学内容与第一课堂脱节。众所周知，第二课堂是对第一课堂的重要补充，也是第一课堂的延伸，两者相互结合，共同培养出专业知识与综合素质都过硬的学生。但当下第二课堂与第一课堂各行其是，第二课堂缺乏与第一课堂的有机结合，无法发挥其教学辅助功能。[3]

（3）第二课堂活动设置有待优化。第二课堂活动受学生日常课程、个人活动时间、休息时间的限制，每次开展活动往往需多次协调约定才付诸实施，学生无法给予第二课堂活动一个相对完整且充裕的时间安排，使得活动本身的质量大打折扣[9]。

（二）课程项目体系构建的方向

结合第二课堂的育人目标以及当前构建第二课堂课程项目体系的难点，笔者认为第二课堂课程项目体系构建的方向大致有以下几点。

1. 坚持思想引领

第二课堂的课程体系建设要注重发挥项目活动的思想引领功能。思想引领是高校共青团的本职主业，是培养中国特色社会主义事业合格建设者和可靠接班人的基本保障。[10]

2. 明确培养目标

第二课堂课程项目体系目标的设定是实施第二课堂课程之前要解决的基本问题。第二课堂教育必须始终围绕该目标进行课程内容的设置，增设有助于实现培养目标的课程，取消与课程目标关系不大的课程，从而使第二课堂教学在规定的时间内达到预期的结果。[1]在构建第二课堂课程项目体系时，应承担开阔视野、拓展新知、提升能力、锤炼品性的育人任务。

3. 坚持以实用为导向

高校第二课堂主要是为了帮助学生掌握知识，满足他们获取相关信息的个性化需要，从而顺利实施综合素质教育的目的。所以，第二课堂应当结合教育效果制定教学目标、设计教学内容、确定评价标准，正确选择课程主题，组建专业教学团队。主管部门应当坚持"引进来、走出去"原则，运用多样化教学手段，向学生提供更多高校第二课堂教学内容。

4. 与第一课堂内容相结合

高校在设置课程时要结合思政教育属性及高校学生身心特点，利用第二课堂培养更多人才，避免出现扰乱传统课堂传授知识的局面。[11]另外，高校所设置的第二课堂课程应与第一课堂所教授的知识相互补充，第二课堂的存在应起到促进第一课堂知识吸收的作用。

5. 课程设置应具有前瞻性

当前第一课堂的课程设置及课程内容普遍存在过时、陈旧的现象，作为第一课堂延伸与补充的第二课堂在课程设置时应着力避免出现此类问题。如果说第一课堂是侧重于"是什么，为什么"的话，第二课堂则应教会学生"怎么做"，这就要求第二课堂紧跟当下社会、学术发展动态，开设真正有用的课程。

6. 课堂内容专业化

大学生素质能力教育与专业能力发展是互补互融的，在校期间培养良好的素质与能力对当代大学生未来的发展十分重要。目前高校第二课堂的活动方式多种多样，大多数的活动与本专业密切相关，使大学生结合这些科技创新以及理论研究进行活动，利用自己所学的知识来解决实际问题，这也是开展第二课堂的主要目标。高校应该围绕学生所学专业来进行第二课堂的开展，同时增加第二课堂教学内容的趣味性，提高学生的自主学习热情，建设学生自主发起的、有特色的第二课堂活动。[12]

三、课程项目体系的内容

（一）第二课堂与团学工作

关于第二课堂与高校共青团之间的关系，《团中央学校部关于推广实施高校共青团"第二课堂成绩单"制度的通知》指出，第二课堂是第一课堂之外的重要育人平台，是面向大学生加强思想政治教育和开展文化素质教育的重要阵地，是共青团组织服务学校育人中心工作和立德树人根本任务的重要领域。由此可见，第二课堂是共青团必须重视和坚守的一块阵地，搞好第二课堂的各项工作，对于高校共青团组织服务学校育人中心工作和立德树人任务的完成至关重要。

在最新提出的"第二课堂成绩单"制度中，高校共青团同样发挥着重要作用。在《关于在高校实施共青团"第二课堂成绩单"制度的意见》中，共青团中央与教育部对第二课堂成绩单制度的定义为：共青团"第二课堂成绩单"制度是充分借鉴第一课堂教学育人机理和工作体系，整体设计高校共青团工作内容、项目供给、评价机制和运行模式，实现共青团组织实施的思想政治引领、素质拓展提升、社会实践锻炼、志愿服务公益和自我管理服务等第二课堂活动的科学化、系统化、制度化、规范化，实现高校学生参与共青团第二课堂可记录、可评价、可测量、可呈现的一套工作体系和工作制度。"第二课堂成绩单"制度还是深化高校共青团改革，强化共青团育人职能，巩固共青团组织建设的关键路径。

在第二课堂建设的过程中，高校共青团充当着领头羊的角色，只有充分重视团学工作在高校的开展，第二课堂才能真正发挥其最大价值。

（二）课程项目的分类

由于一直以来缺乏顶层设计和系统筹划，第二课堂的育人目标、育人手段之间缺乏联系，不同育人主体对第二课堂涵盖哪些活动、如何在时间和重要性上安排各类活动、如何整合第二课堂各类活动形成合力、如何真正体现第二课堂的育人效果等问题缺乏统一认识，大大限制了第二课堂的作用发挥。因此，我们要构建第二课堂课程项目体系，并对各课程项目进行分类，清晰界定课程、项目的类别和具体内容，以便于各育人主体进行统筹规划，实现育人效果最大化。

第二课堂课程项目体系的分类的原则是将第二课堂能力素质体系与课程项目体系相对应，以实现学生能力素质的可测量。明晰高校青年发展的能力素质需求，是构建课程项目体系的基础。能力素质体系为第二课堂"培养什么样的人"提供了内容支撑，课程项目体系则为第二课堂"如何培养这样的人"给出了清晰的实现手段。课程项目体系是实现第二课堂能力素质培养目标的载体，是保障和提高第二课堂育人质量的关键。课程项目体系和能力素质体系之间的互动关系才是第二课堂育人机制的关键所在，仅对课程项目体系进行标准化但不考虑这些课程项目指向何种能力素质是无法达到构建课程项目体系的目的的。

根据这一原则，《团中央学校部关于推广实施高校共青团"第二课堂成绩单"制度的通知》中将"第二课堂成绩单"的课程项目体系分为7个类别：

思想成长、实践实习、志愿公益、创新创业、文体活动、社会工作、技能特长。除此之外，本书增设一个新的分类：开放型模块，用于归纳本校特色活动。

（三）课程项目体系的内容

第二课堂课程项目体系充分借鉴第一课堂教学模式，对能够课程化的项目活动进行课程化设计，制定教学大纲，配备师资力量，规范教学过程，完善考核方式；对不宜课程化的项目活动规范供给标准，注重质量控制。聚焦人才培养目标，结合第一课堂教学安排，统筹设计共青团第二课堂课程项目体系，实现第二课堂与第一课堂互动互融、互补互促。[13]

1. "思想成长"模块

从社会层面上讲，思想政治教育是促进人类进步以及人类社会发展的重要方式，是中国改革开放和现代化事业顺利进行的根本保证，是建设社会主义现代化强国的精神动力。大学生是祖国的未来和民族的希望，是国家的宝贵人才资源。要进一步把大学生思想政治教育工作置于更加突出的位置，加强大学生思想政治教育是当前一项极为紧迫的重要任务。[14]

从个人层面上讲，一个人的思想品德与价值取向直接反映在他的就业观、就业态度等方面，是个人能力素质的重要组成部分，也是用人单位在寻求人才时关注的重点[2]。因此，高校共青团作为"第二课堂成绩单"制度的主要推手，要借"第二课堂成绩单"制度切实发挥好共青团服务高校立德树人根本任务和人才培养中心工作，推动高校思想政治工作改革创新。

第二课堂课程项目体系的"思想成长"模块主要聚焦高校共青团开展的各类活动和学生的思想成长、政治发展历程，记载了学生入党、入团情况，学生参加党校、团校培训经历，学生参加思想引领类活动经历，以及获得的相关荣誉。该模块充分体现了高校共青团活动在第二课堂成绩单制度中的重要地位。

在"第二课堂成绩单"制度提出之前，我国的第二课堂建设存在着第二课堂活动与教学工作距离太远的问题，也就是说，第二课堂在丰富校园生活的同时更大程度上是学生思想政治工作的重要载体。承担指导学生第二课堂活动的部门是高校的共青团组织，它归属于学校的党组织领导。这种格局使得第二课堂活动在很好发挥学生思想政治教育方面职能的同时对于"学校教学的重要环节"的作用发挥不足。[15]因此，在接下来第二课堂课程项目体系的构建中，高校在继续坚持将"思想成长"放在重要位置之外，还应该注重其他模块的建设。

2. "实践实习"模块

大学生从课堂走向工作岗位，需要完成从"学校"身份到"社会"身份的转变，但是由于大学生长期处于大学的象牙塔中，他们的学习大多以理论知识为主，相当一部分大学生对社会的了解并不深刻，因此大学生毕业后面对工作及社会时可能会无从下手，继而产生一定的焦虑与不适感。而在第二课堂活动中，参与"三下乡"社会实践、就业实习、岗位见习等活动可以大大拉近学生与社会的距离，让大学生从书本走向现实，深入地了解国情社情，同时也提高了实践能力，从而能够更好地适应工作、适应社会。[2]

"实践实习"模块主要记录学生的各种社会实践和实习情况，着眼于考察学生的实践能力，主要包括参与"三下乡"社会实践、就业实习、岗位见习及其他实践活动的经历，参加与港澳台及国际交流访学的经历，以及获得的相关荣誉。该模块可对应第二课堂能力素质体系中专业技能部分中的职业技能。第二课堂作为第一课堂的延伸和补充，在培养学生实际动手能力上应发挥重要作用，帮助学生成为社会和用人单位需要的人才。

由于实习活动事关就业，相对于其他形式的活动，当代大学生对于各类实践实习活动热情普遍比较高涨，积极利用寒暑假时间参与专业相关的实习活动，为就业积累经验与人脉。但不可忽视的是，由于地区、院校、专业等的差异，不少学生并不能找到令其满意的实习岗位，这就要求高校发挥其作用，为学生参与实习提供渠道。

3. "志愿公益"模块

近年来，随着经济的不断发展和人民生活水平的提高，社会各界对于公益慈善和各类志愿活动的关注大大提升，相应也涌现出一大批公益团体和各类志愿活动。参与志愿公益实践活动可以培养大学生的社会责任意识、集体意识和团队合作精神，传递青春能量，同时也是践行、弘扬社会主义核心价值观的重要方式，[16]对于当代大学生思想品德和社会实践能力的培养具有积极作用。

"志愿公益"模块关注的是大学生参与各种公益、志愿活动的情况，多被用来评价大学生的品德素质，对应能力素质体系中的核心特质部分。该模块的主要内容是参与"大学生志愿服务西部计划"及支教助残、社区服务、公益环保、赛会服务、海外服务等各类志愿公益活动的经历，以及获得的相关荣誉。

在关于大学生对志愿公益活动的调查中我们发现，几乎所有的大学生对于志愿公益活动都有所了解，参加过公益活动的达到了90%（包括学校和班级组织的活动）。但通过深入调研发现，能深刻理解和长期坚持参与志愿公益活动的学生只占比25%左右，绝大多数学生对志愿公益活动的理解只停留在"普通活动""被逼参与""盲目跟风"等认知和理解上。[17]大学生参与志愿公益活动多是被动参与，将其视作得学分的工具，对活动开展的目的有所曲解。各高校在开展相关活动和课程时，应注意对学生进行参加志愿公益活动的必要性教育，以提高学生对于此类活动的理解和支持。此外，高校志愿服务内容单一，与大学生生活脱节也是导致参与者积极性降低的一个原因。基于此，高校志愿服务应不断扩充内容，不仅仅局限于体力型、劳动型的志愿活动，更需发挥大学生的智能优势，发展其特长，培养学生对社会环境的探索心、对社会情况的感受力。[18]

4."创新创业"模块

近年来，国家政策上大力扶持青年尤其是大学生创新创业。大学生是创新创业的生力军，高校应该将创新创业教育融入其人才培养体系中，切实提高大学生的创新创业能力。[19]2015年共青团中央办公厅印发的《关于高校共青团积极促进大学生创业工作的实施意见》强调，促进大学生创业是高校共青团服务党政工作大局、服务国家改革发展、服务青年学生成长成才的重要工作内容。高校共青团服务大学生创新创业教育的一个主要渠道是第二课堂，[20]因此，第二课堂课程项目体系中应设立"创新创业"这一模块以培育当代大学生创新能力。以学校教育为切入点开展创业教育，并不是说要让每个学生都能成为企业家，其根本用意在于通过创新创业教育，使学生形成创新理念、创新思维和创新素质，从而为国家实施创新驱动发展战略服务。[21]

"创新创业"模块对应能力素质体系中关键能力部分的"创新能力"，与大学生的创新能力、创业项目息息相关。近些年来随着科技的不断进步，对大学生创新能力的要求也日渐凸显，国家对于大学生创业又有诸多扶持政策，故单独设立此模块，激励大学生培养其创新创业能力。该模块内容主要包括参与各级各类学术科技、创新创业竞赛和活动的经历及获得的相关荣誉，以及发表论文、出版专著、取得专利等情况。

国家近几年来对于大学生创新创业大力倡导，各高校创新创业课程和活动也在如火如荼地开展中。但目前仍然出现了一些问题，如课程和活动的组织缺乏统筹，各部门分工不明确；创新创业课程和活动呈现碎片化、随意化的状态，缺乏系统性；[22]同时，也存在着活动载体不明确、体系不完善、导师制流于形式、活动场所有限等问题。[23]针对这些问题，我们认为在设置"创新创业"模块时应注意以下两点。

（1）高校要协同课程体系

协同高校课程体系主要包括以下两个方面：第一，高校要实现创业通识课程和创业强化课程的协同，把具体的课程模式设置到对大学生的培养计划中；第二，高校要实现创业教育课程和专业教育课程的协同，[24]将创新创业与所学专业知识结合起来，学以致用，避免第二课堂与第一课堂的割裂。

（2）高校要认真落实创新创业第二课堂活动导师制

各高校应通过体制机制明晰第二课堂导师的作用与职责，在课程设置方面积极探索第二课堂导师制的有效运行模式，加强创新创业导师队伍建设，保障导师积极参与第二课堂创新创业活动，使导师制真正发挥在第二课堂提升大学生创新能力和创业素质方面的重要作用。[25]

5. "文体活动"模块

文艺体育类活动一直是传统的第二课堂教学中的重要组成部分，开展此类活动对于促进学生的身心健康，培养学生的文艺、体育素养，增强学生的综合素质有着不可替代的作用。在构建第二课堂课程项目体系时，应继承过去开展的丰富多彩的文艺体育活动，并将其归纳整理，以达到科学管理、准确评估的目的。

"文体活动"模块针对大学生的文艺体育素养而设立，对应的是能力素质体系中专题知识部分的"身心健康"素质。众所周知，参与文艺、体育活动有利于培养大学生的文化艺术素养和身体素质，进而起到放松身心、增强综合素质的目的。"文体活动"模块主要记载参与文艺、体育、人文素养等各级各类校园文化活动的经历，以及获得的相关荣誉。

当前我国大学生的身体素质与文艺素养的水平仍有待提高。教育部关于2014年学生体质健康监测结果显示：我国学生的爆发力、力量，反映心肺功能的肺活量，学生视力等素质连续10年呈下降趋势，超重及肥胖继续呈上升趋势。[26]至于文艺活动方面，仍存在着形式与内容较为单一，学生参与积极性不高，缺乏专业的师资力量，高校基础设施、场地无法满足教学需求等问题。高校应该提高第二课堂文体活动的多样性和丰富性，以激发学生参与文体活动的兴趣；加强对第二课堂文体活动重要意义的宣传，以提升学生对文化体育活动的重视程度；积极为第二课堂文化体育课程与活动配备基础设施，保障课程与活动的顺利进行；为第二课堂文体活动配备充足且专业的教师，保障活动的高质量。

6. "社会工作"模块

学生的社团活动作为高校第二课堂的重要组织形式，最大的特点是学生参与、学生管理、学生自我服务。因此，在社团活动中，学生的主人翁意识、团队精神对于社团建设及社团活动的举办效果有着至关重要的影响。在社团活动中培养自己的团队协作能力、提高自己的交往和沟通能力，是提升学生就业软实力的重要渠道。[2]而在校外参与各类社会工作，加深了大学生对于社会现状的认知与理解，为日后走出校园、走向社会奠定了坚实的基础。

"社会工作"模块是在聚焦大学生的社团和社会工作任职情况，该模块所对应的能力素质较多，包括关键能力中的"与人合作""沟通能力"，以及核心特质重点"成就动机""责任心"等。通过设立这一分类来鼓励大学生积极参与社团活动，并在其中任职继而发挥主导作用，鼓励其积极参加校外社会工作，积累经验、培养能力。该分类的具体活动包括在校内党团学（含学生社团）组织的工作任职履历、在校外的社会工作履历，以及获得的相关荣誉。

随着高校的不断扩招，大学社团的规模和数量随之不断扩大。各大高校的学生社团建设得到了迅速发展，社团活动也呈现出多样化、规范化的特点。虽然社团活动发展至今有了很大的提升和改变，但也存在着一些不足。目前高校社团的问题可归为两类。第一类是社团外部管理环境的问题，如学校重视不够、科学定位不准、活动束缚较多、物质条件匮乏、管理制度不健全等。第二类是社团本身存在的问题，如社团的数量和类别急剧增加但发展不平衡；学生社团的功能在增强，作用在扩大，但内部管理尚不够规范、社团内部较混乱；活动随意性强、社团方向易出现偏差、社团经费使用及活动开展缺乏监督和计划等。[27]各高校在利用各社团、组织活动培养学生的实践能力、领导能力和品德素养之前，应解决好当前社团发展遇到的问题，将社团科学分类，统一管理，为社团活动配备专门的指导教师和充足的活动场地，确保社团作用的最大化发挥。

7. "技能特长"模块

技能特长最能显示学生的兴趣、特长、爱好以及职业前瞻性。鼓励学生在完成第一课堂学业的同时，积极报名参加技能等级考试、社会职业资格考试，取得相应证书，更有利于学生的长远发展。

"技能特长"模块是针对大学生所要掌握的专业技能而设立的，对应着能力素质体系中的专业技能部分，此部分的设立充分体现了第二课堂与第一课堂相互融合、互为补充的特性。"技能特长"模块主要内容是参加各级各类技能培训的经历，以及获得的相关荣誉。学生在第一课堂学习专业知识，在第二课堂中参加相关培训或资格考试，将所学的知识转化为自身的能力素质。

在当前各高校中大学生参加专业相关的培训及资格考试十分常见，已形成一种惯例，另外，一些热门专业的资格考试也十分流行，如司法考试、注册会计师考试等。学校对于这种潮流应稍加规范与管理，如向学生积极宣传其专业相关的资格考试，以及组织相应的校内培训以提高学生通过率，以期通过这些手段，提高学生的专业技能，获得校外的认可。

8. 开放型模块

开放型模块是针对学校特点、学生实际进行自主设置的课程类别，前七个模块各高校所设置的课程和项目大同小异，而本模块则可能出现较大差异。

每所学校都有其自身的特点与优势，如专业类大学可开设本专业的第二课堂课程，既发挥了自己的学科优势、为学生提供了优质的教学资源，又借此加深了学生对该校优势专业的认知和自豪感。如北京林业大学作为农林类高校，对全校学生开设了必修课《常见植物识别》，既加深了本校学生对于林业的认知，又契合了"知山知水，树木树人"的校训。

不同地区、不同学校乃至不同专业的学生对于第二课堂的需求都存在差异，学校在设计第二课堂课程项目体系时也应根据学生的实际需求有针对性地设置活动或课程，以满足学生需要，达到育人目标。

本章小结

第二课堂课程项目体系是共青团"第二课堂成绩单"制度的重要组成部分，同时也是其实施基础。课程项目体系是一个新概念，是专门针对第二课堂不同于第一课堂的特点提出的，本章首先介绍了课程体系的定义，为接下来课程体系的构建奠定了基调。紧接着探讨了构建第二课堂课程项目体系的必要性和意义，回答了什么是第二课堂课程项目体系，以及为什么要构建第二课堂课程项目体系的问题。

第二课堂课程项目体系是充分借鉴第一课堂课程模式设立的，基于此，本章在讨论课程项目体系的构建中会遇到的问题时，不仅涉及了第二课堂的教学现状，还总结了一直以来第一课堂课程体系遇到的问题，并针对构建课程项目体系所遇到的困难提出其发展方向。

在本章的最后，我们介绍了课程项目体系的具体内容，包括第二课堂与团学工作的关系、课程项目的分类原则以及设置各分类的原因、各分类包括的具体内容以及其发展现状，希望能对各高校的第二课堂课程项目体系的构建提供借鉴。

附录

北京林业大学经济管理学院硕士研究生综合素质测评办法
（试行）

第一章　总则

第一条　为建立有效的激励机制，培养全面发展的高素质人才，结合我院实际，特制定经济管理学院研究生综合素质测评办法。

第二条　本办法的适用范围为我院具有奖学金申请资格的全日制非在职硕士研究生。博士研究生、委托培养研究生、专项计划培养研究生、延期毕业的研究生不参加此项测评。

第三条　综合素质测评指标包括德育表现、学术活动表现、专业实践提升表现、文体活动表现四个项目。根据科学性、可操作性原则，本测评全部采用量化方式进行。本测评满分为 100 分，德育情况、学术活动、专业实践能力提升、文体活动分别占总分权重的 25%、40%、15%、20%。

第四条　综合素质测评，由学生填写《北京林业大学经济管理学院硕士研究生综合素质测评表》，学院统一考核评定，每项均须提供相关证书、证明方为有效，否则视为无效。

第二章　测评机构及要求

第五条　硕士研究生综合素质测评工作在经济管理学院研究生评优工作领导小组的领导下，由研究生管理办公室具体实施，各项活动是否加分以研究生管理办公室的通知为准。

第六条　各班班主任、班级负责人组成测评工作实施小组，具体配合执行本班测评工作。

第七条　综合素质测评表须经班主任、班长审核签字后，以班级为单位，在规定时间内交至学院研究生管理办公室，否则当年综合素质测评奖励记为零分。

第三章　综合素质测评细则

第八条　德育表现在综合素质测评中占总分权重 25%，总分不超过 25分。包括以下指标：

一、拥护中国共产党的领导，热爱社会主义祖国，自觉维护社会安定团结，遵守国家法律和校纪校规，有良好的道德品质和文明风尚，关心集体，团结同学，没有受到任何处分者，加 5 分。

二、各类组织任职（各项任职需满一年，未满一年的，根据实际情况酌情计分，总分不超过 20 分）。

（一）在校院级研究生会担任主席、副主席，在考评期任职满一年，并且任职期间履行职责，学年考核合格者，提供相关证明，每人每学年加 20 分。

（二）在校院级研究生会担任部长、在党支部担任支部书记、在其他学生组织担任部长以上干部，在考评期任职满一年，并且任职期间履行职责，学年考核合格者，提供相关证明，每人每学年加 12 分。

（三）在校院研究生会担任副部长，在班级担任班长，团支书等班级负责人，在其他学生组织担任部长、副部长，在考评期任职满一年，并且任职期间履行职责，学年考核合格者，提供相关证明，每人每学年加 10 分。

（四）在校院研究生会担任干事、在党支部担任副书记或委员、在本科新生班级担任学业辅导员、担任研究生兼职辅导员，考评期任职满一年，且任职期间履行职责，学年考核合格者，提供相关证明，每人每学年加 7 分。其中，在院研会获得优秀干事的再加 5 分，获得优秀学业辅导员的再加 5 分。在其他学生组织担任干事，在考评期任职满一年，并且任职期间履行职责，学年考核合格者，提供相关证明，每人每学年加 3 分。此项内容最多计三项。

三、其他

（一）在考评期间，参加学院规定参加的重要活动或会议，每次加 2 分。

（二）参加学院和党支部组织的红色"1+1"、志愿服务等社会实践活动，经学院认定后，每次加 2 分。

（三）在考评期内受到通报批评者，每次扣 10 分；受到警告（含）以上处分者，该年德育表现分数直接记为 0 分。

（四）在考评期间积极参加献血的，每次加 2 分（最多计算两次），有其他品德方面突出表现的，酌情加分。

第九条 学术活动表现在综合素质测评中占总分权重 40%，总分不超过 40 分。包括以下指标（同一作品如有同时加分的，不累计加分，以最多分计）：

（一）参加学术讲座每次加 2 分，其中学术型研究生，每学期参加学术讲座满五次的，在原有基础分数上奖励 10 分；专业型研究生，每学期参加学术讲座满三次的，在原有得分的基础上奖励 10 分。其中，全年参加学院组织的讲座学术型研究生次数不得少于五次，专业型研究生不得少于三次。此处的学术讲座是指由研究生管理办公室发布，属于学院层面的学术报告或研讨会。对于因调研、课程设置等非个人原因，造成学期参加讲座次数不足的，经认定，可以按年度来计算讲座次数。

（二）校外讲座每次加 2 分，需提交不少于 500 字的听会笔记和现场照片打印版。校外讲座的认证由研究生管理办公室收取材料并进行审核，所交材料于下一学期初返还，校外讲座每学期有效认证不得多于 2 次。

（二）参加国际学术会议和学术论坛者，凭邀请函、会议笔记记录和其他相关证明每人每次加 15 分。

（三）参加国内相关领域重大学术会议和学术论坛，凭邀请函、会议笔记记录和其他相关证明每人每次加 8 分。

（四）参加学校或学院组织的学术活动，每人每次加 2 分；向学校或学院组织的学术活动投稿，独立作者每人每篇加 3 分，合作投稿的第一作者每人每篇加 2 分，其他作者不加分。

（五）无故不参加学校或者学院规定的必须参加的学术活动的，每次扣 2 分。

第十条　专业实践提升表现在综合素质测评中占总分权重 15%，总分不超过 15 分。包括以下指标（各项如有同时加分的，不累计加分，以最多分计）：

（一）考评期内，获得国家颁发的与所学专业相关的专业资格证书，最低等级加 2 分，最高等级加 15 分，级差酌情参考所获资格证书的等级设置。

（二）考评期内，通过国家级专业资格考试的，根据资格考试含金量和通过的科目数酌情加分，最多不超过 15 分。其中，通过 CPA 会计科目的加 5 分，通过审计或财务成本管理的加 4 分，其他科目单科加 2 分。获得计算机二级证书的加 2 分。

（三）考评期内，获得 BEC 高级 C 或托业 A 级（含）以上者加 5 分，BEC 中级 B（含）或托业 C 级以上者加 3 分，大学英语六级达到 500 分以上的加 2 分，其他与就业相关的英语类资格证书酌情加分。

（四）参加校院组织的关于职业发展的各类讲座，每人每次加 2 分。

第十一条　文体活动表现在综合素质测评中占总分权重 20%，总分不超过 20 分。包括以下指标（各项如有同时加分的，不累计加分，是否加分以学院通知为准）：

（一）积极参加学校或学院组织的文体活动，参加活动每人每次加 2 分，在活动中有文体表现贡献的，每人每次再加2分。

（二）在院校、省（市）、国家级文体比赛中获奖，按下列标准加分：

1. 院校级奖励：一等奖加15分，二等奖加12分，三等奖加10分；

2. 国家级、省（市）级奖励：一等奖加20分，二等奖加15分，三等奖加12分。

（三）在院校、省（市）、国家级文体比赛中获集体奖的，获奖集体的全体成员每人每次按照本条第二款中规定的标准加分。

第四章 附言

第十二条 本办法未涉及项目由经济管理学院评优工作领导小组酌情评定。

第十三条 本办法解释权在经济管理学院评优工作领导小组。

第十四条 本办法自公布之日起实施。

北京林业大学

经济管理学院评优工作领导小组

2017年12月

参考文献

［1］黄兆信，郭丽莹. 高校创业教育课程体系构建的核心问题［J］. 教育发展研究，2012（19）：81 - 84.

［2］乐凤，吴洛婵. 第二课堂：提升大学生就业软实力的有效途径［J］. 佳木斯职业学院学报，2018，186（5）：240 - 241.

［3］徐亚辰. 大思政理念与应用设计人才培养研究——基于艺术设计专业第二课堂育人的视角［J］聊城大学学报：社会科学版，2018（05）：113 - 116.

［4］任俊圣，陈玉婷. 高职院校推进课程育人机制与的路径探索［J］. 职业技术，2018，17（10）：29 - 32.

［5］游彦茹. 以第二课堂改革倒逼第一课堂教学改革［J］. 教育现代化，2018，5（14）：100 - 102.

［6］陈雪平，马强，黄恒振，王晓迪. 大数据背景下普通高校统计学本科专业课程设置的探讨［J］. 高教学刊，2018（21）：70 - 72

［7］曹院平. 转型高校应用型管理类课程的教学改革与创新［J］. 高教学刊，2018（19）：39 - 41.

[8] 万伟. 课程的力量——学校课程规划、设计与实施 [M]. 上海：华东师范大学出版社，2017：203-204.

[9] 杜一宁，孙嘉悦. 高校第二课堂成绩单的思想政治教育功能探析——以天津师范大学外国语学院为例 [J]. 吉林广播电视大学学报，2018 (9)：47-49.

[10] 董晓光. 高校共青团"第二课堂成绩单"制度建设路径探析 [J]. 东华大学学报：社会科学版，2018，18 (1)：15-19.

[11] 石丽. 高校第二课堂管理策略探究 [J]. 西部素质教育，2017，3 (24)：187-188.

[12] 钱海峰，王振伟，雷卫宁. 高校第二课堂建设对大学生综合素养提升的影响 [J]. 教育现代化，2017，4 (47)：30-31.

[13]《关于在高校实施共青团"第二课堂成绩单"制度的意见》

[14] 陈范武. 充分发挥独立学院第二课堂作用，有效开展大学生思想政治教育工作 [J]. 长春理工大学学报：高教版，2010，5 (1)：82-83.

[15] 严毛新. 我国高校第二课堂活动的现状及对策 [J]. 浙江工商大学学报，2006 (1)：81-85.

[16] 陈国凤. 工科设计类院校第二课堂的思想政治教育功能探析 [J]. 科学大众 (科学教育)，2018 (10)：139+192.

[17] 胡琦，文晓辉. 文化自觉视域下大学生志愿服务的引导策略探究 [J]. 未来与发展，2018，42 (8)：92-96+100.

[18] 任文珺. 第二课堂视角下高校志愿服务工作体系建设研究 [J]. 文化创新比较研究，2018，2 (10)：169-170.

[19] 高丹燕，刘思林，彭明华，余豪. 大学生创新创业教育：概念、措施和展望 [J]. 佳木斯职业学院学报，2017 (7).

[20] 吴泳成，李忠芳. "第二课堂成绩单"制度促进创新创业教育第二课堂有效开展的思考 [J]. 科技创业月刊，2018，31 (2)：78-80.

[21] 申丽平. 大学生创业与创新型国家建设 [J]. 知识经济，2018 (19)：117-118.

[22] 吴泳成，李忠芳. "第二课堂成绩单"制度促进创新创业教育第二课堂有效开展的思考 [J]. 科技创业月刊，2018，31 (2)：78-80.

[23] 严磊. 地方高校开展创新创业第二课堂实践活动的几点思考 [J]. 科学咨询 (科技·管理)，2018 (3)：70-71.

[24] 肖长刚. 第二课堂与大学生创新创业能力培养协同机制研究 [J].

科技经济市场，2018（6）：153－154.

［25］严磊. 地方高校开展创新创业第二课堂实践活动的几点思考［J］. 科学咨询（科技·管理），2018（3）：70－71.

［26］王尔新，刘飞，宋秀丽. 充分利用第二课堂，培养高校学生"终身体育"习惯［J］. 承德石油高等专科学校学报，2016，18（4）：63－67.

［27］王鹏飞. 浅论新时代下大学生社团活动建设——基于"第二课堂成绩单"制度的考量［J］. 决策探索（下），2018（8）：65－66.

第七章

构建记录评价体系，强化第二课堂实施牵引

引言

构建记录评价体系是深化第二课堂育人机制、推动共青团"第二课堂成绩单"制度实施落地的重要牵引。记录评价体系着眼服务学生的全面发展，立足服务第二课堂育人的全过程，其关键是对学生参与各类课程项目活动的行为进行记录与评价，这样不仅能够全程全面真实地记录认证学生参与活动的方方面面、点点滴滴，而且支持多元评价主体基于这些记录信息对学生的表现进行科学评价。

记录评价体系是一个开放的行为记录与数据生成中心，最大限度记录学生在成长过程中的行为轨迹，对学生综合能力进行描述性评价，切实突出评价的发展性功能，形成高质量的过程数据和评价报告。与此同时，该体系能够反应能力素质不同维度的评估要求，进一步应用于第二课堂的能力评估体系、数据信息体系和价值应用体系，形成相互促进的过程，实现高校学生参与第二课堂可记录、可评价、可测量、可呈现的发展要求。

一、自下而上的记录评价体系

（一）需求是引领未来的导向

"第二课堂成绩单"制度下的记录评价体系在现代学生教育中的需求与传统的教育理念存在差异，不再是从培养什么人的角度、运用逻辑的规则、制定出相应的考核体系、用约束和规范来引导学生学习，而是学生在自我意愿、自身喜好选择中学习，强调学生的体验功能，是自下而上的"归纳"，不是自上而下的"演绎"[1]。以学生需求为中心、以社会需求为导向，精心设计学生愿意参与的活动和课程，客观记录学生的活动轨迹，将被动要求转化为主动参与，促进学生的全面发展。

随着时代的发展和高等教育的改革，社会越来越需要具有逻辑分析、表

达、创造能力的学生，这些能力的培养仅仅靠传统的教育模式是不够的。近些年人们一直尝试通过引入对能力素质的评价来消除"应试教育"带来的负面影响，但很明显的是，评价的实施举步维艰。社会发展和教育理念的日益更迭，要求高校能够建立起新的与时俱进的评价观。

在终身教育的理念下，强调学习者的自主性和自我动机。师生的交流通道的建立，颠覆了传统教与学的上课模式，教师不再是知识的控制者，而是知识的评价者。评价的目的在于改进和发展，是个人选择学习进程的手段以及鼓励深造的动力，是自发的学习而不是鞭策、鉴别和分类。同时评价标准不能再依赖于精确的标准化测量，利用百分制或等级制来对个人的智力和能力进行赋值，成为学生间横向比较的重要依据，而是要过渡为一种描述性的评价标准、一种"隐形的评价"，从"人与人鉴别卓越"的手段演变为"促进教育发展"的手段，方便学生能够根据自身的学习方式和需求进行学习。[2]

（二）问题是激发思考的动力

现今的记录评价体系已不能满足学生、学校乃至社会对于发展的需要，评价的困难实施一方面是因为在实际操作上评价学生能力素质的难度，另一方面是因为现有的评价体系权威性不强，缺乏普遍的公信力。所以迫切需要有效的方法和策略破解当前综合素质评价所面临的困境。

现有的评价体系概念性不清。素质可以认为是以人的先天禀赋为基础，在后天环境和教育的影响下形成并发展起来的内在的、相对稳定的素养、修养和品质。那么，如何评价这种内隐的品质？这种品质显然无法直接测量和评价，需要利用与内隐素质相匹配相适应的外显行为。能力素质评价难以实施与其本身的概念笼统含糊有很大关联。能力素质是具有丰富内涵的一个概念，长期以来概念的内涵和外延存在争议，各高校或研究机构从不同的层面赋予不同解释，不能达成统一的共识，且一个人的所有素质不能被现有的指标体系涵盖，不能简单地认为是各部分整体相加的和，所以导致评价指标的逻辑体系层次不清，指标体系也过于复杂，评价标准各地不统一。[3]

现有的评价体系真实性不高。高校具有非常丰富的第二课堂资源，但存在资源分散化问题。负责学生评价工作的人大多是一两个人且处在不同的部门，没有成立专门研究和实践评价体系的工作团队。在进行记录统计时，缺乏专职的统计部门，使得大学生在第二课堂参加的活动以及获得的荣誉，通常都是由学生本人与相应的举办部门来记录。那么对学生评价的老师，很大情况下既没有了解学生参与活动的具体表现，也没有记录学生所有获得的奖项，无法全面地掌握学生情况，导致在评价过程中评语相近、叙述含糊、形式单一、个体差异不显著。同时，由于老师缺乏一致的评价指标，没有确立系统的理论依据，便出现了按照各自想法来确定评价指标、指标之间无法完全区别、缺乏独立性的状况。所以评价的内容较为主观，学生不能获得客观科学的评价，比如"思维""道德"等指标。对指标赋值难会导致评价结果不够客观，难以保证不同主体评分的准确性，进而降低了综合素质评价的公信力[4]，学生不能获得针对性的指导分析和帮助，故对学生很难有实质的作用。

现有的评价体系认可度不强。高校现今实施的第二课堂活动，虽然种类丰富，行之有效，但学生参与活动、举办活动等的实际情况无法得到真实的反馈。表现努力进取、突出贡献的学生和浑水摸鱼、滥竽充数的学生在履历中并无太大区别。一本证书、一纸奖状并不能向用人单位或人才培养机构传递切中肯綮的评价信息，因此大学生的很多实践活动经历实际上得不到社会大众的广泛认可。[5]同时评价的结果作为学生能否合格毕业和能否被企业录取的重要依据，成为一种影响学生前途命运的"高利害"评价，以致评价结果的有效性大打折扣[3]。

在这种评价体系中，不同学生综合素质的差异就表现为发展水平的差异，而不是性质上的差异。每个学生的天赋、特点和兴趣不同，将来所要从事的工作也各不相同，不同职业对于从业者素质的要求也各有差异。缺乏衡量学生能力素质的有效载体，评价结果通常以分数或等级字母的形式反馈给学生，学生无法了解自己在哪些方面存在问题，更不知如何改进，最终导致评价的反馈效果不佳，评价结果无益于学生进步。[2]正是问题激发我们去学习、去观察、去实践、最终去解决，于是共青团中央的统一领导下的一项关于大学生综合素质评价的制度——"第二课堂成绩单"便应运而生。

（三）情境是视角改变的关键

从"大学生素质拓展计划"到高校共青团"第二课堂成绩单"制度的演变，各高校进行了丰富的探索与实践。记录评价体系便是其中之一，它的发展大致可归类为以下三个阶段①。

1. 发展初期的摸索

2002—2009 年为"大学生素质拓展计划"的推进初期，第二课堂活动情况以简单记录为主，如记录参与情况的小卡片，现场盖章记录参与的活动等，

---

① 王鹏，刘晓闯. 高校共青团"第二课堂成绩单"制度量化评价体系建设研究［J］. 青年发展论坛，2018（2）.

在学期或学年末根据记录的内容将学生参与的各类活动进行统计。通过审核认证后将记录导入网络管理系统中进行存档，作为生成认定证书的数据来源。这一时期的量化评价体系较为简单，对大学生参与活动的内容区别、参与程度的高低等具体标准关注较少，因此，以大学生参与活动的次数作为评定标准的评价体系随着时代的发展和实践的进步开始显得单薄和陈旧。

2. 发展中期的创新

2009—2015 年是"大学生素质拓展计划"的革新阶段。各高校经历了初期的探索与实践后，对于记录评价体系的研究更加深入。这一时期高校对学生参与活动的评价不再简单地以次数或场数为标准，而是综合考虑活动的数量和质量，并将学分、学时、工时等量化单位引入第二课堂的学生评价体系之中。例如，不同的活动根据参与时间不同赋予不同的量化值，同一个活动根据参与效果的不同赋予不同的量化值，或根据学校人才培养的侧重程度不同，在不同类别的活动上赋予的量化值也不同。随着互联网技术的快速发展，学校为之匹配建立的网络管理系统，无疑为各类丰富而细致的评价体系提供了重要的技术保障。

3. 新时期的探索

2016 年，"大学生素质拓展计划"正式升级为高校共青团"第二课堂成绩单"制度，各高校对于记录评价体系的探索与实践更进一步，完整的理论体系初具雏形。在量化单位的选择上，高校根据自身需求选择学分、积分、学时、工时、小时等一种或多种衡量单位，在设置总量基础上，参与活动直接记录；或是建立学时工时转学分、积分转学分等多种衡量单位间的折算系统。比如，参与某类活动，综合考虑时长、参与程度等因素记录积分，最终根据学校情况，将积分按照一定比例、权重转换为学分，以此核定学生最终获得的学分。

每一次情境和视角的转变，都会给记录评价体系带来新的变化。解决问题的根本在于对所评价能力素质的内涵有一个明确的定义，当前需要给能力素质下一个科学适用的操作定义。操作定义是指一个概念根据在操作中被观察的结果来定义。把一个概念具体化，使之成为可操作的，即可以直观地测量和把握的。"第二课堂成绩单"制度的操作定义很明确，包括七个大类的内容，明确了"第二课堂成绩单"与第一课堂互补互融，并采用学分化积分化管理，既做到了评价与课程的有机结合，又省去了烦冗的等级评价，实现了隐性品质的显性化评价[3]。第二课堂集中体现了因材施教的原则，不受教学计划和大纲的严格束缚，让学生按照自己的兴趣和特点选择发展方向和培养领域，鼓励优秀人才冒尖。[6]

二、设计制度化的记录评价体系

（一）全面真实的人生画像

"记录"就是本着公平公正、操作简便、易于推广的原则，通过设置全面覆盖、资源丰富的板块，以学生需求为中心、以社会需求为导向，精心设计科学实用、引起学生兴趣的活动与课程，以课程活动为序或以先后时间为序，对学生在校期间的生活轨迹进行全部全时、客观真实地记录，囊括了学生参加的所有课程、课内外实践活动、团学工作等点点滴滴以及获得的学分学时和荣誉。通过视频、音频、图片、文字不仅可以实现学生个人面貌、技能、职务等信息的记录，还能将学生的课程情况、团学工作、实践活动、荣誉等多个方面的过程情况进行全程认证和存储，最终积攒成每个学生独有的成长档案、电子履历。与此同时，在后台形成丰富的数据，为评价学生的能力素质奠定了基础。

"第二课堂成绩单"制度提出了"思想成长、实践学习、志愿公益、创新创业、文体活动、工作履历、技能特长"七个课程项目类别的参考，内容广泛，形式灵活。[7]高校在实施过程中围绕这七个方面，形成比较完备的课程项目体系，并搭建起匹配的记录评价系统和学分认证系统，存储并传递学生信息，最终导出年度课程学分和能力成绩单，即第二课堂成绩单。

生成一张第二课堂成绩单、生成能力图谱是"第二课堂成绩单"制度的工作的重心。"第二课堂成绩单"涵盖了学生在校学习生活的方方面面，能够将学生大学四年内的活动轨迹详细完整地进行展示，既有利于学生未来对自己大学生活的回顾，更有利于学校全面了解学生的成长发展路径[2]。"第二课堂成绩单"与第一课堂模式类似，学生的在校经历不断丰富，其成绩单内容也不断增加，在学生毕业或工作后，都可以从成绩单中浏览查看自己在大学中的生活经历。另外，创造性地引导学生从被动选择转变为主动选择，设立自己的成长目标，自主选择感兴趣的第二课堂项目，规划自己的第二课堂成绩单内容。总之，学生在校期间参加第二课堂项目以及获得的学分荣誉和能力点等，都能够得到全面真实客观地记录，一方面是对学生学业成绩之外大学成长经历的有益补充和对学生能力素质提升的客观评价；另一方面，利用清晰明了的量化图表评价学生参与第二课堂的效果，既是学校因材施教、鼓励学生个性化发展的需要，也是社会用人单位选拔匹配人才的需要。

对于学校而言，"第二课堂成绩单"提供了学生能力素质的"整体画像"，是学校用以证明各种奖项与能力评定的客观依据，也使得结果更加真实、公正。另外，通过记录和分析学生的"第二课堂成绩单"数据，有利于学校增进了解学生的情况，且伴随着数据量的增多和整合，使得对学生行为、认知、态度等方面的研究成为可能。

（二）标准量化的学分设置

1. 学积分设置

在第二课堂运行体系中，对第二课堂的活动和课程设置不同等级的学分，使琐碎、繁杂的体系变得显著、清晰，具有可操作性，在学校的正常教学计划中纳入第二课堂学分制管理，让学生积极自主参与到第二课堂中去。课程活动的学分、学时、权重等设置合理，加上多元的学分认定形式，借鉴第一课堂的评分标准与模式，对学生的第二课堂表现进行量化考核，使个人通过努力拼搏获得学分并记入成绩单。

由于不同阶段学生的心理特点和不同年级的教育重点，以及学生对大学生活存在不同的期望和需求，"第二课堂"教育要确定相应的侧重点。基于不同年级，"第二课堂"评价体系各项目内容、比重可以有所不同，[8]比如大一学生刚入校，更希望在同学中展示自身才华而渴望被认知；大二学生更希望在学生组织和社团活动中培养自己的组织协调能力，在活动中实现自身价值而渴望被认可；大三学生已经基本掌握了专业技能，更希望将学到的专业知识得以应用，在实践中发挥专业特长而渴望被认同；大四学生面临人生选择和就业压力，更希望走出校园走向社会，在实习中了解社会、融入社会而渴望被认证。针对上述情况，不同的课程体系设置学积分转换机制，将一、二课堂有机结合，把综合素质认证与丰富、灵活的教育内容统一起来，引导学生树立"处于什么阶段就做什么打算"的意识，培养学生管理时间和规划生活的能力。

第二课堂相较于第一课堂在数量和形式上丰富得多，导致无法对每一场活动都按照第一课堂的思路对参与效果进行考核。对于讲座、报告等类型的活动，默认学生参与的效果一致，每人获得的学分或积分等量化值也相应一致，此时参与数量是影响衡量的主要因素；而针对带有评比性质的活动，学生参与活动的效果在客观上存在差异，参与活动的级别越高，相应付出的努力也越多。在数量一致的前提下，活动的级别、奖项层次、成果层次等可以作为主要的参考因素。因此综合考虑学生参与第二课堂活动的数量和质量两个要素，同学分、积分等量化值进行挂钩计算出学生第二课堂的参与度，能够作为对各类活动赋予量化值的指导原则。[9]

2. 学习达标标准

学分设置应以高校人才培养目标为基础，全面覆盖具有第二课堂教育功能的活动、竞赛、实践项目等，真正全方位地引领学生成长成才。学生不仅可以了解自己"做过了什么"（参与的课程），还可以明确地知道"应该做什么"（未达标的学积分），方便学生自发弥补在全面发展过程中的短板和不足，更好地为自己负责。学校设计的模块不是学生第二课堂的全部，只是学生第二课堂素质培养的基本平台，也就是学校培养目标要求每个学生需要达到的基本要求。同时鼓励学生在学有余力的情况下，获得更多的第二课堂活动课程学分。比如设计模块可分为必修的基础培训、社会实践、未来走向和选修的自我提升。

借鉴第一课堂的模式，我们可以根据第二课堂活动的分类设置必修和选修活动，并且结合高校的育人整体思路、学校特色等制定必修内容，要求学生必须参与和达到要求；其余部分则由学生根据自身兴趣，自由选择进行组合。例如总计要求修满10分即可，其中要求思想成长、实践实习、创新创业类为必修，分别不得低于2分，其余如文体活动、工作履历、技能特长等几类总计不得低于4分，而具体选择哪一类的权利交给学生按照兴趣进行选择。

高校在制定第二课堂参与总量标准时必须考虑到适当适量的原则。过高的标准可能导致学生负担过重，影响第一课堂的正常学业学习，甚至最终因未达到标准而无法毕业，同时可能诱发承办活动的各级各类组织主观供给不足或滥竽充数的形式主义；而标准过低则无法实现学生通过参与第二课堂提升综合素质的目的，使得第二课堂活动形同虚设。结合高校第二课堂的发展趋势，考虑活动供给量、软硬件设施、活动场地等因素，对学分、积分值进行修订并试行，从而初步得出第二课堂的总量标准，然后在实践中检验其合理性，不断进行修订。[7]根据学生的年级和专业特点，合理规划第二课堂的活动内容，鼓励学生在参加第二课堂活动时避免从众心理，合理认知自身专长，理性选择契合自身发展需要和特点的第二课堂活动类型。[10]

（三）多元多维的认证形式

打造多维度多元的学分认证体系，让活动、荣誉、志愿时长、学工身份都成为"第二课堂成绩单"认证的来源。认证途径包括参与（活动）认证、申请认证、学工认证、时长认证以及管理员自主添加的认证形式，拥有权限的发布人可对活动的分类、分值、时间、认证形式、报名范围、参与流程等进行设置，结合参与情况、证书提交情况和活动表现情况对学生进行综合式评价，从而吸纳更多学生参与。比如学生组织或社团使用证书、积分等方式对学生工作进行考核；每学期学年对学生进行学分统计和认定，量化测评学生的能力素质；采取教学成果与工作量挂钩、与学生成绩挂钩等方式，对学校教师进行评优。

1. 参与（活动）认证

以第一课堂为标准，引入引导功能，重新定义第二课堂管控流程，实现从课程课前报名、课前签到、课中点名、课后评价、作业提交、学分考核的全流程、菜单式、自由组合的全程管控。学生可以自动筛选出自己能够报名的活动，并清晰查看每项活动的时间与流程。流程由活动发布者在活动设置列表中进行细节设置，根据实际需要自由组合菜单数量以及计分标准，一旦完成报名、签到、评价、提交、考核等流程，进度条就会被点亮，全部完成可获得学分。参与认证形式全程紧密结合，并记录学生的参与轨迹，引导学生积极参与和及时认证活动。

2. 申请认证

申请认证适用于各类学科竞赛、获取专利、发表论文、取得各种资格认证或考级、参加各类学术会议、学校交流项目、申请各种科研项目、社会实践项目等情况，鼓励学生积极在教学课堂以外延展自身能力、学习应用知识。计分按照项目类别分别以获奖级别、水平资质等级、完整参与次数等为统计指标，如国家级、省部级、校级；一等奖、二等奖等，每个级别对应不同的学分、积分。学生在申请认证处提交申请，填写项目相关信息和奖项，并按要求提交证明材料，证明材料包括证书照片、视频、文字等形式。负责老师或机构将对认证信息进行审阅和确认，对于证明材料不充分或填写信息有误者进行驳回，并附上理由让学生修改。

3. 学工认证

学生组织管理与第二课堂管理一体化主要针对学生组织的活动展示、组织成员管理、学生干部换届选举等管理。每一个组织配置了一个微主页来记录学生的学工经历及任期业绩，可以从中看到其详细内容和功能，包括简介、动态、活动、成员，其中在"成员"选项后台中有"换届"与"学生干部考核"功能。学生可以在学工认证处填写自己参与的学生组织和社团、任职职位、任职期限以及获得的相关荣誉，在任职期间履行职责并且学年考核合格者可以提供相关证明文件提交给审核人，审核通过后学生获得学分。计分标准可灵活设置，比如设置统一分数、按任职级别计算、获得荣誉额外加分等。

4. 时长认证

时长认证一般专指志愿时长，目的是鼓励学生自愿利用自己的时间、技能等资源，践行志愿精神，为社会和他人提供服务和帮助。学生可自行开展或加入志愿组织开展志愿服务类活动，第二课堂与指定志愿相关的公众号或组织机构数据相通，记录学生参与志愿活动的类别、时长等内容，或由服务对象、活动组织者提供志愿者的服务时长、服务内容、获得表彰等证明，从而进行审核认证。按照志愿服务时长规定，对志愿活动的组织者和参与者进行认证，认证材料包括活动登记、活动图片或视频、文字材料、志愿者证等，服务时长为实际服务时间（不含往返时间），以小时为单位计量，多次参加志愿服务，结束后可自动累计服务时间。学期末或一学年时结合志愿者服务情况，对优秀的志愿者进行评选表彰活动。

5. 管理员自行添加的认证形式

上述四种认证形式基本能够囊括学校、学生组织、社会机构举办的所有学术、实践类活动，若有其他情况，管理员亦可自行添加所需要的认证形式。需要强调的是，这四种认证形式只是为各高校课程设置提供参考，不是硬性要求，各高校可以根据自身特色和办学要求设定其课程项目的认证形式。

（四）科学专业的评价理念

1. 评价形式与对标

科学评价建立在客观记录的基础上，客观记录是科学评价的前提。把完成学分作为学生参与课程的重要评价标准。将学生综合素质评价纳入学生的活动学习评价中，明确各项素质对应的活动，评价指标就可以确切地指向某一活动给学生带来的素质变化，通过对学生参与的活动表现及所获成绩进行合理、科学、专业的评价，帮助学生了解自身优势、弥补其不足。但由于第二课堂活动的多样性和灵活性，决定了学生参与活动课程的考核应采用多元化的评价方式。因此第二课堂评价应本着"客观为主，兼顾主观"的原则，以科学的量化标准为依据，呈现记录式评价、学分式评价、综合式评价三个层面的评价方式，且记载详细准确，认定方式多样，避免评价主体的单一性[11]。

记录式评价指对学生的课程类型、参与过程和成果进行全面真实客观的记录；学分式评价指借鉴第一课堂模式，以是否获得学分作为完成课程要求的评价标准；综合式评价指结合记录式和学分式评价，对学生在第二课堂参与情况进行综合能力的描述性评价，出具评价报告[12]。确定第二课堂活动课程的评分内容和标准时，要考虑不同评价主体的特点，依据学生、同行专家、领导管理者所具有的不同的认知特点，分设出相对独立的评价内容和标准。如教师侧重于评价学生参与活动的态度和效果，学生侧重评价学习的自我反思与质性分析。考虑不同学科、不同课程的特点，评价内容和标准的设计应具有概括性，尽可能量化，以适应不同活动课程的需要。[13]

"第二课堂"评价体系最终是以量化的形式对"第二课堂"实施效果进行考量的体系，它将学生的"第二课堂"表现予以分数定量，与学积分共同构成综合素质得分的评价制度。[14]学分反映课程学习的数量，考核分数反映质量效果，其量化结果与"三好学生"评比、奖学金评定、研究生推荐、毕业分配等有机结合。体系评价内容由课程学习、社会实践和志愿服务（德育）、学术竞赛和科技创新（智育）、文体艺术和身心发展（体美）、学生组织和社团活动（学生组织）等部分构成，同时各高校可以根据自己情况适当加入特色课程或活动。这代表着"第二课堂"评价体系对促进大学生参加课内外活动的影响很大，体系的设置直接影响到学生活动的选择（如参与活动可获得学积分）。"第二课堂"评价体系在无形之中形成人与人的对标、人与目标的对标，学生可以看到活动要求了几次、自己参与了几次、获得了多少学分、于他人相比自己所欠缺的地方等。用评价体系来引导规范学生，建立学生的综合素质档案，对学生各个方面的素质进行客观公正的评价。

2. 评价汇总与反馈

多元化的学生学习评价体系，既是因材施教和发展学生个性的需要，也是高等教育多类型、多规格、多层次发展的需要。对于学生评价而言，学生自我、教师、家长、同学、校内外专家都可以成为评价者。这些不同主体、不同角度的评价，有利于提供丰富的评价信息，有利于被评价者的进步和课程的有效实施。在活动课程的评价过程中，需要重视学生的自我反思性评价以提高辨别是非的能力和自我教育的能力。这样，活动课程评价不仅关注结果，更重视过程，通过充分发挥活动课程评价的定向诊断、反馈激励、发展等多种功能，以促进学生素质的全面提高。[15]

第二课堂因其丰富的评价来源，根据实践内容、接触人群的不同，指定多方主体对学生的实践参与状况和最终成效进行评价并量化生成实践成绩，将评语和量化成绩一同计入"第二课堂成绩单"。在客观真实全面的基础上，这张成绩单便可全方位展示大学生的能力水平。在内容的设置上主要涵盖活动的流程简述、共同参与者的评价、社会方面的评价、活动指导教师的评价等，以达成多方面全方位展现学生的真实水平及贡献度的反馈效果。

三、信息网络化的数据平台机制

（一）实时记录动态数据情况

数据管理是"第二课堂成绩单"制度的实施手段。整合现有的第二课堂资源，采用信息化手段和大数据管理，在工作平台上记录、评价、审核、量化学生参与第二课堂活动情况，把相关活动经历和成果数据汇总，记录学生形成的成长轨迹。在活动推行的全过程中，学校各部门、学生组织和社团作为活动主办者，能够对全过程进行动态性的监管，进行课程发布、过程管理、收集反馈，监督、考核、评价、认证学生参与第二课堂情况，[16]使第二课堂活动管理变得愈发简单、规范，促进功能优化与整合，达到信息共享的目的。

利用第二课堂管理平台，提升大学生第二课堂的参与度、互动性以及课堂效果，促使学生积极参与，自主地选择活动且自动计算相关学时学分，使学生第二课堂成长更有科学性和系统性。[17]同时，在平台上设置学生组织专栏，在学生申请加入后，管理员可以在后台进行确认，记录学工生活，并且及时掌握活动动态信息。在大数据下，学生在学校里所做的每一项工作和获得的每一项成绩和进步都会得到全面的记录、跟踪以及掌握，这使得对于每个学生建立个性化的评价模式成为可能。每个学生的综合素质的评价不再只是数字和排名，而是根据每个学生的个性化发展轨迹动态呈现。学校亦可借助平台对学生的生活、学习、工作等开展个性化的指导与帮助，据此制定第二课堂培养计划，最终形成有校方认证的"第二课堂成绩单"，成为学生毕业就业必不可少的一项简历。[18]

（二）引入诚信机制和预警机制

通过信息化工作管理平台后台数据，分析提取不同专业大学生对活动的喜好，以及大学生对活动效果的反馈意见，采取有效措施促进第一课堂和第二课堂的紧密互补与协调发展，让第二课堂贴近第一课堂、贴近社会需求、贴近学生梦想，为学生成长成才提供指导帮助，服务学校人才培养大局。[19]学生在回顾自我的过程中逐渐找到自己未来的发展方向与改进措施，学校的相关支持部门也可以根据每个学生的特点进行针对性的咨询服务，为学生更好地实现自我发展提供助力。

借鉴第一课堂管理模式，第二课堂创造性地将诚信机制引入第二课堂活动信息化管理体系，通过信息化工作平台实时记录学生参与活动的动态情况，避免"报了名却不去参加""参加了却不完成"等情况的发生。若上述情况发生，信息平台上将实时追踪记录，学生相应的能力素质点也将会减少或扣除；还可将学业警示机制引入第二课堂活动信息化管理体系，提示学分差额和达标情况。对于未按要求完成学时、学分的学生，平台可以对学生发送通知进行等级预警，并配套完善而丰富的咨询服务体系，采取学业辅导、心理咨询、职业生涯规划等措施，督促大学生完成学时，获得课程学分，提升大学生的综合素质。

（三）线上＋线下管理，数据化辅助决策

高校通过"第二课堂"平台，执行机构牵头，利用"互联网＋"的思维，聚焦第二课堂与"互联网＋"的深度融合，兼顾学生的用户体验和校内外人士的反馈，搭建便捷化的"互联网＋第二课堂"网络工作平台，将线下活动、线下表现、线下评价实现线上记录，从经验型直接指导转向数据化辅助决策，由粗放式管理变为集约化管理[17]。第二课堂能够打通执行—记录—评价循环渠道，形成闭合的循环区间[1]，并且可以客观记录学生在校期间的表现，并根据学生个人具象的线下表现，以线上量化的形式出现，以互联网为依托实施学生第二课堂学分、积分制、建立高校"第二课堂成绩单"，准确反映学生情况，将其呈现给学生个人、学校和用人单位。

大数据爆发式的增长使得统计的数据更加综合、全面和客观，第二课堂运用大数据思维，选用合适的计算方法对海量数据进行分析和挖掘，以此对学生个体的学习习惯、行为特征和兴趣爱好进行数据分析，及时发现学生身上存在的问题，并以此为导向，精准评估学生个体差异性和多样性，为学生展开个性化辅导。学校基于数据分析对学生参与课堂情况和兴趣做出有效的预测，研究学生的思想动态、群体特征、阶段特征，把握学生的成长成才规律，并且帮助教师预测教学资源分配是否合理，教学方式是否得当，为第二课堂培养方案的多元化及其调整指明了方向。[20]

四、强化数据的"四挂钩"运用

（一）数据与团委规范团学工作挂钩

高校通过开展"第二课堂成绩单"制度有关工作，促进共青团融入学校立德树人工作全局，通过推行"第二课堂成绩单"制度，推动高校共青团工作的转型升级，促使其科学化、标准化、系统化建设。[21]高校根据学生参加活动的大数据分析，从大数据对学生事务精细化管理的影响入手，深入开展第二课堂活动的系统化管理，探索大学生第二课堂教育管理的全新局面和创新路径，提出以学生为导向的精细化管理和个性发展模式。学生的精细化管理不仅是推动学生管理和优化管理资源的要求，也是优化学生管理模式的需要。在大数据背景下，高校结合学生的生活状况和年龄特点，有针对性地开展工作，制定合理的举措开展学生管理工作，全面提高学生管理水平。[22]

"第二课堂成绩单"考察范围涵盖社会对人才的大多数要求，因此对学生"第二课堂成绩单"学分数据的统计与分析，记录学生成长发展的轨迹，可以使多个学校部门和组织更充分地使用已有数据资源，减少资料收集壁垒和数据采集过程，避免出现在数据管理过程中的重复劳动和资源浪费[23]。校方将更加了解学生对自己的定位，有助于判断其未来发展方向，从而发掘学生自身优点与长处，帮助其改正缺点与短处，进行更加精准的个体化培养。同时，在学生成绩单的大数据下，高校可以分析探索符合学生成长规律的评价体系，在学生成长的不同阶段设置不同的评价角度与方式，争取贴合实际地指导学生成长成才。

（二）数据与优化高校人才培养挂钩

高校以"第一课堂"为主阵地，"第二课堂"为素质教育的主渠道和载体，运用教育评估的理论和系统管理的方法对学生在校表现进行检查、总结、判定和反馈，实时更新检验，优化管理模式，为学生的综合素质发展提供保障。

追踪大学生的思想状况，针对不同年级的教育对象，适时转移高校工作的着力点，有针对性地在不同年级中开展活动以激发广大同学的学习热情。[24]为了满足学生在不同年龄、不同专业、不同需求方面的需要，既要重视参与者在人际交往、能力锻炼、社会实践、学术科研上的实际目的，又要重视参与者在发展个性、蕴藉感情、闲暇愉悦、人文关怀上的需要，形成自发参与、重点突出、特色鲜明的活动氛围。[25]

量化评价体系在实施之后，需要根据实际的运行效果不断地进行检验和修正。例如，通过比较学生评价的平均值是否符合预期，观察学生在规定时间内量化值的浮动趋势等手段，对量化评价体系进行全面整体的评估。客观上由于学时、学分等量化值的数量比例设置不合理，使得评价体系出现的偏差，则需要高校结合分析数据调整对应的参数。高校整体活动数量过多或过少及时间安排过于集中或分散，就涉及活动项目内容体系整体的设计执行，需要做到活动项目供给侧的动态调整。总之，无论哪种问题，记录评价体系可以根据实际情况定期进行动态调整，提高学校人才培养能力。

（三）数据与促进社会就业匹配挂钩

现如今，就业是大学生最根本最迫切的需求，在择业过程中大学生提供给用人单位的评价信息只是学习成绩单和各种证书，不能够充分反映学生就业潜能和在校期间的综合素质、能力等全面而个性化的信息。而传统的评价体系（如简历、口述）并不能让用人单位在短时间内了解一个人是否适合一些特定岗位，往往还要经历实习考察等才能确定去留，然而这类时间周期较长的检验环节，对于经济逐渐独立、迫切需要稳定经济来源的大学生而言，考察检验环节耗时过长。通过引入"第二课堂成绩单"，共青团可以建立真实有效、实用性强、社会认可度高的科学评价体系，从学术、能力两方面对学生进行记录评价，结合"第二课堂成绩单"对学生进行数字化的综合素质考评，与第一课堂成绩单共同成为毕业生求职以及用人单位选拔人才有力的参考凭证，精简求职过程中时间成本高却回报率低的环节，为学生、为社会提供更精准便利的渠道。

第二课堂活动的七大模块，培养了学生相应的素质能力。"第二课堂成绩单"能够客观准确地对学生综合素质的多个维度进行全面的展示，尤其是毕业生在择业的过程中，"第二课堂成绩单"能够体现学生在校经历的各种培养与锻炼，全面地向用人单位展示学生的综合素质与能力。一方面，"第二课堂成绩单"有助于用人单位根据自身的需求挑选最合适的人才；另一方面，"第二课堂成绩单"也有助于学生充分了解自己的特长与优势，为个人就业提供重要参考，使得在未来选择工作岗位时更有的放矢。

（四）数据与学生毕业成长成才挂钩

"第二课堂"结合大学生的需求与心理特点，为学生提供将知识转为实践的平台，以推进素质教育为目标，对学生的能力素质进行全面、客观、科学地评价，引导学生在各方面协调发展的同时倡导个性化发展。现阶段各高校在第二课堂上的探索与实践，多表现为将学分量化评价结果与学生毕业相挂钩，并纳入高校的人才培养计划中。这种方式既体现了高校的硬性规定，又能够有效促进学生积极参与第二课堂活动，提升综合素质。

以往学生能力素质的测评体系虽然最大可能地涵盖了道德品质、社会实践、学工经历、文体活动等多种综合性指标，但因为评价采取的方式仍然是老师主观打分，存在很多的内在外在影响因素，学生只能看到简单的信息罗列或其在同学中的排名，比如某同学在本班大一的综合素质测评排名第二。而"第二课堂成绩单"内含着学生独有的行为记录本，学生参与活动可以获得对应版块的成长积分，在客观记录的基础上通过雷达图的形式对比个人与整体的积分，让学生能够充分了解自己所取得的各方面成绩、优势和存在的不足，从而根据自身的情况选择最适合自己发展的道路。

本章小结

第二课堂的记录评价系统涵盖志愿公益服务、创新创业创造、实践实习实训、技能特长培养等活动形式，每一个内容模块都是相对独立的应用场景，都有各自专属的业务流程和数据生成机制。较之第一课堂，第二课堂因育人形式多样、按需设置课程项目并随需调整、高度的个性化选择加之空间和时间上的不确定性，记录评价学生在第二课堂的表现显示出了更强的育人能力和更高的信息化水平。

第二课堂的记录评价体系，在记录学生参与第二课堂活动的情况上，兼顾了共性的数据采集和个性化的数据记录；在评价学生参与课程项目的表现上，兼顾了达标要求和绩优标准。并且第二课堂在活动记录评价的总体要求上，突出了客观性、写实性、价值性、简便性，将记录评价的作业流程和标准要求作为可操作、可实践的工作指导，统一第二课堂各相关主体的关注方向和行动方向，真正形成制度合力。

参考文献

［1］付书朋，李雪瑶．高校共青团第二课堂成绩单综合素质考核体系研究［J］．中国经贸导刊：理论版，2018（11）．

［2］魏晶，贾曦，刘栋．以促进发展为目标的大学生综合素质评价——第二课堂成绩单建设理念与实践［J］．中国电化教育，2018（9）：132–137．

［3］曹瑞．高校"第二课堂成绩单"制度对中小学综合素质评价的启示［J］．中国德育，2017（7）：11–15．

［4］罗祖兵．分析式综合素质评价的困境及其突围对策［J］．教育科学，2014，30（5）：44–44．

［5］李林娇，李得天，李浩野．"第二课堂成绩单"服务的高校学生考核评价体系［J］．中外企业家，2017（4Z）．

［6］李雨亭．以第二课堂成绩单为依托创新人才培养模式［J］．教育现代化，2017（5）．

［7］共青团中央 教育部关于印发《关于在高校实施共青团"第二课堂成绩单"制度的意见》的通知

［8］卢振雷，江宁，王磊明，等. 高校"第二课堂"评价体系对大学生成长成才的影响研究［J］. 中国林业教育，2013，31（6）：14－16.

［9］王鹂，刘晓闯. 高校共青团"第二课堂成绩单"制度量化评价体系建设研究［J］. 青年发展论坛，2018（2）.

［10］贾衍中. 将第二课堂活动成果转化成学分的尝试［J］. 中国职业技术教育，2003（7）：12－13.

［11］任新钢，赵恩平，高娟娟，等. 推进信息化平台建设 改进大学生综合素质评价体系［J］. 北京教育（德育），2008（2）：27－29.

［12］詹伊梨. 浅议高校第二课堂建设框架的构建［J］. 当代教育实践与教学研究，2018（8）：95－96.

［13］李同果. 高校第二课堂活动课程体系探讨［J］. 教育评论，2009（2）：74－76.

［14］邹婕，郑永臻. 年级阶梯式综合素质教育的探索［J］. 中国中医药现代远程教育，2009，7（5）：60－61.

［15］李同果. 构建学分制条件下第二课堂活动课程体系的思考［J］. 乐山师范学院学报，2006，21（11）：91－93.

［16］李壹凡. 浅析高校共青团"第二课堂成绩单"制度建设［J］. 新西部，2018（23）：125，118.

［17］曾剑雄，宋丹，高树仁. 大学生第二课堂研究：历程、焦点与前瞻——基于1999—2016年CNKI的文献述评［J］. 重庆高教研究，2017，5（6）：119－127.

［18］余喜文. 高校共青团第二课堂成绩单制度运行模式研究［J］. 太原城市职业技术学院学报，2017（4）：85－86.

［19］王英杰. 浅析高职院校共青团"第二课堂成绩单"建设［J］. 山西青年职业学院学报，2018，31（3）：23－25.

［20］王眉龙，金会心. 如何运用大数据思维打造高校第二课堂［J］. 西部素质教育，2018，4（15）：136－137.

［21］吴泳成，李忠芳. "第二课堂成绩单"制度促进创新创业教育第二课堂有效开展的思考［J］. 科技创业月刊，2018，31（2）：78－80.

［22］寇跃灵，卢丹凤. "精细化管理"模式在学生管理中的应用研究［J］. 中国成人教育，2015（7）.

［23］马梦琦，王轲玮. 数据共享与第二课堂成绩单制度的多维联系研究［J］. 时代教育，2018（7）.

[24] 马金智，王影. 利用第二课堂，选准高校辅导员工作在学风建设中的着力点 [J]. 齐齐哈尔师范高等专科学校学报，2004（3）：115－116.

[25] 成瑶. 关于高校第二课堂活动状况的调查分析与思考 [J]. 西安文理学院学报：社会科学版，2010，13（6）：115－117.

第八章

构建能力评估体系，驱动第二课堂对标改善

引言

工业 4.0 大潮来临之际，国家之间的竞争越来越体现在应用型人才的竞争上，应用型人才不仅要有扎实的专业知识，还要有服务社会、服务人民的高度责任感、勇于探索的创新精神和善于解决问题的实践能力。[1]与此同时，伴随着社会产业升级速度加快，社会分工日趋专业化，各行各业迫切需要具备不同能力素质结构的应用型人才，这就对当前的教育改革提出了更高的要求。

相较传统教育对理论知识和灌输式教学模式的强调，改革中的高等教育提倡理论教学与实践操作并驱，遵循课上教学与课下实践相结合的教学模式，其中第二课堂凭借其形式和空间的多样性，为培养符合新时代发展要求的应用型人才提供了有效支撑。[1]

上一章具体阐述了"第二课堂成绩单"制度运行机制之一，认证评价体系的运行机理和结果运用，其结果的一大运用渠道就要涉及本章所要阐述的另一运行机制——能力评估体系。能力评估体系，顾名思义就是对学生在第二课堂活动中表现出来的能力素质进行评估。评估主体通过收集、分析认证评价体系中认证后的信息，对学生的能力素质划分等级，以评估学生通过第二课堂掌握了何种能力以及掌握能力水平的高低。简而言之，能力评估体系回答了第二课堂是否培养出了党和国家、社会所需要的人以及培养的效果如何的问题。

一、能力评估的意义

（一）第二课堂改进

从第二课堂制度的设置来看，能力评估体系是对"第二课堂成绩单"的进一步补充、完善。现行的"第二课堂成绩单"系统开发了记录评价体系、

数据管理体系和工作运行体系三个体系[2]，侧重于活动的记录和大数据的统计运用。能力评估体系则将学生参与活动的数量、等级上升到能力素质层面，直接对接党和国家发展战略、劳动力市场、各社会用人单位对劳动力的能力素质要求，以社会需求为标准检验第二课堂的有效性，反映第二课堂内容设置的合理性。通过社会需求与学生能力评估结果的比对，及时暴露出能力评估体系中存在的问题，防止这一体系无法对外界环境的变化做出响应。根据社会需求的变化对第二课堂内容进行及时的调整、补充，为以后的第二课堂育人提供新的发展方向。

（二）学生能力提升

市场经济条件下人才培养问题成为重中之重，如何能够为社会输送有才干、有能力、符合社会需要的人才被提上高校教育议事日程，由此有了以课堂教学为主的传统高等教育转向辅助课堂教学的延伸课堂教育，也就是第二课堂育人。[3]其最终目的是与第一课堂有效衔接，形成一个全方位覆盖的育人体系。有效的能力评估体系可以形成对高校学生的反馈体系，一方面，让学生认识到自己综合能力的长处与短处，根据个人兴趣和不同职业对学生能力素质的要求，有选择地安排个人参与相应类别、数量的第二课堂活动，从而有针对性地完善个人的知识储备，改良个人的能力结构。另一方面，明确而具体的评估结果本身就是一种激励，让学生更加理解第二课堂设置的意义、目的，从而更加主动、积极地参与第二课堂活动。

二、第二课堂能力评估体系现状

（一）所要评估的能力界定

第二课堂能力是指高校学生参与第二课堂活动所需要以及所获得的知识、技能和职业素养。这些能力素质具有普遍性和交叉性，涵盖学生的学习、日常生活、职业生涯三个方面，是学生在这些阶段、领域中实现自我价值、不断发展的有利条件。同时，这些能力素质之间又具有独立性，侧重点各不相同，有不同的提升方法和手段。

从学生的个人发展阶段来看，所要评估的能力被界定在学习生活、日常生活、职业生涯三个阶段内。学习能力主要指的是个体能够灵活地将理论知识运用到实际生活中，并举一反三的能力；日常生活能力侧重于个体与人交往，扮演好个体的社会角色，完成社会任务分工的社会技能；职业生涯能力是个体学习能力与日常生活能力的综合体现，聚焦于个体的专业技能与职业素养，主要指个体在实际工作情境下灵活使用理论知识储备和人际交往等社会技能解决问题的能力。

（二）当前第二课堂能力评估中存在的问题

1. 评估理念缺失

多数实践研究指出，评估理念的缺失在第二课堂实际运行过程中普遍存在。很多基层组织单位在实施过程中缺乏总体系统的思考，忽略其背后的运作理念和运行机制，仅仅将其简单理解为一种课外活动记录单，缺乏对人才培养的科学系统规划[4]，因此往往过于重视结果的呈现形式，较少关注结果中有用信息点的提取与运用，造成了严重的资源、信息浪费。

而作为"第二课堂成绩单"制度最重要的参与主体——学生，在各高校基层单位评估意识缺失的氛围之中，往往将"第二课堂成绩单"制度视为一种课后额外的学习任务，甚至是一种负担，缺乏重视。[5]

2. 缺乏明确、量化的能力评估体系，无法反映学生的能力素质

根据高校共青团"第二课堂成绩单"制度的定义，其主要包括"课程项目体系、记录评价体系、数据管理体系、工作运行体系"四个体系和一个产品即成绩单[6]，并未涉及能力素质的评估。学生参与第二课堂活动结果的考核多依赖学生撰写的报告和答辩，评估标准侧重于结果导向，且评估结果多受评估人的主观看法和答辩者的个人素养影响，导致学生对第二课堂活动缺乏重视。

3. 评估结果反馈与沟通缺失

当前"第二课堂成绩单"体系的评估工作主要集中在对学生参与活动的数量、等级进行统计、评估，评估结果呈现形式单一，与第一课堂的考核结果几乎完全相同，为活动类别＋活动等级＋分数的呈现方式。学生难以从这一评估结果中获取关于能力改进、提升的有效建议，也缺乏自主提升的意识。且目前对于第二课堂活动的评估，各高校基层单位通常是一年进行一次，严重滞后的时间安排使参与学生无法及时获得关于自己表现的反馈，不知道该从哪些方面去提升、完善，更使得第二课堂评估体系缺乏系统性、整体性，沦为一种每年固定时间填写表格的惯例。

4. 评估结果应用范围狭窄

2010 年国家发布的《国家中长期教育改革和发展规划纲要（2010—2020年）》明确提出"要培养学生的学习能力、实践能力、创新能力……开发活动课堂，增强学生科学实验、生产实习和技能实训的成效"[7]。第二课堂作为第一课堂的延伸和拓展，其核心目的就是全方位培养学生能力素质，使之符合用人单位需求、党和国家战略发展需要。而由于现有的"第二课堂成绩单"

评估结果的呈现形式单一，各高校基层单位、学生、社会用人单位都无法从这一评估结果中获取有用的信息点。主要原因是多数学校依照第一课堂学分制的方式，将第二课堂成绩转化成综合素质分数，与学生的奖学金、助学金、各类荣誉评比等挂钩，使得学生将"第二课堂成绩单"中对于学分的规定视作必须完成的学分，为了尽早修满学分，不管活动体验、完成质量，一味追求参与数量。导致社会用人单位只能简单地从最终的评估结果中识别学生的参与活动经历，无法判断学生在参与过程中表现出的能力素质是否符合需要。

三、构建评估体系

（一）评估目的

从第二课堂的角度来看，能力评估体系的提出是为了发掘现有第二课堂体系中潜在的问题与不足，驱动第二课堂体系对标改善。作为第一课堂的延续与发展，第二课堂最重要的目标就是全面育人，提高学生的综合素质，锻炼学生的实践、交流、适应与创新能力，从而推进学校与社会有效对接[8]。能力评估体系通过评估学生的能力素质，分析比较不同发展阶段同一学生的能力素质水平，有效检验第二课堂活动的有效性。同时，通过比对学生的能力素质结构与当下党和国家人才发展战略及社会劳动力市场对人才的要求，驱动第二课堂项目设置趋于合理，活动形式和内容不断创新，更加贴合国家、社会、人才的需求，达到教育价值增值的目的。

社会经济的高效发展势必需要高素质人才的推动，特别是在当下全球经济化和国内改革开放的局势下，越来越多的大学生已经认识到自身发展与社会的衔接不足，迫切需要补强自己的知识储备和能力结构。[9]因此，从学生的角度来看，能力评估体系的目的是确保学生了解自己的能力素质水平与结构，认清自己的优势与劣势，明确改进领域与改进方法，并对自己以后的职业生涯规划形成一个较清晰的认识。因此应鼓励学生积极参与多种类别的第二课堂活动，有针对性地增加参加某一类或某几类第二课堂活动的数量，自主寻求提升自身能力素质的路径。

（二）评估原则

1. 科学性

以全面人才发展战略为指导，以党和国家战略发展要求、劳动力市场需求为导向，以人的能力素质为评估中心，在科学理论的基础上构建能力评估体系。构建能力评估体系需要依照科学思维自上而下将能力素质分解为具体的评估指标，各评估指标含义清楚，指标之间无重叠部分，指标的覆盖范围全面，无遗漏。选择既有文献中提出的已经经过实证检验、具有较高信度和效度且能与能力评估体系目的相契合的评估方法，计分原则科学、合理。评估过程遵循客观标准，充分分析已有信息，减少或避免主观判断对评估过程的影响。评估实施流程清晰、有度，责任划分明确。评估结果反馈及时、准确。

2. 动态开放性

评估主体多元，涵盖参与者学生个人、活动发起人、活动监督人、各高校基层单位教师、外界对接人甚至外界人才评估专家。多元主体对学生的能力素质进行全方位、多视角的考量，可避免单一评估主体主观偏见等因素对评估的影响。评估指标具有多维特征，全面涵盖学生的各项能力素质。具体实施时，评估主体可依据实际参与活动的类别、等级和外部用人单位的实际需要灵活选取需要评估的能力素质，有针对性地对学生能力进行评估。根据国际竞争局势对国家人才发展战略的调整要求和劳动力市场需求变化及时对评估体系进行更新、调整，在保证稳定运行的过程中不断进行动态创新，保持能力评估体系的整体灵活性和可持续性。

3. 可操作性

能力评估体系所需要的所有评估信息均可以从认证评价体系中获取，不需要额外收集。所要评估的能力素质定义明确，内涵清晰，不易产生歧义造成理解偏差。评估流程清晰、完整，逻辑连贯易懂。评估主体定位准确，责任划分明确。各个评估指标应易于度量，定性指标可以量化。评估方法简单可行，易于理解，采用的评估量表在国内外通行度高，具有较高的信度和效度，便于在第二课堂体制下的不同活动环境中使用。评估结果清楚明了，有利于学生的自我规划、合理发展，也便于个高校基层单位进行管理、把控，最终直接匹配党和国家人才发展战略和劳动力市场对学生能力素质的需求。

（三）评估内容

1. 需要评估的能力素质

本书第五章，以国家战略要求和青年能力发展领域研究的最佳实践为导向，按照党和国家教育育人的总要求，在广泛参考了国内外教育领域典型成果和大量文献的基础上，构建了适应本国特色情境的能力素质体系，主要包括专题知识、专业技能、关键能力和核心特质四个方面的内容。

基于前文构建的能力素质体系，考虑到第二课堂能力评估体系的通用性和数据的可获取性，结合当下社会对应用型人才的需求，总结概括个体在学习、日常生活、职业生涯中所需要具备的能力素质，本章对于能力素质的分析主要是从个人的能力、品德素养的角度进行阐述，具体表现为理论知识储备和应用操作能力两种形式。其中关键能力指的是在现代社会发展进程中，每个人身上所具备的对于自身发展和社会进步都至关重要的能力。核心素质指的是个人的核心内在道德修养，是思想投射在社会生活中的具体行为表现，多由后天的学习实践培养出来。专题知识指的是个体理论知识的储备、掌握情况。专业技能指的是个体的实际应用操作能力。

关键能力和核心素质都是通过个体具体的行为表现体现出来的，且都对人的成长发展起着重要的推动作用，但是这两个概念又有所差别。前者侧重于个体的外在特质，即个体通过实际行为体现出来的个体"能够干什么"，后者则侧重于个体的内在品性，即个体通过实际行为体现出来的个人思想、态度、价值观念等。

专题知识和专业技能两者则相辅相成，专题知识的储备是个体灵活操作专业技能的前提，而专业技能的操作又反过来检验了专题知识的情境适用性，并可以进一步地补充、完善专题知识的丰富度和多样性。两者之间的区别是，前者偏理论层面，多从日常生活经验、直接或间接的教学课程中习得，后者偏实践层面，多通过实际操作掌握。

具体评估内容如表8-1所示。

表8-1 需要评估的能力素质

能力B分类	内涵	覆盖范围
关键能力	通过具体行为表现出的对自身发展和社会进步至关重要的能力	在变革与创新时代帮助个体不断适应环境变化，获得可持续发展优势的能力
核心素质	个体思想在社会活动上的具体体现	影响个体成长发展的关键因素，如价值观、行为倾向、个人特质等
专题知识	个体储备理论知识的丰富度和掌握理论知识的程度	全球视野、环境素养、科技创新、身心健康等内容
专业技能	个体将理论知识转变为实际操作的执行能力	通用技能、专业技能、职业技能

2. 数据来源

能力评估体系中的数据具有多源特征，多源数据是指用于评估能力素质水平的来源是多样的，这些数据之间形成可靠的三角验证，共同指向所要评估的能力素质。这些数据通常来源广泛，主要有以下六大来源数据：教务系统的学业数据、参与第二课堂活动积淀的行为数据、认证各项活动产生的认证数据、能力素质测评的测评数据、历次对标分析形成的对标数据以及实习实践用人单位的反馈数据。

教务系统的学业数据表现为学生所修的学分和课程分数；第二课堂中的行为数据表现为学生参与活动过程中的行为表现描述性记录；能力素质测评数据表现为学生填写能力素质测量量表后得到的测评结果；认证活动产生的认证数据表现为学生参与活动的类别等级等信息数据；对标分析形成的对标数据表现为多次将学生的行为或能力素质测评结果与最佳实践相比较、分析得出的结果数据；实践实习用人单位的反馈数据表现为学生参与实习的类别、等级以及学生在这一过程中的行为信息和用人单位的描述性评价数据等。

以上各类数据除由学校教务系统和认证评价体系进行收集、评价、认证的以外，其余数据均需得到二次认证，以确保数据的真实性和准确性。

3. 数据检验

上文具体阐述了能力评估体系主要的六大类数据来源，这些数据需要得到进一步的检验、认证才能进入评估体系中得到利用，以确保从数据输入源头上减少评估误差的产生。教务系统中的学业数据和认证评价体系中的数据已经通过了认证检验，因此无须二次认证。其余数据均需要通过与数据提供方进行二次沟通，以确保其真实性与准确性。

而在二次认证过后，还需对数据进行筛选，以在确保真实性的同时，过滤掉无价值的和重复的数据信息，提高数据的可利用性，减轻后续评估工作的时间成本和物质成本。数据信息的筛选原则是，以定量数据信息为主，有详尽描述性文字记录的定性数据信息为辅。

4. 评估流程

第二课堂学生能力评估体系中的设计阶段是整个构建过程的核心部分，主要包括收集和整理文献资料、提取能力评估指标、界定能力评估指标以及划分能力评估等级标准等工作。

构建能力评估体系，依托已经构建好的能力素质模型，以党和国家战略发展对人才的要求、社会劳动力市场对人才的需求为导向，提取能力素质评估指标。在借鉴国内较成熟的测评产品北森测评体系和宏景云平台中部分已有能力素质的定义的基础上，通过收集、整理文献的方法确定具体能力指标的定义，并划分等级，进行行为描述界定，确保等级划分合理，行为描述易于理解。

具体的实施部分，则由各高校基层单位根据认证评价体系已有的数据，结合通过各类线上和线下的评估方法收集到的、经过数据检验操作的进一步的更细化的补充信息，对评估对象即高校大学生的能力素质进行科学、全面、准确的评估和后续评估结果的汇总、分析。每一次的评估结果通过第二课堂能力评估系统直接反馈给学生，学生可通过评估系统直接查询自己的第二课堂成绩及由外部评估专家事先提供的各能力素质通用提升建议。最终的评估结果为"第二课堂成绩单"的形式，必选内容包括学生参与过的第二课堂活动类别、名称，对应其中表现出来的能力素质、等级以及一个连续性的学生能力变动曲线，记录学生通过参与第二课堂活动后能力素质等级、种类的变动情况。对于评估不合理的地方，学生可直接在评估系统上反馈、提出改进建议。

评估流程示意图见图 8 - 1。

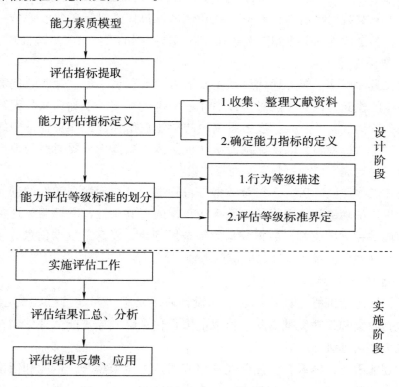

图 8 - 1　评估流程示意图

（四）能力评估方法

1. 评估主体的选取

能力评估体系的评估主体指的是第二课堂被评估对象，即学生能力评估的操作者。"第二课堂成绩单"能力评估体系中，评估主体具有多元特征，即是指能力评估体系涉及的主体是多样的，通常包括自己、同学、师长、好友、活动发起人等，从而避免评估视角单一或评估人数过少造成的误差。根据需要的不同，评估主体的适用性以及权重设置会有较大差异。多元评估主体的选择应符合相关原则，即除外部能力评估专家外，评估主体应是被评估人参与活动的直接接触人，以减少单纯书面记录造成的主观误差。

主要的评估主体包括参与者本人、同学、老师、外部联系人（如志愿活动的对接客户）、外部能力评估专家。其中参与者和同学在作为评估主体时有一定的条件限定，如应达到一定的第二课堂积分或是经过能力评估体系评估后具备一定的能力点，以避免不同评估主体间权威性的偏差造成评估结果误差较大。外部评估专家仅在为构建能力评估体系阶段为评估体系确定指标权重和给出各能力素质通用的提升建议时参与。同时，帮助学生理解第二课堂评估体系中，能力评估体系的地位、作用和目的，尽量避免学生产生诸如能力评估体系仅仅是用来与奖助学金体系挂钩的工具之类的误解，以减少能力评估过程中遇到的阻力，以此让学生从更加客观的角度进行自我评估。

不同评估主体在评估过程中的时间、作用和评估关系如表 8-2 所示。

表 8-2 不同评估主体在评估过程中的时间和作用和评估关系

评估主体	评估关系	参与时间	参与作用
参与者自身	本人	认证评价体系认证后	评估能力；自我总结、完善
同学	同级/下级	认证评价体系认证后	评估能力
师长（姐）	上级	认证评价体系认证后	评估能力
老师	上级	认证评价体系认证后	评估能力；提出能力提升建议
外部对接人/活动发起人	上级	认证评价体系认证后	评估能力；提供能力提升建议
高校基层单位能力评估专门部门	上级	认证评价体系认证后	调整评估主体权重
外部评估专家	/	能力评估体系构建；评估结果生成后	设置能力评估体系二级指标权重；在构建能力评估体系时提供参考建议；阐明能力评估体系的开展意义、地位、目的；提出建议

2. 评估时间的确定

每一项活动经过认证评价体系认证后即开展能力评估工作，以确保评估主体能更加公正、客观地利用记录信息对被评价人的能力进行评估，减少时间间歇对评估结果的影响，提高评估结果的准确性。同时使被评估对象能尽快获得关于自己能力素质的反馈与改进意见。最大化反馈的强化力度，使得能力素质评估成为一项贯穿高校课程体系全学年的动态运行机制，避免只在某一节点上评估引起的近因效应误差，减少评估主体和被评估对象对能力素质评估的抵触心理和例行公事、敷衍了事心理。

能力评估体系的评估还具有多期连续性，即对同一被评估对象进行持续性评估，通过对比同一能力素质在不同阶段的发展水平和被评估对象的能力素质结构变化，可以清晰呈现第二课堂的育人实践对能力素质提升的影响，便于后续能力素质评估结果的运用，同时也减少评估次数过少造成的偶然性偏差。

3. 评估方法的选取

能力素质的评估方式多种多样，从评估形式来看，可以大致分为笔试、面试、笔试与面试相结合三种方式。其中笔试的优点在于简便快捷、节省时间、高效，缺点在于难以对学生的能力进行全方位的衡量。面试的优点在于可以获取的信息种类更加丰富，不再局限于书面文字表达的限制，还能获取一些非言语信息，缺点在于被评估者的口语表达能力会影响评估结果，以及面试对评估主体的要求较高。面试按评估主体不同来看，又可以大致分为自陈式和他评式两大类，其中自评的优点在于被评估者相较其余评估主体会更加清楚自己的实际情况，缺点在于自评通常有过高或过低评分倾向，容易引起较大误差。他评的优点在于评估方向更加多维，避免了单一视角误差，缺点在于评估过程较为耗时。从具体的评估操作来看，评估方法又可以大致分为观察法、材料分析法、工作取样法、考试测评等方式。各高校基层单位的具体实施部门可考虑不同能力素质的特点，根据实际情况来灵活选取其中一种或多种最具可操作性的方式对学生的能力素质进行考核、评估。表 8 - 3 综合汇总了几种常用的评估方法的操作过程、优缺点以及侧重范围。

表 8 - 3　常用的评估方法的操作过程、优缺点以及侧重范围

评估方法	评估主体	含义	优点	缺点	侧重范围
面试	他评	通过一问一答的方式收集信息并基于面试过程得出结论	可以往更深层面发散、挖掘信息；收集到非言语信息	评估结果与面试官和被评估对象双方的口语表达能力有关	理论知识

评估方法	评估主体	含义	优点	缺点	侧重范围
笔试（能力测验量表）	自评＋他评	通过国际通用量表进行测试	简便；快捷；高效；成本较低；信度高；结构化程度高，可以对结果进行统一数据处理	书面表达能力影响评估结果；题项的设置影响效度，过于抽象则难以理解，引用例子则难以覆盖全部含义；偶然性误差不可避免	理论知识
工作抽样法	他评	通过实际承担工作任务的样本来检验	效度更高，直接检验实操能力的高低而非理论知识的掌握程度；更贴合社会用人单位对人才能力的需求	耗时，安排较麻烦	应用能力
材料分析法	他评	通过分析个体的背景资料得出结论	基于较长的一段时间的履历进行判断，减少了近因效应的影响	耗时；真实性有待检验；材料的完整性影响评估	理论＋应用

（五）评估指标

1. 评估指标类别、行为描述示例

以下给出待评估能力中核心能力下五个能力指标的测量表示例，具体应用时，可根据各高校基层单位培养育人战略的导向和当地文化教育实际情况，选取或改编各能力指标已经较成熟、应用范围较广、信效度较高的量表进行测量，在有条件的情况下也可以采取自行开发的形式。

表 8-4 五个能力指标的测量示例

能力维度	能力指标	行为描述
核心能力	善于学习	在参与活动过程前期，为了更好地参与该活动，主动通过阅读书籍、参加培训等方式提升自己
		在活动过程中，对于自己不擅长的领域虚心向他人请教
		在活动结束后，采取行动改进自我，主动有针对地提升自身短板学习，取得有目共睹的进步

续表

能力维度	能力指标	行为描述
核心能力	批判思维	能做出高层次、复杂的规划或分析，能善用工具、理论或模型分解复杂的问题
		能事先想出几个解决问题的方案，在权衡轻重、利弊和可能性的基础上，对不同方案进行分析判断和选择
		采取各种途径搜集必要信息，能从系统内和系统外分析问题，能将多样的信息数据综合在一起以便形成一个解决问题的框架
	创新能力	以开放的态度接纳活动中由其他人提出来的新的观点或理念
		鼓励活动共同参与人提出有价值的想法、建议、措施，逆向思维，大胆尝试
		在活动过程中敢于突破常规做法，采取有创造价值的新方法、新方案
	与人合作	在团体型活动中，帮助和推动每个团队成员建立自己在团队中的定位和角色
		能敏锐地察觉团队中的不良倾向或不正常的团队氛围，及时引导并解决问题
		根据团队成员的能力特长，委任与其能力、个性相匹配的任务，并使团队成员间形成互补
		培养团队荣誉感和归属感，提高团员的忠诚度
	沟通能力	具备良好的抽象概括能力，对于复杂问题简明扼要、重点突出地表达观点
		善于换位思考，能够根据对方的关注点，把握恰当时机，灵活选择或调整适合对方的说服方式
		对任务阶段性成果和问题主动及时同团队成员沟通
		坦诚、正面地与团队成员分享信息，具备很好的书面及口语表达能力，善于倾听

评估表表头示例如下：

评估人		单位		职务		评估关系		选取指标				
对应指标（100%）				行为描述（100%）				评估人1	评估人2	评估人3	评估人4	评估人5

2. 能力测评指标权重设置

能力评估体系是一套多层次、多指标的复杂体系，为了尽可能避免因个别评价者的主观意志做出带有偏向性的评判，或是由于个别评估者的评估风格趋于趋中、宽大、严格而导致评估结果失真等情况，应该尽量采用多元评价的方式。

由于能力评估体系中各个评估因素具有不同的重要性，不同的评估主体在评估同一种能力素质时对不同的能力评估指标也有不同的侧重点，权重的设置采取层次分析法。

层次分析法是美国运筹学家 T. L. Saaty 教授于 20 世纪 70 年代初期提出的一种定性与定量分析相结合的多准则决策方法，具有人的思维分解、判断和综合的特征。[10] 根据层次分析法，外部的能力评估专家首先对提取出来的能力素质指标进行两两比较，依据 1 ~ 9 标度方法，得出相对重要性排序，由此构建判断矩阵，计算特征向量和最大特征根，通过一致性检验后进行层次总排序，最终得出各一层指标和二层指标的评估权重。为保证评估结果的有效性和一致性，评估主体不被允许在以后的评估过程中根据个人的意愿对生成的权重进行微调。

评价方式为自评与他评结合。不同的评估主体会被划分为上级、同级、下级、本人四大类，通常情况下，前三类评估主体的评估权重之和占总权重的 80%，最后一类评估主体的评估权重占总权重的 20%。这主要是为了在达成 360°多角度评价的同时，避免个人评分过高或过低的倾向性对总评估结果造成太大影响。其余评估主体在通常情况下被视作同等地位的评估主体，具有同等的评估权重，实际进行评估时，可由各高校基层单位专门机构视第二课堂活动内容的实际情况，考虑不同评估主体与被评估对象的接触情况和评估主体自身的权威性而灵活调整权重，但是同一类第二课堂活动的不同类评估主体之间的评估权重设置应该保持一致，所有类别的第二课堂活动中同一类评估主体中的所有评估者的评估权重设置保持相等。

3. 计分原则示例

在能力评估体系中，计分体系的作用是量化评估结果，用客观、可比较的数据信息展示被评估主体在所有被评估主体中的相对地位，便于后续评估结果的运用。

由于被评估对象只会参与某类第二课堂活动一次或者参与次数较少，因此用发生频率来描述行为不够严谨。拟采取按照符合情况为能力评估体系行为选项，按照百分制计分。整体分值计算规则为：首先计算各行为描述得分与该行为描述的权重乘积之和，记为该能力指标的分值；再计算同一能力指标下，不同评估主体给出的该能力指标的分值与该评估主体权重乘积之和，即为最终的评估分数。能力指标下各行为描述和所有参与评估的评估主体各自的权重之和为1。通常情况下，能力指标下各行为描述的权重默认相等（例如，某能力指标有4个行为描述，则每个行为描述权重设置为25%)，各高校基层单位可在实际运用时根据人才发展战略倾向自行调整。

计算式如下：

（1）同一次第二课堂活动结束后，评估主体提取的待评估能力相同时，该相同的能力素质得分总运算公式如下所示：

$$B = \sum_{j=1}^{m} \{ [\sum_{i=1}^{n} (A \times \alpha)] \times \beta \}$$

其中：$\sum_{i=1}^{n} \alpha = 1$

$\sum_{j=1}^{m} \beta = 1$

B 表示最终的总能力评估分数。n 表示有 n 个二级评估指标，m 表示有 m 个评估主体。A 表示第 i 个行为描述的得分，α 表示第 i 个行为描述额权重，β 表示第 m 个评估主体的评估权重。

注：在能力评估体系运作时，除被评估对象自身外，其余评估主体的评估权重默认相等，各高校专门负责单位可在能力评估体系运作前或能力评估初期结果出来后调整权重，以生成新的能力评估结果。

（2）同一次第二课堂活动结束后，评估主体提取的待评估能力不同时，不同的能力素质得分计算公式如下：

$$C = \sum_{i=1}^{n} (A \times \alpha)$$

$$\sum_{i=1}^{n} \alpha = 1$$

其中，C 表示最终的总能力评估分数。n 表示有 n 个行为描述指标。A 表示第 i 个行为描述的得分，α 表示第 i 个行为描述的权重。

具体赋分规则如下表所示：

注：每一能力指标下各行为描述的得分换算为百分制后再进入该能力指

标分数计算。

计算式为：

$$D = \frac{E}{7} \times 100\%$$

其中 D 为百分制下该能力指标的行为描述评分，E 为 7 分制下该能力指标的行为描述评分，如表 8 - 5 所示。

表 8 - 5　各选项对应的分值

序号	选项	分值
1	完全符合	7
2	基本符合	6
3	多半符合	5
4	不好判断	4
5	多半不符	3
6	基本不符	2
7	完全不符	1

计算出的能力分数被对应归入不同等级，采取百分制形式，被评估对象分数越高，对应的等级越高。每一被评估对象的基础分设置为 15 分，分值上限为 100 分，采取极差不相等递减的方式，前两个等级中包括的分数范围为 20，后三个等级中包括的分数范围为 15，确保被评估对象有达到基本标准的可能性的同时增加最高等级与最低等级间的区分度。除最后一级外，每一等级分数范围中包括分数下限但不包括分数上限。第二课堂活动所有类别中评估的同一能力素质采取覆盖计分法，即最终评估结果选取历次评估中的最高分，高分覆盖低分，但以往的评估结果均保留存档便于其余用途。等级—分数对应情况如表 8 - 6 所示。

表 8 - 6　等级—分数对应情况说明

等级	分数	等级说明
第一级	15 - 35	不合格
第二级	35 - 55	合格
第三级	55 - 70	一般
第四级	70 - 85	良好
第五级	85 - 100	优秀

如果有必要，后续可以将学生的所有能力素质得分进行汇总，按照第一课堂成绩单的形式，得出总评分。计算方法为：依照学生能力评估体系的评估结果，按照学生被评估的能力素质数量赋予权重（例如，学生最终的被评估能力数为 10，则平均每一种能力的权重为 10%），各高校基层单位也可以根据各校的人才培养计划，自行调整能力素质权重分配。各能力素质得分与各能力素质的权重的乘积和即为最终的能力素质总评分。汇总后的总分也可以进行高低排序以便于横向比较。

四、能力评估结果的运用

（一）能力素质雷达图

能力评估体系的评估结果呈现为被评估人在某一类活动中体现出来的能力素质点的集合 + 各能力素质等级，后续可以利用这些信息自动生成被评估对象的能力素质雷达图。

能力素质雷达图可以清楚地显示出被评估对象所掌握的能力素质结构以及相应能力素质水平的高低。被评估对象能够通过这一图表，明确自己目前的能力素质结构与水平，了解自己当下的优势与劣势，结合自己的兴趣爱好为以后的职业生涯规划设计路径。通过横向比对同一被评估对象在不同阶段能力素质的结构、水平，为被评估对象提供改良能力结构、丰富知识储备的渠道。

作为实施能力评估体系的各高校而言，能力评估雷达图提供了一种更精确也更全面的奖励标准。类似于薪酬体系改革，社会上已经涌现出一批采取或试行能力定薪的企业，各高校可以借鉴社会企业的经验，改革现有的奖助体系，将部分奖学金与助学金的申请标准与学生的能力素质类别、水平挂钩，在强化学生提高能力、全面发展与强项培养相结合的同时，不损伤学生的内在自主性。同时，由于能力评估体系的电子化运作模式，评估结果的更新通常较为及时，各高校基层单位奖助学金负责部门可以从评估系统中直接调取学生的能力评估雷达图档案，以此作为奖助学金评审依据。

社会劳动力市场各用人单位，根据自己的发展战略经营目标，对不同类型人才的能力素质提出不同的要求。被评估对象在毕业后除第一课堂成绩单外还会获得一张"第二课堂成绩单"，用人单位可以从其中附着的能力素质雷达图中提取出被评估对象的能力素质结构与水平，与发展战略对人才的需求相匹配，纵向比较不同应聘者的能力素质雷达图，甄选出最符合单位要求的员工。从这一意义上来看，能力素质雷达图一方面可以成为帮助学生过渡到社会的有力工具；另一方面还可以成为社会用人单位甄选人才的筛选机制之一。

（二）职业能力倾向

人格—工作适应性理论的主要内容可以被简要概括为以下三点：不同的人具有不同的人格类型；不同的工作具有不同的工作特征；当员工的人格类型与职业环境之间的匹配度越高时，员工相应会有更高的工作满意度和更低的职业流动倾向。根据这一理论，不难看出，员工的人格类型对于其职业生涯选择有很重要的意义。再结合胜任力的定义，高绩效体现为适宜的胜任素质与合适的行为方式组合的产物，简单来说，就是"适合做什么" + "能够做什么" = "实际做了什么（高绩效水平）"。由此来看，一个人的能力素质始终是达成高绩效水平不可或缺的要素之一。

当"适合做"与"能够做""需要做"三者匹配度较高时，即员工的人格素质与能力素质同职业要求相符合时，员工的能力评估体系可以与人格素质测试相结合。通过对被评估对象能力素质的总体评估，可以清楚地呈现出被评估对象具备的和擅长的能力点，即职业能力倾向。这对于当下的新一代学生群体而言，具有较重要的意义。很多学生处于对未来的迷茫阶段，完全不清楚自己的定位和接下来的人生规划。能力评估体系可以为他们展现个人的能力全景，帮助他们发扬长处、挖掘潜力和弥补短板，找准就业目标。而人格素质测评体系又能够为被评估对象提供关于他们"适合做什么"这一问题的答案，为他们扫清职业选择障碍，提供合理可行的职业生涯规划建议。因此，通过结合能力评估体系与人格素质测评的评估结果，分析被评估对象的人格素质与能力素质，在"适合做什么"与"能够做什么"之间建立衔接桥梁，帮助被评估对象理解其个人的职业能力倾向，能够最大化个人能力、兴趣与职业三者的匹配程度。

（三）为第二课堂活动划分标签，递反馈指导活动开展

不同类别、形式的第二课堂活动，由于活动的侧重点不同，活动的开展方式有所区别，因此对于各类能力素质有不同的促进作用，如创新创业实践活动侧重于培养参与者的创新能力、责任心、组织能力等，志愿组织活动主要可以提高参与者的组织能力、冲突解决能力、沟通能力等。

通过对学生参与第二课堂活动后的能力素质进行持续性监测、记录，可以绘制学生的能力发展曲线，由此推出该第二课堂活动对某几类能力素质的推动作用大小、周期等。这些信息又可以反过来指导第二课堂活动的改进，将该第二课堂活动的设置目的、培养目标与学生的能力评估结果相比较，找

出偏差，分析原因，制定整改、修正方案，确保第二课堂活动有效展开、高效运行，达到设置目的，满足国家、社会对应用型人才的需求。

此外，还可以根据学生的能力评估结果为第二课堂活动划分标签，进行统计、归类。通过横向对比同一能力标签下第二课堂活动取得的成效差异，将其中取得成效最显著者作为标杆，驱动第二课堂体系不断对标改进，保持创新性与灵活性。同时，事先向学生阐明特定第二课堂活动主要会对哪些能力起到促进作用及它的作用机制，可以增加学生对特定第二课堂活动的理解，提高学生参与的兴趣与积极性，便于学生自主选择第二课堂活动。

本章小结

本章详尽阐述了能力评估体系的目的、意义、组成部分及运行流程，为第二课堂能力评估体系在实际中的运用提供了通用的模板，弥补了"第二课堂成绩单"中关于能力部分的空缺，并提供了能力评估结果可能的运用途径，在学校培养和社会单位用人需求之间建立起了直接的联系。从更长远的角度来看，能力评估体系将学生成绩由"数量"上升到了"质量"的高度，相比侧重于理论教学的第一课堂来说，能力评估体系的出现强调了第二课堂全面育人的主旨，重视人才能力的培养，包容学生的个性化发展需要，提倡术业有专攻，在支持全面发展的同时又鼓励学生在认识到自己的长处与不足后，根据个人兴趣爱好有选择地、有针对性地参与能力提升活动，量身定制个性化发展轨迹，紧密结合了党和国家以及社会对人才发展的需求。

参考文献

［1］王云白. 高校第二课堂建设对应用型本科人才培养的启发［J］. 才智，2018（7）.

［2］詹伊梨. 浅议高校第二课堂建设框架的构建［J］. 当代教育实践与教学研究，2018（8）：95-96.

［3］谢雨池. 互联网＋模式下的大学生暑期社会实践活动与"第二课堂"教学改革的思考［J］. 吉林化工学院学报，2018，35（4）：91-93.

［4］张鑫，李浩，关昕. 共青团"第二课堂成绩单"制度的实践与思考［J］. 教育现代化，2018，5（13）：294-295，308.

［5］李瑞华，栗伟周，葛新锋. 基于创新型人才培养的第二课堂育人体系建设研究［J］. 河南教育（高教），2018，159（7）：101-104.

［6］王鹂，刘晓闯. 高校共青团"第二课堂成绩单"制度量化评价体系

建设研究［J］. 青年发展论坛，2018.

　　［7］伍毅娜，张朝伟，段星梅，等. 第二课堂的作用及其教学体系的构建［J］. 淮南职业技术学院学报，2018（2）.

　　［8］任文珺. 第二课堂视角下高校志愿服务工作体系建设研究［J］. 文化创新比较研究，2018，（10）：174－175.

　　［9］徐亚辰. 大思政理念与应用设计人才培养研究——基于艺术设计专业第二课堂育人的视角［J］. 聊城大学学报：社会科学版，2018（5）：113－116.

　　［10］张桂玲. 企业财务管理能力评估体系构建研究［J］. 会计之友，2014（24）：20－22.

第九章

构建数据信息体系，提升第二课堂运行效率

引言

第二课堂为学生提供了自主学习的平台，在时间安排、空间使用、形式选择、内容确定等方面具有较第一课堂自由灵活的开放特征。在传统方式中，即使是社团活动需要的一间教室，都需要多方协调，有时甚至需要与第一课堂"抢夺"资源，根本原因在于信息不对称，沟通渠道不通畅。如今校园数字化建设如火如荼，有些学校已经实现教室预约，在数字化平台上可以一目了然地看到哪些教室没有被占用，极大地提高了运行效率。

自1983年，我国著名教育家朱九思引入"第二课堂"概念以来，我们日益认识到，第二课堂在培养学生创新实践能力、提高学生综合素质方面的重要作用。但是，在实际操作中，第二课堂的发展相对较为缓慢，本质在于第二课堂灵活性大，在运行管理方面存在诸多困难。近年来，随着信息化发展，互联网普及，数据收集、数据管理等都实现了前所未有的突破，借助信息化技术全程跟踪学生活动，实现全方位管理已然成为现实。我们不再局限于纸质化记录、采集数据，在浩瀚如烟的纸质文档中查询某条记录，只要鼠标一点就能轻松快捷地找到我们所需要的信息。互联网、大数据方便了我们的教育教学，可是搭建怎样的数据信息体系才能有助于第二课堂的发展，提高学生积极性呢？我们如何去搭建适合的数据信息体系呢？这些都是我们需要思考和解决的。在这一章中，我们或许会有所启迪。

一、建立数据信息体系的必要性

（一）什么是数据信息体系

1. 什么是数据信息体系

智能终端的快速发展，给传统数据收集方式带来了前所未有的改变，采集数据变得容易，我们可以获得各种层次的数据，如果必要，精细到毫秒都

不再是问题。这样大量的数据，如果杂乱存放，根本得不到利用，更谈不上产生效益，因此我们需要将数据统一口径，让它们变得规整，并将存有大量信息的记录以数据形式存贮在计算机中，从而形成数据库。这个数据库像图书馆、资料库一样，将人类社会生产、生活的大量信息集中起来，供人们随时查阅、选取、调用。它扩大了计算机的应用范围，为各行各业提高工作效率提供了有利的条件。

得到这样一个数据库后，我们如何利用呢？我们可以对数据进行挖掘、进行分析，这些都是我们处理数据的手段，是数据库的延伸知识，其主要目的是提供人们所需要的各种信息，这样的系统我们称为信息系统。如果说数据库的核心是数据，那么信息系统的核心则是信息处理。数据信息体系是由数据、信息、信息处理程序和一定人员、设备所构成的能够加工和生产信息的系统，目的在于提取我们所需要的信息，当然这一切都是建立在计算机基础上的。

2. 什么是第二课堂数据信息体系

第二课堂相比于第一课堂，不论是在途经、方法还是内容等方面都有很大不同。第一课堂有固定的教材和教学大纲，可以按照计划的时间践行规范的课堂教学内容，第二课堂更灵活，它的活动内容可以是音乐、体育、社交、文娱、摄影、书画等，不要求活动范围。第二课堂的形式也与第一课堂不同。比如，经管类专业的学生可以参加会计模拟实训、商业实践、创业大赛等；理工科专业的学生可以参加科技制作、科技创新；艺术类专业学生可以开办演唱会，等等，形式之多无法一一枚举。总之，相比第一课堂而言，第二课堂具有随机性、隐蔽性、渗透性、自主性等特征。[1]

在建立数据信息体系的时候就需要考虑两者的不同，有针对性建立适合的第二课堂数据信息体系。第一课堂数据信息体系，可以按照课程表记录每位学生出勤情况，形成分数或等级作为每门课程的对应成绩。而第二课堂没有固定的课程表，活动的发起人和主导者更多是学生，不同的活动会有不同的评价标准，甚至根本找不到评价标准，我们最多可以确定的是活动参与者在活动中的角色。这些不同的本质在于，第一课堂中，学校是教育行为的管理者、组织者。而第二课堂中，学校扮演的角色更多的是支持者、引导者，因此第二课堂数据信息体系就更开放。比如举办一个活动，数据的起点是活动的发起者学生。经由团委审批，活动可以举办，然后确定每位参与者在活动中的角色，举办的时间、地点、规模，活动内容、方式以及最终的效果等。这些都需要去跟踪记录，并形成规整的数据条。活动终止，数据完整形成，之后要做的就是信息处理，对已形成的数据进行比对分析，评价活动效果，形成反馈指导接下来的活动。另外我们还需要对活动中不同角色的参与者进行评价，或者整理已经形成的关于每位角色的评价，我们的根本目的在于提升学生综合素质，帮助每一位学生提升自我。

第二课堂数据信息体系是开放、灵活、包容，复杂的数据信息体系，无论从数据采集、数据处理、数据加工，以及最终评价反馈都需要更为精细化的设计。

（二）构建数据信息体系地位

数据信息体系在第二课堂育人机制中扮演着关键的枢纽作用（如图9-1所示）。能力评估体系和记录评价体系都需要依托数据信息体系，进行能力评估和记录评价，并将最终的结果导入数据信息体系中，形成数据记录。数据信息体系对分散的数据条进行汇总处理，形成价值应用体系的基础，帮助个人成长，实现人才培养，形成科学决策的良性循环。

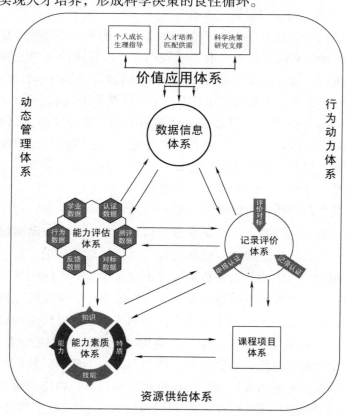

图9-1 高校共青团第二课堂育人机制的整合模型

1. 构建数据信息体系与能力评估体系的互动关系

数据信息体系和记录评价体系之间具有互动关系。一方面记录评价体系要依托数据信息体系开展课程项目的发布、管理、评估，在课程项目体系中实现学生参与课程项目的记录、认证与评价；另一方面经由记录评价体系的活动认证数据，在数据信息体系中汇集和加工，形成支撑管理应用的大数据。

2. 构建数据信息体系与记录评价体系的互动关系

数据信息体系和能力评估体系之间存在互动关系。一方面，高质量的数据信息是准确评估学生能力素质水平的关键；另一方面，能力素质评估的过程和结果在数据信息体系中汇集，成为支撑能力素质模型优化和价值应用的大数据。

3. 构建数据信息体系与价值应用体系的互动关系

数据信息体系和价值应用体系之间也存在互动关系。一方面，基于大数据匹配多元行为主体实际需求来得到相应的模型，比如生涯发展模型、职业素质模型、供需匹配模型等，以价值应用为目的构建数据信息体系也是第二课堂育人专业化、价值化的集中体现，同时也可以借助先进的 SaaS 服务模式，通过系统平台＋场景组件＋功能插件的方式，快速定制满足不同高校第二课堂育人需求的解决方案，借助数据智能处理，选择精准的对象（个体或群体），在恰当的时机、以正确的渠道向对象自动发送个性化的内容，引导或刺激对象产生预期的积极行为，并可对活动效果进行一键衡量，进而大幅提升第二课堂专项活动的工作效率和绩效产出。另一方面，在价值应用体系中形成的新数据，也在不断丰富数据信息体系中的既有数据，可以对人进行更可靠的评估。总之，价值应用是构建数据信息体系的目标，价值应用体系中形成的数据是评价数据信息体系的主要来源。

（三）构建数据信息体系的必要性

第二课堂对于培育大学生的综合素质和"软实力"具有第一课堂无可替代的价值，正因为如此我们才更应该对第二课堂进行科学管理和理性决策，而数据恰恰是科学管理和理性决策的重要基础。构建第二课堂数据信息体系是当前面向全国高校推广实施共青团"第二课堂成绩单"制度的必由之路。随着学生全面发展和实践育人需求的深入人心，第二课堂涉及的活动规模越来越大，活动内容日益复杂，需要进行记录、分析、管控和优化的工作内容也越来越多，传统的手工模式显然已不能适用。因此我们更应该借助先进的信息化手段实现数据整合与共享，构建一个可靠的数据信息体系，大幅提升第二课堂的作业效率和运行质量，通过可持续的数据积淀与知识管理，为我们提供一个跳出固有经验看问题的典范，帮助我们探索立德树人、实践育人的本质。

1. 传统模式不再适用，教育信息化是必然趋势

互联网、云计算、物联网等技术的快速发展，给高校教育的信息化建设带来了深刻的影响，学校信息化进入一个"跨越式"发展的阶段。[2]

第一课堂信息化使以教师为中心、面对面、"黑板＋粉笔"为主导的传统教学模式受到很大的冲击。首先，信息技术进入传统的课堂，多媒体、网络等新技术手段取代了"黑板＋粉笔"，使课堂教学更加生动、更加有效。[3]除此之外，信息化还带来大量网络数字教学的新模式，这些新的教学模式与传统的模式相比，不仅形式新颖，还引进许多新的教学理念，如强调以学生为中心，更加注重发挥学生的主动性等个性化的教育方式。信息化从各个方面影响了高校的教育。教育信息化建设已经开始逐渐紧密围绕"智慧"的理念，打造信息时代的"智慧校园"[4]。通过智慧校园的教育信息化建设，可以提高学校的信息服务和应用的质量与水平，建立一个开放的、协作的和智能的信息服务平台。

第二课堂涉及越来越多的活动，活动的方式也多种多样，仅靠传统的方式显然难以满足第二课堂的管理，更谈不上对第二课堂进行科学客观的评价。此外，第二课堂中有很多活动是通过互联网进行的，比如 PU（Pocket University）平台，该平台是专门面对大学生成长的服务体系平台，该平台借助网络将高校生活中除课堂以外的所有内容都呈现在平台上，学生可以通过手机客户端参与平台上的所有活动[5]。不仅如此，虚拟课堂也是第二课堂的开设方式之一，学生以互联网为学习平台，进行在线交流讨论、合作研究、自主学习。

2. 构建数据信息体系是共青团"第二课堂成绩单"制度的实施支撑

数据信息体系是共青团"第二课堂成绩单"制度的实施支撑。无论是能力评估还是记录评价都需要建立在数据信息体系的基础上。从数据收集到数据整理，到最后形成的能力评估结果都必须依托数据信息体系。同时，"第二课堂成绩单"是学校人才培养评估、学生综合素质评价、单位选人用人的重要参考依据，实现学校系统、用人单位、学生系统的互联互通必然需要借助数据信息系统。

数据信息体系是共青团"第二课堂成绩单"形成的摇篮。即使第二课堂活动本身不通过互联网进行，也离不开数据信息体系的记录、评价、反馈。高校社团的总指挥是学生组织的社团联合会，而社团联合会是在高校共青团

委员会指导下开展工作的，如果想评价社团当中某一成员的成长情况，形成其独特的"第二课堂成绩单"，需要在该成员参加社团之时就有记录。日常社团活动出勤情况，在社团活动的成长情况等，都需要在数据信息体系中跟踪记录，形成完善的数据基础，从而完成对该社团成员能力的系统评价。此外，学校对第二课堂活动进行管理和反思，也需要浏览数据信息系统中相关第二课堂的开展情况，实现正确的引导。用人单位想要了解学生在校表现，除了专业课程成绩单外，"第二课堂成绩单"也很重要，这时就需要在数据信息体系中查询，全方位了解学生在校表现。

3. 智能管理数据的第一步

此外，要实现第二课堂智能化管理，构建数据信息体系是第一步。智能管理系统是在管理信息系统（Management Information System，MIS）、办公自动化系统（Office Automation System，OAS）、决策支持系统（Decision Support System，DSS）的功能集成、技术集成的基础上，应用人工智能专家系统、知识工程、模式识别、人工神经网络等方法和技术，进行智能化、集成化、协调化，设计和实现的新一代的计算机管理系统。[6]将人工审批、人工评价等需要手工参与的部分从第二课堂的管理中脱离出来，实现计算机智能审批、智能评价，一方面减少了人工的主观因素，也减少了人工误差，另一方面，有效提高了行政效率，将管理人员从重复劳动力中解脱出来。

二、构建怎样的数据信息体系

构建第二课堂数据信息体系是教育信息化的必然趋势，更是建设第二课堂成绩制度的关键枢纽，在了解了第二课堂数据信息系统的必要性后，我们应该建立一个怎样的数据信息体系是本小节重点关注的内容。

（一）构建数据信息体系目标

第二课堂的主角是学生，也是数据信息体系中数据的来源，老师、学校是第二课堂的参与者和支持者，在数据信息体系中承担审核的责任，且该审核需要层层审批，从发起、举办、终止以及评价反馈都需要不同层级审批。因此我们要建立的数据信息体系是自下而上、逐级审核的体系。在数据库信息体系中，要及时更新信息的采集、审核、发布机制，确保数据信息及时、准确、全面。

1. 确保第二课堂运行有效

从本质上讲，第二课堂是为高校立德树人、培养德智体美全面发展的社会主义建设者和接班人服务的，同时也是实现第二课堂运行有效性量化评价的重要途径。行而有效的数据信息体系一定不是为了信息化而信息化，而是将培养学生、服务学生放在首位，以确保项目平稳高效地运行。

2. 提高第二课堂运行效率

构建第二课堂数据信息体系另一个主要目标则是，在保证第二课堂运行有效的同时提高运行效率，尤其是提高行政效率，在方便学生的同时，也减少支部老师在审批、记录方面的重复劳动。[7]

（二）高效数据信息体系特征

1. 系统间兼容、互联互通

"第二课堂成绩单"制度数据信息体系与学校综合信息系统统筹联通。第一课堂建立了相对成熟的选课、评课、成绩考核的网上管理平台，尽管第二课堂和第一课堂有很大不同，尤其是在灵活性方面，相比而言第二课堂更具灵活性，但在客观上，第一课堂与第二课堂都是学生素质的体现，两者是相辅相成的关系，因此在数据信息体系设计时，也应当注意不能将第一课堂数据信息平台和第二课堂数据信息平台割裂开来。应当注意两个平台系统的互联互通，相互兼容。平台兼容有助于数据的相互借鉴，减少重复数据的输入，即使无法实现平台数据的直接引用，也要统一两个平台数据的口径，以方便数据的直接导入，从而提高行政效率。如果第一课堂和第二课堂在同一平台上开发设计，会更加有利于数据的兼容。第二课堂数据信息体系某些项目对于用人单位应该是开放的，因此与用人单位的系统应该互联互通，这样才能更大地发挥"第二课堂成绩单"的作用，帮助学生在求职过程中更充分地展示自己，但同时需要注意的是保护学生的隐私，防止隐私的泄露。

2. 及时性

数据收集不是一劳永逸的，要时刻注意数据库的更新。一方面，保证原始数据及时更新，学生实际参与活动情况发生变化要及时反映在数据库信息系统中；另一方面，后台数据发生变化，要及时在用户浏览界面更新，保证用户界面和后台数据的一致性。

及时性不仅在数据收集中需要注意，在其他方面也有其体现形式，比如，留言机制、成绩上传等。数据传输过程容易受网络影响，造成数据上传失败等，要及时提醒用户，避免数据未及时更新的情况出现。

3. 准确

由于各个系统互联互通，一条记录的错误可能造成整个项目，甚至系统的错误。因此在原始数据录入、传输等过程中，保证数据准确就显得格外重要。这也是现有高校建立第二课堂项目多级审批制度的重要原因。

4. 全面

数据信息库在建立之初就应该考虑到各项数据的属性，尽可能保证数据的全面性，但保证数据全面性，并不代表要竭尽全力去把某条记录的各项属性都做到准确，而是在同等水平下尽可能保证数据全面。全面性的要求有时可能和效率、准确的要求冲突，所以要根据实际情况确定全面性的程度。

5. 安全

数据库安全包括两层含义。第一层是指系统运行安全。数据库系统通常会遇到大规模学生在同一时间同时在线，尤其在学生申报项目的时候，因此保证系统运行稳定也是在保护数据的准确性。同时系统通常也会受到不法分子的威胁，一些网络不法分子通过网络、局域网等途径入侵计算机，使系统无法正常启动，或超负荷让计算机运行大量算法，并关闭 CPU 风扇，使 CPU 过热烧坏。第二层是指系统信息安全，系统安全通常受到的威胁有黑客入侵数据库并盗取想要的资料等，也可能有数据库管理员泄露学生数据的风险。

6. 可拓展

可拓展性不仅体现在硬件方面，也体现在软件设计方面。在硬件方面，主要体现在增加资源，提高性能的能力上，如添加更多的处理器、内存等。在软件方面，要求系统软件能够有效地利用硬件的能力，软件的设计应该支持并行计算，允许操作系统在所有处理器核心上执行并行任务。

（三）数据信息体系具备的功能

1. 客观记录

通过设置覆盖面广、内容模块全的课程体系，真实、客观地记录学生在校期间参加各项课外活动、从事团学工作等情况和取得的各类成绩。

2. 科学评价

对学生在校期间的综合表现进行专业化的准确评价，帮助学生正确了解自身优势、弥补自身不足。

3. 提升工作

通过建立共青团"第二课堂成绩单"制度，帮助加快共青团工作的转型升级，推进工作的科学化、标准化、系统化建设。[8]

4. 服务大局

共青团通过实行"第二课堂成绩单"，有机融入学校育人工作全局，同时通过网络平台对大数据进行收集分析，为学校党政决策提供科学依据。[9]

5. 连接平台

通过共青团"第二课堂成绩单"，为社会用人单位选人、用人提供科学参考，搭建学生、学校、社会三者之间的有效连接平台，同时也能实现 PC 端、移动端多端口登录。

三、如何构建高效数据信息体系

在了解了高效数据信息系统的特征和功能后，我们怎样去建立一个高效的第二课堂数据信息系统呢？我们要在了解系统使用者的基础上构建整体框架，并分模块去搭建。我们在构建整体框架时，要先了解系统的使用者，那么第二课堂数据信息系统的使用者有哪些呢？首先，"第二课堂成绩单"制度根本目的在于服务学生，提高学生综合素质，因此第二课堂数据信息系统的用户即是在校学生，我们在构建数据信息系统时，既要考虑到学生的需求，带给学生方便快捷的体验，也要切实有效地推动学生自身素质发展；其次，学校是第二课堂的组织者、支持者，平台的搭建、数据库的日常维护、管理都离不开学校老师的努力，同时他们也是离学生最近，最了解学生需求的人，因此数据信息系统的搭建也应该听取团委老师的意见，减少重复性劳动，只有提高行政效率的数据信息系统才能真正得到利用；最后，"第二课堂成绩单"的需求者，不仅仅是学生、学校，更有用人单位，用人单位在选聘人才时，除了第一课堂成绩单，也越来越关注学生"软实力"，而学生"软实力"的培养很大程度上便来自第二课堂的培养，因此学校在搭建数据信息系统时也要考虑到用人单位的需求。[10]

（一）第二课堂数据信息系统整体框架

任何一个第二课堂数据信息系统的建立都需要经历以下三个步骤：首先，确立第二课堂学分管理办法；其次，向学生宣传推广、全面培训使用第二课堂数据信息系统；最后，学生课业在网上登录，学生录入个人信息，或者由管理员导入学生信息。

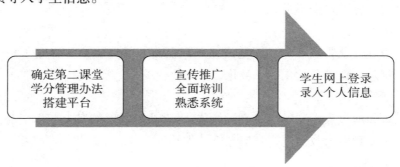

图 9 - 2　信息系统形成的前期工作

信息系统整体框架可以从三个方面去剖析理解。其一，主要从用户管理角度分析各方系统使用者的职责；其二，从消息管理角度，分析互动平台上的交流；其三，从活动分类角度分析如何进行不同活动的管理。

1. 用户管理

前文我们知道，信息系统使用者有三方——学生、教师和用人单位，一般情况用人单位只有浏览权限，不涉及"第二课堂成绩单"数据的形成和管理，在这里我们主要分析学生、教师职责。为方便理解，我们以高校第二课堂数据库信息系统普遍采用的三级认证体系为例。

三级认证体系是指，学校成立的"第二课堂成绩单""校、院、团支部"三级工作组。"第二课堂成绩单"制度实施工作指导委员会，由分管教学工作和团学工作的校领导任主任，教务处、学生处、校团委、就业指导处负责人，各学院分管团学工作负责人为委员。委员会负责"第二课堂成绩单"制度实施方案的讨论制定，监督"第二课堂成绩单"制度实施，裁决学生对第二课堂活动结果的申诉。指导委员会下设"第二课堂成绩单"制度实施工作办公室，办公室设在校团委，主要负责全校本、专科生"第二课堂成绩单"的管理、审定、活动的统筹规划、指导、考评和网络系统管理培训等工作。委员会下设各学院"第二课堂成绩单"制度实施工作领导小组，由学院分管团学工作的负责人任组长，团总支、学工办负责人和辅导员为成员，负责推动学院"第二课堂成绩单"制度的实施和学生"第二课堂成绩单"管理、审核、认定等工作。

各学院"第二课堂成绩单"制定实施工作领导小组下设各团支部"第二课堂成绩单"制度实施工作小组，由团支部书记任组长、支部委员会全体成员为组员，负责所属学生"第二课堂成绩单"成绩的初审、统计、上报等工作。具体流程如9-3所示。

首先，网上申报。学生登录第二课堂数据信息系统，填写申请材料，并上传支持性文件，支持性文件是电子版的。

其次，第一级审核。由支部级老师收取证明材料并对照纸质版证明材料审核申请。学生账号也由支部老师管理。

再次，第二级审核。由学院老师审核，核实证明材料，并对活动项目赋分，活动后立项申请。

最后，第三级审核。第三级审核是校级审核。学校老师审核立项项目，并管理社团组织账号。

三级认证体系不仅是活动成立审批过程，也是数据形成的过程。从学生

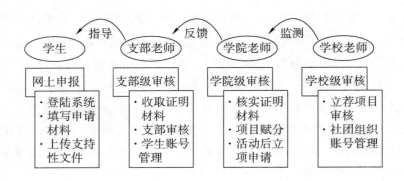

图9-3　三级认证体系

网上申请开始，一项活动的人员信息就已经开始完善，包括活动性质、活动规划都在第一步网上申报中体现。后面三个审批环节，既保证活动的可行性，也保证了数据的准确性。社团活动在学校登记备案后，学校在系统中对社团活动进行检测，学院负责老师也会根据学院整体社团活动进行调整反馈，支部老师对学生活动进行深入指导。

需要注意的是，在校师生已是系统用户，只需要用学号或者工号加上初始密码就可登录后台，无须再注册。而作为普通游客的非在校学生需要注册，并通过审核为非在校师生才能注册成功。

2. 消息管理

消息管理主要分为两部分：公告管理和帖子管理。公告管理是第二课堂管理员在平台上发布的公告，其他用户只有浏览和评论的权限，而管理员可以撰写公告、编辑公告、删除公告和管理公告。帖子管理所有用户都有发帖和回帖的权限，管理员需要在后台审核发的帖子和回帖。

每一条公告都包含公告标题、公告发布时间、公告内容、发布人等信息。撰写公告对应的是添加功能，编辑公告对应修改功能，删除公告对应删除功能，管理公告则是统计功能。界面显示全部公告，并可以根据关键字查询相关公告，统计公告数量。浏览公告界面显示全部公告，第一页中默认显示最新公告。

帖子管理功能的主要目的是为所有注册到系统的用户提供交流平台，无论用户发的是新帖子还是回帖，内容都要经过第二课堂管理员的审核通过才能浏览。发帖和审帖的功能都是对帖子数据进行操作，回帖和审核回帖都是对回帖数据表进行操作。操作类分为发帖类、审帖类、回帖类和审核回帖类。实体类包括帖子类和回帖类。发帖中只有发布帖子的功能，帖子包含的内容有帖子标题、内容、发帖人、发帖时间、审核状态等。回帖只能对审核通过的帖子进行回复，并显示回帖内容、回帖人、回帖时间及审核状态。第二课堂管理员不仅有查询帖子功能，还可以对帖子进行审核，标注审核状态，并对不符合规定的帖子进行删除，也可以对回帖执行同样的操作。

3. 活动管理

各高校活动分类各不一样，大体有以下 6 类：思想政治与道德素养、社会实践与志愿服务、科技学术与创新创业、文体艺术与身心发展、社团活动与社会工作、技能培训。高校根据活动类别制定不同的学分管理办法，学生完成所要求的第二课堂学分方能毕业，且不同参与方式、活动的级别都会影响学分的获得情况。

第二课堂活动管理是最为核心的模块，主要分为项目管理、报名管理、授课管理、考勤管理、作业管理、成绩管理、成果管理、考核管理等 8 大子模块。

第二课堂项目管理主要完成项目申报、评审、审批、检查考核全过程的事务工作，包括项目申报管理、项目评审管理、项目审批管理、项目检查考核管理等。项目申报管理由第二课堂系统管理员后台操作。其操作主要有查询第二课堂项目、添加第二课堂项目、删除第二课堂项目、修改第二课堂项目等。其余项目评审管理、项目审批管理、项目检查考核管理也主要是由第二课堂系统管理员后台进行评审、审批和检查。

第二课堂报名管理是第二课堂学生的功能需求。学生登录验证正确后进入学生用户界面，浏览第二课堂项目开设情况，按照自己的兴趣爱好选择适合自己的项目进行报名并可查询已报名的项目信息，在报名截止前，如想选报其他项目，则必须删除当前已报的项目，才可以重新选择其他项目进行报名。第二课堂报名管理主要包括项目浏览、项目报名、查询个人报名、查询本班学生报名和查询统计各项目报名情况等功能。

第二课堂授课管理是第二课堂项目负责老师的功能。第二课堂项目负责老师登录验证正确后进入老师用户界面，可添加、删除和修改本学期授课计划；在开展第二课堂活动中，老师可按照授课计划添加、删除和修改每一节课的授课内容。第二课堂授课管理主要包括授课计划制订、授课计划审核、授课内容（教案）制作和检查等功能。

第二课堂项目负责老师每一节课都要对本班学生出勤情况进行登记，包括请假、旷课、迟到和早退。第二课学生可以查询到每一节课自己的出勤情况，班主任可以查询到每一次课本班的出勤情况，第二课堂管理员可以汇总每一次第二课堂全校的出勤情况。

第二课堂作业管理主要分为发布作业、作业上交、作业批改和作业查询。发布作业和作业批改由第二课堂项目负责老师管理，作业上交由学生自主上传。

成绩管理主要有以下功能：第二课堂项目负责老师进行成绩登记、成绩分析；第二课堂学生可以查询本人的成绩；第二课堂管理员可以检查第二课堂项目负责老师的成绩分析表；班主任可以查询本班学生的成绩。

成果管理主要涉及不能进行成绩衡量的相关成果汇集整理，与成绩管理相似，只是成果管理的载体不是分数，而是通过视频、照片、专利、评价等多元化方式展示，项目负责老师负责将其录入系统。

考核管理主要内容为考核细则的制定，详情可查看第八章内容。在这里主要根据时间节点划分为中期考核和期末考核，由项目负责老师记录在案。

（二）第二课堂数据信息系统功能模块

学生第二课堂数据库信息系统涵盖高校学生在校活动的所有环节，包括新生入校、体能监测、思想教育、勤工助学、心理指导、违纪处分、社团活动、学生毕业离校等功能模块。系统是基于校园网或互联网的浏览器程序，与智慧校园平台无缝对接。此系统的主要的功能模块如表9-1所示。

表9-1　第二课堂数据库信息系统功能

功能名称	模块名称	功能描述
第二课堂数据库信息系统	表单信息维护	维护第二课堂各个科目的内容表单信息
	类别分数管理	维护各科目分数信息
	学生第二课堂学分管理	录入或导入学生第二课堂学分情况
	班级学分统计	统计查询班级第二课堂学分情况
	团总支学分统计	统计查询全系第二课堂学分情况
	个人学分统计	查询个人第二课堂学分情况
	权限管理	配置各个模块权限分配
	数据分析	对第二课堂开展情况进行全面的数据分析

在表9-1中，我们能清晰看到各个模块承担的职责，要想在实际操作中有效实现各个模块功能，还需要更进一步探索行之有效的方法。比如，学生第二课堂学分情况的录入，第二课堂活动形式丰富多样，怎样对各项活动做出评估，运动会的举办者和参赛者的学分是否一致，系统能否在填报时就大

体确认出某项活动的学分情况，这些功能背后都需要精心设计。

我们可以通过一个案例深入分析学分录入模块功能所要承载的内容。

H 高校首次提出基于"大学生素质拓展计划"的高校"第二课堂成绩单"，在充分研究总结的基础上对"大学生素质拓展计划"进行了继承和创新，分别在活动分类、学分体系、活动录入和认证体系等方面进行了改革实践。

首先，H 高校设计了科学的活动分类方法。

H 高校从第二课堂活动的类别、参与方式和级别 3 个核心要素出发对活动进行分解，从而得到了科学的活动分类。在活动类别上，将第二课堂活动分为思想政治与道德素养、社会实践与志愿服务、科技学术与创新创业、文体艺术与身心发展、社团活动与社会工作、技能培训等 6 个方面，实现了对所有活动类型的全覆盖；在参与方式上，将第二课堂活动分为竞赛、讲座、参与活动、专利论文、证书管理、学生干部认证等 6 个方面，实现了对所有活动参与方式的全覆盖；在活动级别上，将第二课堂活动分为班级、院级、校级、省级、国家级、国际级等 6 个级别，实现了对所有活动级别的全覆盖。

将活动类别与参与方式相组合，可以覆盖所有参与活动的角色。以高校春季运动会活动为例，假如运动员参加 100 米短跑获得一等奖，他的参与方式为"竞赛"，活动类别为"文体艺术与身心发展"；活动的组织者的参与方式为"参与活动"，活动类别为"社团活动与社会工作"，志愿者的参与方式为"参与活动"，活动类别为"社会实践与志愿服务"。

其次，H 高校构建了学分体系，促进学生积极参与第二课堂。[11]

学校规定本科生在完成第一课堂学分外，必须完成至少 5 个学分的第二课堂活动方能毕业。同时，要求在 6 类活动中至少有 3 类活动不为 0 分；要求参加班级活动至少 1 学分，参加院级活动至少 1.5 学分，参加校级活动至少 2 学分。

学分给定方式与活动级别挂钩。校级及以上活动 1 次记 0.2 分，院级活动 1 次记 0.15 分，班级活动 1 次记 0.1 分。活动级别根据活动的主办单位（不是活动的承办单位，也不是校内的组织单位）的级别来决定。对于分校赛、省赛和国赛等多个阶段进行的比赛，如挑战杯、"互联网＋"比赛等，可以按不同阶段的活动级别累计加分。比如，挑战杯比赛可以分解为多级别的活动，参加多个阶段比赛的学生，学分可以累加。挑战杯全国一等奖可以获得 0.4 分，挑战杯省级一等奖可以获得 0.3 分，挑战杯校级一等奖可以获得 0.2 分。

最后，数据录入方式多元化，尽可能方便快捷。

H 高校搭建了便捷化的第二课堂活动网络工作平台。同时，线下通过 POS 机实现现场考勤，将参加活动的学生信息导入第二课堂活动管理系统，线上线下相结合，实现活动信息的全方位快速录入和认证，减少了管理的工作量。

H 高校将第二课堂活动信息的录入方式分为两种：由活动的校内组织单位录入和学生自主录入。一般情况下，校内单位组织的活动由校内单位录入，能够及时发放学生参与活动相关证明或证书的，也可以由学生自主录入，再经由校内单位组织审批。校外活动的由学生自主录入，并提供参与活动证明，经由年级团支部审核，正式录入系统，并给定学分。学生自主录入项目包括学生获得的荣誉证书、职业资格证明、专利、发表的论文、社会实践等。

录入流程如图 9 - 4 所示。

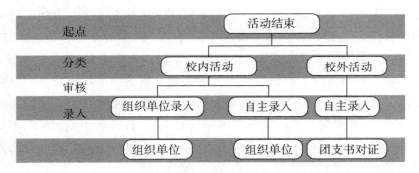

图 9 - 4　H 高校录入流程图

仅就学生第二课堂学分管理模块而言，实现学生学分情况的统计，不仅需要事先确定科学的活动分类方法，还需要区分活动级别、活动方式，确定活动的学分，学生录入的关键环节，更需要在有效保证数据的准确性的同时，找到相对灵活高效的操作方式。

（三）第二课堂数据信息系统构建

1. 构建方式

高校第二课堂数据信息系统的构建方式，一种是自主研发，另一种则是通过供应商搭建平台，提供应用软件，即 SaaS 模式。

SaaS 是 Software - as - a - Service（软件即服务）。SaaS 提供商为企业搭建信息化所需要的所有网络基础设施及软件、硬件运作平台，并负责所有前期的实施、后期的维护等一系列服务，企业无须购买软硬件、建设机房、招聘

IT 人员，即可通过互联网使用信息系统。就像打开自来水龙头就能用水一样，企业根据实际需要，向 SaaS 提供商租赁软件服务。[12]

这种方式的优点在于享受定制化服务的同时，还无须购置额外硬件设备、软件许可证及安装和维护软件系统，只要通过互联网浏览器在任何时间、任何地点都可以轻松使用软件并按照使用量定期支付使用费即可。

目前高校也有借助 PU 平台实现第二课堂教学和管理的。PU 平台的全称是 Pocket University，即口袋大学，顾名思义，就是学生可以随时随地地参与和大学课堂相关的学习和实践活动。PU 平台是一个面向大学生成长的服务体系平台，该平台借助网络将高校生活中除课堂以外的所有内容都呈现在平台上，学生可以通过手机客户端参与平台上第二课堂的所有活动，平台会记录学生参加第二课堂的学分。平台还展现所有学校的各类学生社团组织，学生可以在平台上建立社团、自由地选择加入组织并参与活动。

第二课堂和部落是 PU 平台体系的基础功能板块，申请实践学分为辅助板块，加上实习、就业和创业板块，并配以通知公告、积分商城、调查问卷等补充功能板块，就构成了功能完善的第二课堂项目体系。

2. 人工智能管理

近年来，人工智能受到了全社会的普遍关注，并被提升到了国家战略的高度。人工智能时代已经到来，AI 技术正在悄然改变着传统行业的方方面面，如何应对人工智能带来的机遇与挑战已成为各行各业都必须面对的问题，教育行业也不例外。人工智能不仅仅能够减少重复劳动，更可以推动教育个性化从理论落到实地。[13]

第二课堂活动复杂，每位同学都有自主选择活动和发起活动的权利，但是相比第一课堂而言，第二课堂无论是数量上，还是内容上都更加难以操作。[14]单单就审批一项，活动的意义、活动形式、资源支持等都需要考虑，学生自主权和自由度越大，团委老师工作量就越大，且从学校角度出发，各项活动要均匀分配、协调发展，在资源的合理配比上更需要老师提供指引，而人工智能排课系统可以根据已输入的规则，智能安排活动，智能审批，在极短的时间内寻求最优化解决方案。

第二课堂活动时间相比第一课堂来说较长，有些项目运营时间长达一年，长时间跟踪某一项活动需要耗费较大的人力物力，如果要比对参加活动中每一位成员的变化，实现个性化分析，就更加难上加难，而智能化监测可以帮助指导老师实现个性化指导。我们可以通过 G 高校体育活动第二课堂案例深入分析人工智能监测带来的便利。

　　G高校针对体育第二课堂模块引入了专业人工智能。首先，该模块直接对接学生入学体检数据，实现基本信息的导入，这些信息包括学号、年级、性别、年龄、身高、体重、体脂率、肺活量、血压等各项身体指标数据，这些数据来自智能体检机器人。其次，关于学生参与第二课堂活动的时间、地点、强度信息的录入，学生进入场地会通过人脸识别系统自动感应，并将进出时间和地点自动对接到数据库信息系统内，活动场地内智能机器人测量身体指标变化，从而确定每次运动强度，评估运动的适宜程度。第三，定期组织学生体质测评，将学生肺活量、耐力指数、坐位体前屈、引体向上、握力体重指数、仰卧起坐等信息通过智能化体育器材测量导入学生体质监测数据库中。

　　指导老师还可以根据定期体质监测出具月报或学期报，反应每位同学体质变化情况，并进行个性化指导，能极大调动学生参与体育锻炼的热情，让学生从以往为体质监测而锻炼的被动状态中解脱出来，体育锻炼变得丰富而有趣。

　　人工智能应用的领域不仅仅局限于身体素质监测，自适应学习技术也得到了快速的发展，人工智能根据学习者个人情况，制定适合学习者情况的学习计划，比如说语言学习[15]。人工智能可以根据测试情况智能划分用户等级，针对不同等级的用户推荐不同课程，并就听说读写等方面，智能评估矫正发音，给出评分。

　　现有的人工智能基于的原理是自适应机器学习，不同于以往的老式人工智能。比如机器识别猫的图像，有大量数字图像，其中一些是猫的图像，另一些不是。然后告诉系统通过某种方式压缩所有图像数据，即在众多图像的众多补丁当中搜索一组"特征"。这种特征可能是某一特定颜色和亮度，也可能是某个区域，区域的边缘在亮度和颜色上明显与其他部分不同。这一理念的目的是通过找到这样一组特征，进行重新组合并构建与原始图像相似的内容。然后，让系统根据这些特征继续进行抽象分析，在这些特征当中寻找普遍性，随后如此继续进行几个层次的分析。这一切都是在不告知系统具体要搜索什么的情况下完成的。如果原始图像里有很多猫的图像，那么系统就很可能会在更高层面上分析出一些与猫相关的特征。

　　人工智能处理原理自适应来源于教育学中的自适应学习，自适应学习主张每个人都拥有自己独特的学习路径，是一种非常有前景的教育技术。国外起步早，应用广，并多次被实证研究证明有效。自适应，顾名思义是自我调节和匹配，具体含义是指根据数据的特征自动调整处理方法、顺序、参数和条件，以取得最佳处理效果。相比于传统教育方式更加有效率。人工智能在教育领域的应用，正是可以实现个性化教学、自适应学习的有效技术手段。

自适应学习致力于通过计算机手段检测学生当前的学习水平和状态，并相应地调整后面的学习内容和路径，帮助学生提升学习效率。然而，学习是一个复杂且隐性的过程，简单的计算机编程很难实现好的效果，运用人工智能技术来实现的人工智能自适应学习应运而生。这是对传统自适应学习的升级，也是对新型学习方式的探索，在教育领域意义重大。尤其是在第二课堂领域，人工智能正好可以高效解决灵活的第二课堂所遇到的问题。

3. 大数据应用

在教育特别是在第二课堂教育中，数据成为教学改进最为显著的指标。通常，这些数据主要是指考试成绩。当然，也可以包括出勤率、活动频次等。对于具体的课堂教学来说，数据应该是能说明教学效果的，比如学生识字的准确率、作业的正确率、多方面发展的表现率——积极参与课堂科学的举手次数，回答问题的次数、时长与正确率，师生互动的频率与时长。就第二课堂来说，每个学生参加的活动类别、活动频次、在活动中的角色、活动中获得的成果等，这些具体的数据经过专门的收集、分类、整理、统计、分析就成为大数据。

第二课堂积累的完整的大数据恰恰是人工智能的基础，正如前文中讲到的，机器学习也需要大量的数据，通过大量数据分析总结形成机器自有的逻辑。这里我们所讲的大数据应用是指，我们收集到第二课堂的大量数据后，怎样去处理这些数据，我们需要对第二课堂中收集的学生数据、教师数据进行处理。

大数据技术允许长期跟踪分析从学生的学习行为、考试分数到职业规划等所有重要的信息[16]。不仅可以通过数据评价学生第二课堂学分成绩，也可以运用这些数据，揭示学生的学习模式，监控每一位学生的学习行为，然后用这些学生学习的行为档案创造适应性的学习系统以提高学生的学习效果。

大数据一方面可以服务学生，另一方面可以进行数据分析。我们可以通过 F 高效大学英语第二课堂的案例，看到大数据的应用。

F 高校以校园网为依托，构建了大学生英语学习平台，形成大学英语特色的大学英语资源库，构建了"语言＋文化＋多学科资源体系"[17]。通过技术管理、教师管理和学生管理，有效开展网络和传统第二课堂活动，在网络虚拟舞台和现实舞台上活跃学生第二课堂教学。其结合如图 9 - 5 所示。

F 高校充分利用网络为学生提供了全方位、多角度，适合英语学习的平

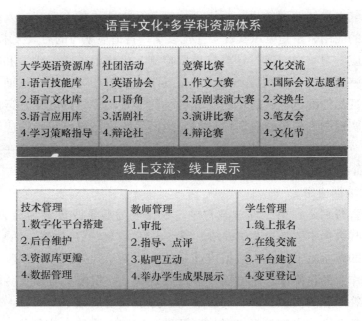

图9-5 F高校大学英语网络平台

台，丰富了第二课堂的活动形式。首先，大学英语资源库又分为语言技能资源库、语言文化资源库、语言应用资源库、学习策略指导库。其中，语言技能库主要针对英语相关考试，提供线上的针对听、说、读、写等方面的练习和名师课堂，可以进行线上比拼，线上交流；语言文化库主要提供英美文化的介绍的资源，包括英语原著、剧本、电影、纪录片等，充分展示中西方文化差异；语言应用库注重英语的实用性，包括商务英语、媒体英语、医学英语等；学习策略指导库中除名师分享的经验外，也有同学的经验分享。[18]

社团活动中我们以口语角为例。学习英语的最终目的是为了交流，是要提高听说的能力。因此，网络口语角也必将受到同学们的欢迎，尤其是那些在传统第二课堂中向往口语角又不敢开口的同学们。网络口语角可以通过"微信群聊"或"QQ群聊"的形式，由英语协会每周定一个话题，提前一周时间公布话题，定好在线口语角的时间，感兴趣的同学可以网络报名。口语角当天，学生在线表达自己的观点，可以语音也可以通过文字形式表达，每周选派教师在线主持。

竞赛舞台又分为两大内容。一是在线竞赛。可以创造网络竞赛形式，如网络作文大赛、网络视频口语大赛、网络配音大赛、网络词汇竞赛等。以网络作文竞赛为例，由英语协会在平台发布竞赛信息，确定作文竞赛时间，然后将竞赛时间内收到的作文作为参赛文章，由选定老师作为评委，评出奖项。二为传统方式竞赛的延伸。在平台上，公布传统形式竞赛的信息，如口语大赛、演讲、表演、配音大赛等。总决赛可以结合传统和网络，把竞赛视频上传到平台，由面试评委和网络投票决定最终奖项。或者由学生发布自己的课件、参赛作品、口语录像等，让全校学生通过网上点击、回帖、打分等方式对作品进行评比，再由大赛发起单位根据这些评比结果评出各种奖项，并在校园网上公布获奖学生名单，对比赛作品进行统一的总结评论。各类竞赛的优秀作品等，都可以在该模块进行展示。

文化交流是校园文化建设的主要部分，此部分的活动大多是传统意义上的现场活动，但相关环节可以通过网络形式进行，比如网络征集文化节主题、线上参与文化节讨论等。

所有活动，都可以自主选择，在线上进行申报，老师负责指导，对参赛者进行点评，定期举办学生成果展示，技术管理者和老师都成为真正意义上的服务者，为学生的竞赛、社团活动服务，学生可以在平台上和老师互动，也可以对平台提出管理意见。

本章小结

本章首先介绍了什么是第二课堂数据信息体系，以及其构建的必要性，揭示数据信息体系在第二课堂中的重要地位；其次，介绍了应构建怎样的数据信息体系，从用户需求出发，分析了数据信息体系所应具备的特征和功能；最后，从框架、功能模块、构建方式介绍了如何构建高校数据信息体系。第二课堂信息数据系统的构建一是需立足于学生，学生满意度是衡量第二课堂系统工作成效的基本标准，因此系统的设计、开发、运行、维护、更新的各个阶段都需要以学生为中心，把学生的需求作为系统开发的立足点和出发点。二是团委老师、用人单位等作为第二课堂系统的使用者，他们的需求也是构建第二课堂信息数据系统需要考虑的。系统除了具备基本的功能和程序，实现使用者预期目的，能够提高使用效率，方便快捷录入数据、导出数据、查阅数据、检索数据等对于团委老师、用人单位都极为重要。此外，需要注意的是，不同高校由于其自身独特性，对第二课堂信息数据系统的要求是不同的，功能开发也会表现出较大差异，本章的案例中也有所体现，也因此，前期调研和可行性分析对于第二课堂信息数据系统的构建显得格外重要。

参考文献

［1］梅鲜. 高校思想政治教育第二课堂建设研究［D］. 上海：复旦大学，2013.

［2］吴杨. 云端智能教室建设方案［J］. 中国教育技术装备，2014（19）：2－5.

［3］杨眉. 信息技术在初中英语教学中的运用［J］. 科学咨询（教育科研），2018，590（6）：154.

［4］杨素梅，戴春宇. 智慧校园规划与建设研究——浅谈数字化校园建设在普通中小学教育工作中的应用价值［J］. 中国教育信息化，2017（1）：36－39.

［5］孙舟. PU平台在第二课堂中的应用——以南京审计大学为例［J］. 江苏科技信息，2017（34）：66－68.

［6］谢赞福. 高等学校学生事务信息管理系统［J］. 广东技术师范学院学报，1990（4）：66－74.

［7］伍毅娜，张朝伟，段星梅，吴世坤. 第二课堂的作用及其教学体系的构建［J］. 淮南职业技术学院学报，2018，18（2）：71－72.

［8］王鹏，刘晓闯. 高校共青团"第二课堂成绩单"制度量化评价体系建设研究［J］. 青年发展论坛，2018，28（2）.

［9］马梦琦，王轲玮. 数据共享与第二课堂成绩单制度的多维联系研究［J］. 时代教育，2018（7）：207－207.

［10］马晓琳. 细分就业岗位视阈下大学生就业力提升路径研究——基于第二课堂培养体系［J］. 中国青年研究，2016（03）：96－101.

［11］徐小峰. 学校体育第二课堂信息化管理研究［A］. AEIC Academic Exchange Information Centre（China）. Proceedings of the 2018 3rd International Conference on Humanities Science，Management and Education Technology（HSMET 2018）（Advances in Social Science，Education and Humanities Research VOL. 237）　［C］. AEIC Academic Exchange Information Centre（China）：International Conference on Humanities and Social Science Research，2018：5.

［12］杜澈. SaaS模式的研究与应用［D］. 南京：南京邮电大学，2013.

［13］王运武，张尧，彭梓涵，等. 教育人工智能：让未来的教育真正拥有"智慧"［J］. 中国医学教育技术，2018，32（2）.

［14］于佳. 第一课堂与第二课堂综合育人浅析［J］. 文教资料，2018

（20）：181－182.

　　［15］菅保霞，姜强，赵蔚，等. 大数据背景下自适应学习个性特征模型研究——基于元分析视角［J］. 远程教育杂志，2017，35（4）：87－96.

　　［16］王眉龙，金会心. 如何运用大数据思维打造高校第二课堂［J］. 西部素质教育，2018，4（15）：136－137.

　　［17］谭言红，吴继宁. 双频共振：试论理工类大学英语专业"第二课堂"建设［J］. 英语广场，2018（10）：137－138.

　　［18］李红霞，贾群. 构建大学英语文化多媒体课件资源库的研究［J］. 科技信息，2009（26）：409.

第十章

构建价值应用体系，彰显第二课堂品牌效益

引言

党的十九大报告指出，我国社会主要矛盾已经转化为人民日益增长的美好生活需要和不平衡不充分的发展之间的矛盾。这一矛盾揭露出当前人才需要更全面的发展引导。全面的发展引导包括对高校立德树人的指导，对青年个人成长发展的引领，对用人主体人才选用的指挥，对国家社会提升人力资本配置效率的指使。因此为了解决这一矛盾，第二课堂应运而生。第二课堂将逐步成为学校人才培养评估、学生综合素质评价、社会单位招录高校毕业生的重要依据。因此各高校要注重对共青团第二课堂育人成绩的总结、分享和传播，充分利用多种媒体形式，加强宣传报道和成果展示，彰显第二课题的品牌影响。本章将具体从各个主体的角度来论述第二课堂的价值所在。

一、树立良好标准，推进高校教育创新

（一）全面推进教学计划革新

1. 思想引领，提升学生政治修养，为中国梦的实现而奋斗

当前国内外局势变化莫测，国际竞争愈发激烈。国家之间的竞争是综合国力的竞争，更是人才之间的较量。要想在国际竞争中脱颖而出，实现国家的发展，就必须将人才培养落到实处。而当代人才培养的主要组成部分是高等教育。当代高校的育人成果是检验人才输出的根本。特别是高校的思想政治教育，肩负培养中国特色社会主义合格建设者和可靠接班人的历史重任。

高校思政课是学生必修课程，承载高等教育的基础，一直以来致力于对学生思想道德的引领。高校学生刚刚从单纯的家庭生活环境进入新的学习生活环境，很多事物亟待掌握，心智尚未完全成熟，极易受到影响，如果不加以引导很容易激发个人主义，不利于主流价值理念的传输，因此需要高校思

政课程来进行有效的监督引导，但目前收效胜微。很多大学生对思政课报以无所谓的心态，难以树立正确的价值观念。其根本原因在于第一课堂的思政课程以教学为主，在教室里以有限的时间来讲述过往的历史或学生未曾经历过的场景，学生对于当时情景难以理解，不能感同身受，只是一味接受思想的灌输。而有些高校学生自我意识过于强烈，带有很深的主观色彩，枯燥的思政知识极易激发学生的逆反心理，导致价值观念出现偏差。第二课堂的诞生则成为提高思想政治教育实效性和增强吸引力的重要手段。第二课堂改变第一课堂简单抽象的理论说教，通过具体生动的实践活动，例如一次红色观影活动等都可以加深高校学生对主流思想的认识与肯定，从而在潜移默化的过程中积极向正确健康的思想靠拢。[1]第二课堂的引入将第一课堂上生涩难懂的哲学原理、国家政策、领导人讲话、社会发展战略都融入学生的现实生活中，让学生真正可以从自己的角度去理解这些看似深层面的问题，以小见大，真正明白这些理论的实际意义，同时思考自己可以做到的事是什么。例如在第二课堂社会实践中，大学生体验基层生活才对社会主义初级阶段的基本国情有了深刻认知；参与第二课堂志愿者服务活动后，许多大学生思想发生巨大转变，增强了支援建设的意识；参加第二课堂的学科竞赛和文化讲座，更多的大学生开始对第一课堂上没有深究的问题产生兴趣，甚至产生了继续深造的想法。[2]

可见，第二课堂是第一课堂的补充和延伸，成功的第二课堂甚至成为第一课堂的升华。它打破了传统的第一课堂思政教学的阐述中心，着力解决怎么做的问题。通过切身的实践获取真实的情感体验，高校学生在第二课堂的实践中正确地认识自己，找准自己的社会定位，在明确自身职责的基础上不断前进与努力，从而做出正确的价值判断与道德选择。[3]

2. 个性定制，为学校教学开展特色计划

高校是文化的摇篮，是为学生提供教学计划的主体，是为了更好地辅助学生成长而存在的，其本质是为了服务学生。但在传统教学方式下，学生难以获得学习主动性。传统的第一课堂的必修教育针对的是整体学生，只有适应这种模式的学生可以从中获益，但是当下完全接受这种教育模式的学生越来越少，学生个性色彩鲜明，往往倾向于自己拥有自主权，渴望在新的环境中可以减少束缚发挥自我潜能，因此满足学生个性化需求的教学计划急需产生。第一课堂长期以来的育人成果是不可替代的，也一直发挥着重要作用，但是随着网络信息时代的来临，面对爆炸的消息，人们无法全部接受，只能选择性接受自己感兴趣的部分，因此人们越来越重视选择的主动性，所以第一课堂的育人成效逐渐减少。第二课堂作为更加适应时代发展的产物为高校的新型的个性化教学计划改革起到重要的指导作用。

与第一课堂相比，第二课堂的内容与形式更具广泛性与开放性，具体活动与学生群体之间的对应关系处于不确定状态。各活动的性质不同，不同学生所能得到的收获也不同。正所谓"因材施教"，对于不同的"材"质，"施教"的难度与侧重点也各不相同。[4] 只有了解学生的特征和心理需求，采取的活动策略才具有针对性和实效性。即第二课堂的活动到底能不能起到育人作用，既取决于学习主体的主动选择，又取决于参与主体的发展需要与特定活动的育人功能之间的供需关系。学生是食客，课程是其食粮，学生通过进食来满足自己精神以及生理需要。理想的情况是学生知道怎样的搭配能让自己有足够的营养，但是当前学生对于自身状态其实未曾做过专业的了解，因此第二课堂的出现可以使学生对自身的素质情况做出专业性的判读。为了保证学生全面发展的有效性，避免第二课堂育人资源的浪费或滥用，将"自助餐"改"配餐"，即为每个学生量身定制"个性化菜单"则成为另一种高效举措。学生如果不懂得如何调配自己所需的食谱，第二课堂的指导老师则充当"营养师"的角色，对其进行诊断并提供相应的建议。例如对于重视自我发展的人，既要尊重个性、鼓励创新，又要适时劝勉，以免误入歧途；对于在乎集体荣誉感的人群，要特别注意保护好他们的上进心，营造重在参与的宽松氛围，同时，要对他们的选择加强指导，减少盲目性；对于厌倦学习的人群，最重要的是要激发其学习的动力和参与的意识，采取必要措施，以外需刺激内需，即依其基础素质条件制定相应的第二课堂的学习计划来帮助其找到自身成长的意义。对于一个无所长而又沉溺网络的学生，可以通过"结对帮扶"的形式，让一名优秀生督导他的专业学习和课外活动。同时，对一些适合其特点和需求的第二课堂活动，要求并督促其必须参加。尽管这么做似乎违背第二课堂的自主性原则，但是对于这些需要帮助又无力自助的学生来说，不加以干涉反而是教育者的不负责任。

很多同学在进入大学之前认为课程学习是未来的唯一选择。以往的学生生活基本上都是处于固定的作息表的状态，各方面都已经被安排妥当，只需要接受就可以。但是在大学不一样，大学生的学习紧迫性和学习兴趣普遍不够强烈，没有一个稳定的约束机制，这就需要老师去激发学生的学习兴趣，通过有效的教学方式，开拓学生的视野，启发学生学习的自主性和能动性，并为之提供相应的选择与建议。就像教练与运动员之间的关系一样，教练一方面了解每个选手的个人特色，知道怎样的鼓励可以使得运动员不断突破自身极限取得更好的成绩；另一方面及时为其制定相应的单独的训练计划，循序渐进地改善运动员身心素质，逐步提升其综合实力。

3. 建立预警机制，创新人才培养模式

所谓预警机制，是指在事情发生前制定好相应的标准，实时监控以达到控制差距的目的，并为计划的实施指明前进的路径。通过第二课堂的客观记录和科学评价的功能可以随时把握学生当前的素质水平，与建立的预警机制的标准相比较，发现偏差，及时纠正。在这个过程中，重点是把握好标准和及时反馈以及后续的针对性指导。

具体应用则分为心理方面和身体方面。例如在入学前期进行心理测试问卷调查，发现问题则对学生进行及时的心理疏通。各高校的心理咨询室应起到相应的预警作用，真正做到可以及时发现同学的心理问题并解决。相应的职业生涯规划课程的老师，也应鼓励学生交流心里的矛盾与忧虑。老师需要充分了解当前学生状况与目标情况的差距，及时设计相应的培训计划，根据未来不同的发展方向设计不同的培训营，如保研讲座、留学培训、就业咨询等，从实际出发，以身边学长学姐真实的经验以问答的形式来解决当前学生的顾虑，切实满足学生的各项需求。对相关的各级组织开展的志愿实践活动来说，这些活动是构成第二课堂丰富内容不可缺少的。身体方面，平日里不注重身体的锻炼，突然来到的体能测试很容易引发各种问题，导致学生身体出现各种不良反应。因此需要从根本上改变学生的想法，激发学生主动锻炼身体。例如采取趣味热身拓展活动来改善学生体质，逐渐消除学生对体育运动的排斥感，培养锻炼兴趣。这些趣味锻炼方式便成为第二课堂内容组成的一部分，通过日常的测试数据来判断学生的体质情况，及时发现学生的薄弱环节，并采取有效的方式去促进体质的改善。用娱乐性质较强的活动如用热身操来加强身体素质，改善身体机能，用阳光长跑等去督促学生不断改善自我，发现自己的不足并逐渐克服，在跑步打卡的过程中感受自己每天的一点点进步并发现运动的乐趣。这些第二课堂的拓展活动主要是通过活动所获得的信息去分析当前学生的身体情况，发现弱项及时补足以均衡学生发展。利用这些有针对性的措施来激发学生对运动的兴趣。

综上所述，从教育的表现形式上而言，第二课堂可以通过多维度的领域渗透思想教育。第二课堂绝不简单等同于实践活动，赋予其"第二课堂"的名字意在强调高校思想教育体系的完整性，第一课堂和第二课堂相互补充、相得益彰才能将教育实效性最大化。

二、契合学生需求，服务学生成长

（一）培养职业发展理念

1. 职业生涯规划理论在国外的应用概述

职业生涯规划，最早起源于美国。根据美国职业规划大师舒伯的观点，职业生涯规划是指，一个人为了实现全面最优发展而制定的对其一生的任职以及后续历程的预期和计划。1903 年，"职业辅导之父"帕森斯首先提出"职业指导"概念，奠定了职业具有发展性的观念，同时在其后续的著作中强调人的能力倾向、兴趣爱好、气质性格、价值观等人格特质应与职业所需条件因素相匹配，通过了解自我与了解工作要求，使工作条件与个人条件相适应以此实现人职匹配。在此之前的理论多是为了职业的长远发展从匹配的角度出发，强调个人素质能力与工作相关条件的协调。而在后续的理论中则更加明晰职业的定位，突出指导的意图，更好地帮助个人去了解职业的相关职能及未来趋向。当前，职业生涯辅导已经成为国外高校广泛实施的一种活动过程与咨询方式，日益发挥其教育与开发功能。[5]

2. 职业生涯规划理论在国内的应用概述

20 世纪 90 年代，生涯规划理论从西方传入我国，在我国引起广泛关注。我国学者根据我国国情，在国外先进理论的基础上延伸出适应当前形势的相关理论，并对存在的重难点问题做出相应的对策建议。由于各阶段对于职业生涯规划的需求不同，最急需各种职业规划信息的当属即将走向社会的大学生，因此对于大学生的职业规划教育成了重点。1990 年，高校试行开设职业指导课程。全国高校在认识到职业生涯指导的重要意义后，逐步将国外经典的职业生涯规划理论引入本校，开展了相关的职业指导课程和相关比赛等特色活动，初步形成了我国大学生职业生涯规划理论与指导的基础。职业生涯教育的根本是为了满足学生的就业需要，就业的第一步便是面试。在招聘环节中，最受重视的便是求职者的胜任素质。拥有良好胜任素质的应聘者往往会被视为有潜力的培养对象，可以带来良好的工作绩效。所以职业生涯规划的首先便是认识自身，了解胜任素质。

（二）助力学生对接社会需求

1. 冰山模型支撑挖掘潜在素质

冰山模型是美国著名心理学家麦克利兰于 1973 年提出的一个著名的模型，它将人员个体素质的不同表现划分为表面的"冰山以上部分"和深藏的"冰山以下部分"。

人的素质也与冰山的特色类似，既有很容易被观测到的部分，也有难以被发现并估计的部分。轻松获得的素质大多难以在较为苛刻的工作挑战中发挥多少作用，关键的可以帮助个人成功完成工作任务甚至取得超出预计效果的那些难以被获得甚至观测到的就是所谓的"冰山下的特质"。个人素质主要分为五个方面。

（1）知识，指个人在某一特定领域拥有的实际或经验信息。

（2）技能，指能够按照一定步骤去使用相关知识来完成某项具体工作的能力。这些都与工作特性直接相关，被认为是冰上部分的素质，可以在比较短的时间使用相关工具或通过考察资质证书、考试、简历等具体形式来测量，比较客观准确，可以被众人认可，同时通过培训、锻炼等办法可以提高这些素质。

（3）社会角色，指一个人基于态度和价值观的行为方式与风格。

（4）自我概念，指一个人的态度、价值观和自我印象及评价。

（5）特点，指个性、身体特征对环境和各种信息所表现出来的持续反应。

（6）动机，指在一个特定领域的自然而持续的想法和偏好（如成就、亲和、影响力），它们将驱动、引导和决定一个人的外在行动。

这些素质是用来揭示个体激励因素、沟通方式、决策风格、能力特长、抗压能力等特质的一种方式。学生自己本身可能只能得出自己显性的特质，通过第二课堂活动可以去发现自己的隐性特质并寻求培养方法。学生参与第二课堂活动的行为都将被记录。这些行为将会与先前制定的一般标准进行对比，从而评定出相应的成绩。通过分析所得成绩可以看出学生当前的优势劣势，从而更有针对性地去培养学生的素质能力。例如在实践活动中参与公益活动较多的团体意识更为强烈。在实践活动中拥有较多个人比赛经历的则可以被归为在乎自我发展的类型。论文或科研项目经历较多的往往具有良好的知识技能。各项活动参与都较少的则对于事物的兴趣较低，往往缺乏学习生活的动力，自身技能水平不够。诚然，这些都只是"第二课堂成绩单"的评价系统简化之后的通俗说法，每个人的性格以及所具有的素质并不能通过如此简单直观的评价来判断，但是第二课堂旨在用个体独特的经历与综合的案例来反映个体的性格倾向，在复杂的个人活动中找出关键性素质，为今后的个人发展夯实基础。

2. 职业兴趣测试促使学生正视未来选择

为了增加学生对职业的兴趣，减少逃避心理的出现，第二课堂开展的相应指导课程上的职业模拟及相关职业测试应能使学生产生对未来职业的憧憬与思考进入社会的可能性，从而完成从单纯的校园生活到多样化的社会环境的转变。

改变学生由于对未来职业没有清晰概念而产生的逃避心里，最重要的就是要使学生明晰职业的真实情况并对其产生兴趣，由此产生后续的职业发展。个人职业兴趣特性与职业之间应有一种内在的对应关系。但职业选择中，个体并非一定要选择与自己兴趣完全对应的职业环境。一则因为个性是复杂多变的，单一类型显著突出的情况不多，因此评价个体的兴趣时也时常以各种类型组合而成。二则因为影响职业选择的因素是多方面的，不完全依据兴趣类型，还要参照社会的供需情况、寻找职位的渠道及获得职业的现实可能性。上述的多重限制，使得人们选择职业时会不断妥协，直到遇到第一个符合心理预期的工作。这一最终选择的职业可能与其理想化的职业环境背道而驰。如果个体寻找的是与理想相对的职业环境，可能会每天工作得很痛苦，

通过第二课堂的活动，学生可以提前认识到自己的职业兴趣并通过职业模拟了解职业相关的实际操作信息，同时了解到实用的面试技巧，使自己在当前信息不对称的情况下处于优势地位，从而更愿意去接触社会。

3. 人职匹配，学生充分应用胜任素质

胜任力模型是建立在前面学生的自我素质认知和职业兴趣的基础上的，将学生层面和企业层面正式联系起来，其追求的是一种匹配。胜任力模型是双向信息的整合，既表明了相应职位的工作内容，也包含了对相应能力的需求描述。例如面试官经常采用的追问，就是面试官通过被面试者对自己所做过的事的表述来获悉面试者对自己的评价（即自我概念）以及遇到相关工作内容时会出现的应对措施（即特点与动机）来判断面试者是否符合所求职业的要求。

个体为完成某项工作、达成某一目标应具备一系列不同素质，这些素质是可衡量、可观察、可指导的，并对个人今后的发展产生关键影响。而如何衡量、观察以及怎样指导则可通过"第二课堂成绩单"制度来进行。"第二课堂成绩单"是客观反映学生经历的重要凭证，从中可以得出学生的相关素质基础。同时它又不单单只是一个客观具体的素质介绍，还是学生不断完善自身，体现学生潜能的绩效预兆。学生在第二课堂活动中的成长都被记录在案，同时也可以预测其未来的精神面貌，可以从细节处培养挖掘其潜在的能力以获得未来的高绩效表现，使其成为后备军的良好人选。因此"第二课堂成绩单"可以有效反馈学生素质信息，一方面让学生明晰自身特质，另一方面提供评判依据。第二课堂的成绩可以体现学生的学术能力和科研热情，可以作

为学生深造的敲门砖。同时第二课堂的成绩也可以体现学生的专业能力和素质水平，可以成为企业与学生的双选的基石。综上，第二课堂可以提供符合学生不同成长需要的依据，为提高人力资源配置效率创造条件。

4. 科学评价综合反馈，帮助学生了解自身促进素质发展。

总体而言，第二课堂活动对学生起到了综合反馈的作用，在参与相关活动的过程中，学生对于自己的职业生涯发展有了深入的了解，建立起"认识自己→认识职业→设定目标→制定规划→行动执行→反馈修正→执行新的规划"的生涯规划逻辑模型，不断去充实自身。

第二课堂的宗旨是"以生为本"，是从学生主体出发，激发学生的主动性，但是选择权在学生身上，因此学生根据自身成长与发展的实际需要进行权衡取舍就显得至为重要。第二课堂既然是为了服务社会服务学生而诞生的，那么对于其活动内容则直接来自对该生"应该学什么"的回答。首先需要明确学生究竟是为了何种目的参与第二课堂的活动。在此基础上，则需要了解学生的个性需要。只有了解自身才能真正明白何为所求，因此需要让学生意识到自我认识的重要性，并正视自身。第二课堂一个非常重要的作用便是帮助学生更好地认识自身。第二课堂活动促使学生建立对自己的正确认知。参与第二课堂活动之后所得的第二课堂的成绩可以客观地反映出当前学生所存在的问题。学生透过这些问题对自己有了更深的了解，有意识地去解决这些问题，从而形成良好的自我认知。

除了对自身的了解之外对职业的了解也尤为重要。职业兴趣是职业选择中重要的因素，可以帮助个体明确自己的主观倾向，从而能得到最适宜的活动情境并给予最大的能力投入。尤其是对于大学生和缺乏职业经验的人，可以帮助其做好职业选择和职业设计，进行职业调整，从整体上认识和发展自己的职业能力。

第二课堂所带来的有关职业生涯规划的活动，具有一定的激励导向作用。其组织的各种竞赛活动，一方面可以帮助学生形成良好的竞争意识，建立共同进步互相激励的内部学习氛围，对学生刻苦踏实品格的培养具有重要的推动作用。另一方面第二课堂的实践活动有利于高校学生组织管理能力、人际交往能力的提升，有利于其集体协作意识的提升与培养。第二课堂的实践活动主要包括：①兴趣类活动。锻炼学生的动手操作与创新能力。②公益类劳动。增强学生对诚实劳动的尊重，培养奉献精神，提高道德情操。③组织基层活动。让大学生更多地接触社会、了解民情与国情。④岗位实习活动。帮助大学生积攒社会热点信息，吸取工作经验。⑤演讲类活动。提升学生对职业发展的兴趣并加强对生涯规划的理解[6]。职业生涯规划教育目标是引导学生更好地认知自我、认知环境，并以此为依据充分挖掘自身潜能，做好职业生涯发展规划。同时，指导方式也不能固化，要根据教育规律、学生需要和特点，针对不同阶段和不同类型的学生采取灵活多样的指导方式。[7]

三、解决企业用人难题，校企匹配完善供求

（一）明确用人难题及具体对策

1. 招工难，第二课堂提供双向信息平台

不管现阶段选择如何，人们最终都将步入社会。在此之前，人们所做的一切，都是为了能够更好地去适应社会、更好地发挥自己的潜能而做的准备。企业的需要是影响人们走向社会的一个重要因素，因此，如何满足企业的需要成为人们面临的难题。要解决这一难题，追根溯源，还是要回到企业为什么需要人才上面。只有知道企业需要人才的原因，才能更详细地分析出企业所需要的人才的相关因素，才能推动学生更好地就业，企业更好地发展。不同企业对人才的要求不同。当前物质生活极大丰富，高等教育日益普及，人员素质逐渐上升，脑力劳动逐渐取代体力劳动成为人们工作选择的主流。金融互联网行业等新兴企业成为目前热门行业，劳动密集型的常规企业由于其工作环境的差异则无人问津。劳动密集型企业在常年缺工的情况下，结构性用工矛盾仍突出[8]。企业需做出抉择，要么顺应时代变革将企业由劳动密集型转型升级为资本密集型，要么与学校合作，制定定向就业计划，以满足企业用人需求。但是不管企业选择怎样的方式，人力资本都是方案实施的动力来源，因此企业和人才之间需要达成共识，这个共识的载体平台就是"第二课堂成绩单"。造成当前这种局面的原因是人们随波逐流的观念，而"第二课堂成绩单"具有良好的导向作用，可以通过一系列职业规划活动引领人们树立正确的择业观念，即可以通过第二课堂的职业规划讲座等活动，让学生明确职业的平等性，树立正确的职业价值观，同时加强与企业的双向沟通，为调整组织结构提供帮助。企业通过"第二课堂成绩单"可以更清楚地发现员工有效激励的因素，通过约束和惩罚的辅助，对期望的行为进行奖励、不期望的行为进行惩罚，从而达到预期目的。

另外，企业与求职者之间信息传递的渠道不畅也是造成企业难以拥有大量合适人才的原因之一。除去知名公司，公司和求职者之间普遍存在信息不对称的情况。由于获取信息渠道的有限性，求职者难以寻找到最合适的企业，会先入职中小型企业再做打算。因此在工作一段时间后，员工出于自我价值

实现的考虑，很可能选择离开。对于中小型企业来说与其选择有经验的员工面临人员流动的风险，不如选择有潜力的新人与之签订协议，作为公司的后备军[8]。因此中小型企业会积极参与各高校的双选会挑选人才。对于大公司而言，虽然没有人员流动的顾虑，但是由于应聘者众多，如何利用有限的时间发掘最合适的职员同样也是一个不小的挑战。企业通常会事先制定相应的标准，通过规范化面试来降低筛选成本。因此规范化面试中对具体的素质如详细的知识技能的需求情况以及相应的动机等有关问题的回答就显得尤为重要，可以有侧重地去锻炼培养这方面。[9]企业通过"第二课堂成绩单"判断是否有符合其素质要求的学生并向其发出实习活动邀请，学生通过参与双选会及相关实习活动了解岗位信息并获得相应经验从而丰富其"第二课堂成绩单"，为以后的决策计划做储备。"第二课堂成绩单"成为一个企业了解学生和学生了解企业的双向通道。

2. 用工不合理，第二课堂调整企业用人观

目前我国多数企业重工资待遇忽视社会保障，重使用轻培养，激励机制不健全。当下低水平的管理方式使得外来人才常常感到难以行使职权，无法发挥作用，于是出现打工心态，"合则留，不合则去"成为择业的标准。企业所有的不恰当的行为都应该被加以修正，树立正确的用人观，否则将难以实现企业长远发展。

对于企业的用人，应采用"知人善任"原则，就是要首先选择有良好心态、学习力、上进心的人，其次运用合适的培训方式增强员工对工作的适应性与延展性，最后是善待员工，满足员工合理需求。有良好心态的人会在工作中发现自己的不足并主动去学习完善。企业应当针对目前的经营和管理情况，培养有潜力的新手员工，使其在实践中提升实力，为企业的未来发展奠定基础。为实现企业更好地发展，除工作方面的培训还应关心他们的业余生活，满足他们自我价值和情感的需要。企业树立了正确的用人观之后如何能找到符合其用人观念的人才呢？如何能了解到员工精神和情感需要究竟是什么？"第二课堂成绩单"便承担起传递信息、引导人力规划的责任。企业通过"第二课堂成绩单"来挑选适合自己企业的人员，从中寻找可以帮助企业未来发展的有学习热情的有相关素质的员工。由于中小型企业对于优质人才吸引力的不足，应将用人核心转向低资历高潜力人员。同时应届生对于社会知之甚少，正如一张白纸，全凭企业在上面绘制。因此也可以让企业充分发挥自己的培训职能，将公司文化及理念直接深入学生心中。

（二）了解劳动市场供求实现充分就业

1. 供求矛盾来源分析

大学生的就业能力参差不齐。产生该差异的原因包括性别、生源地、家庭经济情况、性格习惯、专业技能、职业规划等。这些差异具体表现为自我效能、综合技能、元认知和学科理解力等。[10]研究表明我国大学生自我的认识较为清晰，综合技能的培养也逐渐得到重视，而对学科的理解力在下降。当前的问题是，学生对于其所学学科知识技能难以运用，专业与企业实际需求难以相吻合，学习兴趣低，缺乏合作能力。

就业能力由个人因素和教育因素共同驱动形成，个人因素包括先天生成的性格和后天培养的学习能力等，教育因素包括学习环境等。对就业能力的研究集中在以下三个方面。一是自我意识，教学的互动体验对其影响最为显著。二是学科理解力，实习实训等具体经验指导所带来的影响最大，教师教学所传授的专业知识其次，同伴互动所得的人际收益带来的影响最小。三是综合技能的培养，同伴互动的影响最大，实习实训的影响次之，教师教学的影响最小。就业能力虽然在不同层面上都受到教师教学的影响，但同伴互动对其作用更明显，尤其是自我意识和综合技能培养的层面上。可见，只有课堂教学教育是远远不够的，师生以及学生之间多元有效互动对学生成长起到关键的贡献作用。

学生的就业能力是对于其可以提供的劳动力供给的衡量，个人和教育因素共同决定着就业能力的形成。而企业对劳动力的需求则是企业对推动自身长足发展的计划，这些计划只有通过合适的人力资本才能得以实施。简单来说就是将学生的就业能力当作一种特殊商品，企业需要这种商品来满足自身的效用。而当前有些学生的就业能力与企业的需求是不能互相匹配的，通俗化的理解就是企业需要的是苹果而学生只能给予梨。虽然都是水果但是无论是口感还是带来的对身体的效果都是不同的。当前学生可能理论知识掌握得特别牢固，但是企业需要的是真正的操作性人才，因此难以适配。

2. 发挥中介作用，提供解决方案

怎样使得企业的人才需求与学生的就业能力供给能够相互匹配呢？关键在于双向的沟通。一方面，只有企业足够了解学生所能提供的能力是怎样的才能判断其是否符合自身道德需要。另一方面只有学生知晓企业需要怎样的人才才能使得自身有针对性地向此方向转变以求得就业机会。还是承接上文的例子来解释，假设企业需要的是 A 型人才，那么在招聘时 A 型人才就会更有优势，如果 B 型人才也想要这份工作那么则需要转变为 A 型人才。可以通过有效的思想指导和技能培训完成这样的转变，使得双方需求得以匹配。

　　详细来说就是利用"第二课堂成绩单"充分完成信息双向传导及反馈，实现校企互相联系，密切合作。其目标不仅是对学生的教育，同时也是对企业需求的满足。第二课堂活动一方面能够促进大学生实践在第一课堂上所习得的理论知识与技能，使之学以致用并作为理论学习的重要补充，从而推动学生向社会职业人转变，有效地培养学生的就业能力。另一方面应熟悉企业根本需求，如尽快吸取有益于经济发展的实干型高科技人才，能直接上手了解行业形势，开发适销对路的产品，或是寻找热情高可塑性强的员工逐步培养其对公司的情感，从不同的实际需要出发，有目的地进行指导培训活动。因此，学校一方面应重视实习实训对学生就业能力培养的重要性，科学设计学生实习实训的时间与内容，促进学生知识的消化与应用。另一方面，还可以通过设置应用型的活动、竞赛以培养学生的综合应用能力。除此之外，研究结果表明，同伴作用是第二课堂不可忽视的力量。无论是课堂还是课后，同伴之间的交流、合作、互动直接影响着学生就业能力。重视营造学生之间的融洽氛围，有利于学生组织能力、表达沟通能力的锻炼与发展，也有利于自我教育、自我管理等方面的发展。

　　3. 深入合作，校企互利共赢

　　校企互联是实现供求匹配的必然选择。为了实现校企深度合作，需要共同制定人才培养方案。要想取得好的效果，就要重视课程建设过程中企业的参与，既要考虑学校理论教学目标的实现，学生综合能力的提高，还要考虑到企业经营计划的顺利进行。要长期进行有效的校企合作，就要树立以社会需求为中心的理念，与企业共同制定人才培养方案。一方面需要打破传统课程结构框架，加强专业课的实用性工作导向与企业实习内容有机融合，实施教学计划的重组和调整，构建符合职业教育特点和生产高素质技能型人才需求的新教学体系。企业通过"第二课堂成绩单"参与对学生的评价、学生管理模式的制定，有针对性地培养学生的职业责任感和敬业精神。另一方面，转变以学校为中心的单向思维模式，加强职业教育的理念，打破僵硬的时间管理制度，根据企业需要灵活安排顶岗实习实践与日常理论教学时间，建立灵活的第二课堂活动体系。目前存在的问题是很多学生难以实现企业需要。其原因有二。一是没有足够有经验的老师来帮助学生完成理论知识到实践的转变，二是没有相应的实训条件来提高学生的实践能力。为解决这一问题，应该聘请企业相关的工作人员来担任指导老师，或是将学校老师外派去企业吸取经验之后再指导学生学习。[11]

综合来看，"第二课堂成绩单"为社会用人单位选用人才提供科学参考，搭建学生、学校、社会三者平台，真正实现校企互联，是实现供需匹配最佳的途径。三方都可以通过这个平台更好地实现自己的发展目标。企业可以通过校企互联，利用学校的资源为企业培养人才，拥有长期的人才后备库；学校可以通过校企互联提升教师的实际教学能力，提升专业技能，提升科研能力；学生可以通过校企互联了解熟悉工作信息、工作程序和技能，积累工作经验，获取职业核心能力。

四、系统化建设，顺应国家教育改革潮流

（一）大力促进教育的规范化

第二课堂对于学生自身的延展，对于高校教学的指导，对于企业用人的配合在以上都已经详细介绍过，但是这些都只是微观的层面，具体实施仍然需要根据具体情况来分析。而第二课堂的价值不仅仅体现在微观层面的主体上，在宏观层面有着更重要的意义。实行"第二课堂成绩单"制度是深化改革和服务大学生创新创业的必然选择。

随着社会进程的加快，传统的第一课堂难以满足各方面的人才需要，教育的更新换代成为适应时代发展潮流的必然趋势。然而对于第一课堂的改革总是从教学内容和方法出发，虽然取得了一定成果，如教材与时俱进的更新让学生了解到新时代的国家政策以及具体行业需求，多媒体教学增加了学生信息的批量获得，但学生课堂学习的积极性不高的现状依然存在。究其原因，还是课堂教学没有贴近学生的兴趣生活，学生对自己的专业没有清晰的认识和继续研究的动力。要想改变这样的形势必须进行系统规划，找到学生兴趣所在，进行适当的教学改革。兴趣来源于生活，来自实践。人们对于一切事物的探索都是因为实践激发的好奇，从而不断去寻求新的突破，第二课堂活动的出现是高等教育的全新转折。对于教育的改革不是单纯的学校层面就可以做到的，必须做好上层建筑，树立教育革新的理念并以次作为各高校的行动指南。从宏观层面控制，各高校在自己实情基础上改善工作才能更好地推进改革进程。因此通过第二课堂活动倒逼工作的转型升级，推进工作的科学化、标准化、系统化建设成为国家教育改革的发展方向。[12]

第一，要站在实现人才培养目标的高度，构建第二课堂顶层建筑，保证第二课堂的系统性[11]。高等教育的综合改革是高校必须遵守、进行的，为了能够满足社会的实际需求，要想使高校改革工作进行得更加顺利，工作机制的科学化水平更加规范，学校就必须及时构建完整体系，坚决打破第二课堂

的碎片化。目前第二课堂由于还没有全面普及，建设上存在明显的碎片化现象，缺乏统一的顶层设计，工作开展缺乏计划性，执行缺乏协调性，活动种类繁多。这种情况导致学生难以分清主次，同时容易被繁杂的活动分散注意力，造成参与很多活动但是并不了解活动主旨，只是盲目参与以求得到相关评价来丰富自己"第二课堂成绩单"内容。这就需要合理的活动规划，既要保证学生参与多种类型的活动，同时也要保证参与质量，以完整的"第二课堂成绩单"体系来有效引导学生有序地完成相关活动。[13]第二，要统筹第二课堂分管的各部门，形成教学部门主管，其他部门协调推进的管理模式。目前往往是学校不同部门，学校和二级学院之间缺乏必要的沟通和协调，各行其是，多方干预反而使得对于学生的评判更为交叉复杂。这就需要对有关规章制度进行梳理，建立"第二课堂成绩单"工作的基石，以这些规章制度为纲领，促进新的工作制度的建立。第三，要健全保障体系，保障第二课堂有充足的建设经费、实施场地和专业的指导教师；要借鉴优秀经验，更好地宣传第二课堂的影响力，引导更多的学生进入第二课堂。第四，要增加调研调查、学术报告、专题讲座、学科竞赛等学术型活动项目的数量。当前在第二课堂活动中通识化教育偏多，专业性指导缺失。表现在校园文化丰富多彩，各种娱乐活动、体育比赛层出不穷，但专业技能训练、科技创新培训等明显不足，而对于学生的未来发展来说最重要的恰恰是专业技能与创新意识[14]。学生职业发展的最终落脚点是进入社会并发挥自己的能力，为社会贡献，以体现自己的人生价值。只有将自己的专业知识应用于社会生活才是学习的最终目的，而良好的创新意识则是帮助专业知识融入社会工作的桥梁。因此需要对第二课堂活动类型进行进一步的规范，加强引导类活动。一方面锻炼学生的实践能力，另一方面提供更多的实践机会。相对于第一课堂的规模化教学而言，这些活动的开展在挖掘学生的发展兴趣、培养学生个性和综合素质等方面更加具有优势。学生在实践中挖掘兴趣，探索问题，提出疑问，并将这些疑问带到第一课堂中。这种主动学习的氛围一旦形成，学生就会按照自己需求对第一课堂提出要求，寻求自己感兴趣的内容与方式，使得改革有根基和生命力。

（二）着力发展创新创业教育

第二课堂的核心是创新运行模式，是为了更好地将当下的热点转换为新的学术技能应用的新型智囊团培育所。第二课堂所带来的创新创业活动是积极锻炼学生创新素质、丰富理论创新意识的重要方式。

大学生对于创新创业的接触产生两种截然相反的态度。一种是完全没有创新创业的想法，对自己的未来难以有清晰的定位，逃避选择，走一步看一步。这部分人需要激发起对职业的兴趣，培养起创新意识。另一种是对创新创业抱有极大的热情，渴望去完成自己的想法。这部分人更需要有关创新创业的指导，使得所学商业理论与实践计划达到"知行合一"的地步，否则很容易被现实击垮。大学生创业现状可总结出三种。其一是急于实践。很多大学生基础商业知识不牢固，但自视过高。常为获利润而匆匆投入实践，其做出的判断盲目性大，容易出现问题，一旦有问题而经受了挫折，很容易丧失创业的信心和动力。其二是对实践的恐惧心理。由于实践基地的欠缺和实践体系的不科学设置，很多大学生只能纸上谈兵，难以承担现实的风险，使创业活动无法正常开展，重新回归"就业者"的角色。其三是跟风的创业观。大学生创业往往扎堆于相似行业，2005 年至今，基金会已投资的 293 家大学生企业中，有稳定销售、利润与一定发展前途的企业约有 50 家，成功率较低。大学生创业成功率不高的关键原因是缺乏创新精神的"随大流"企业太多[15]。而第二课堂活动的出现得以解决这一列的问题。第二课堂以课外科技创新创业为主体的活动，能使学生个体的素质特点得到自由发挥。学生可以在活动中寻找到自己的兴趣点并着手完成，同时尊重教学准则和人才成长规律，从而将育人经验更好地转变为学术成就以及创新创业成果。通过对学生的培养提高其学术水平与创新意识，指导学生发掘行业热点问题，探索新趋势，为形成自己的研究成果积累经验，引导学生开发创新产品推动产业更新。

（三）完善第二课堂形象，加强品牌效应

目前第二课堂在学生心目中仍然是个模糊的概念，大多数认为其存在是为了丰富课余生活，并不认为是严谨的教学方案，对其重视程度远不如第一课堂。因此必须做好宣传工作，巩固第二课堂的形象，打造品牌效应以发挥其各方面应用价值，即学生通过参加第二课堂活动使得自己的视野更加开阔、知识面更加广泛、身心更加健康，能力也可以得到一定的提升。[16]而进行第二课堂相关指导思想的宣传的一大重要手段即深入学生生活。可以发挥新媒体的影响作用，实现对第二课堂的动态的不断发展的理念的宣传，使学生在潜移默化中形成对身边信息的兴趣与思考。随着信息化飞速发展，高校大学生对于社交需求日益见长，各大社交平台的兴起占据了学生大部分时间，使得传统意义上的传播在青年群体中的影响力和参与度有所下降。此时第二课堂所引导的新媒体平台体现出了明显优势：其一，提供了更为广博的信息和广袤的视野，有利于大学生世界观、人生观、价值观的形成；其二，提供了更为充足的学习资源，有利于大学生自我管理自主学习；其三，提供了更加互动平等的沟通平台，有利于学生人格的养成；其四，提供了全新的娱乐方式和交往途径，有利于学生课外生活的充实。其五，可以发挥高校优秀学生干部的主观能动性，通过他们了解广大学生希望在共青团新媒体平台上看到的内容，把握大学生需要，吸引学生关注。[17]将第二课堂新媒体工作发展成为一个增进学校教师学生交互沟通的桥梁，在学生教育、管理和服务等方面发挥积极作用，成为校园文化建设的新平台，为大学校园文化建设提供了素材，进一步丰富了大学校园文化建设的内容，拓展了校园文化建设的阵地。让学生在课余时间、在新媒体平台上得到丰富的知识与实践，达到让学生在课余时间远离不良网络文化的目的，更好地传播校园文化塑造良好第二课堂形象，增强创新意识，打造第二课堂品牌。这些优势为新媒体平台服务于第二课堂打下良好基础的同时使得第二课堂的品牌形象深入人心。

五、数据共享，促进社会科学决策

第二课堂的价值应用分为微观和宏观两个层面。微观层面的应用侧重于对应用主体针对性的指导。先前所提到的在学生成长、学校教学、企业用人、教育指导等方面都属于微观层面。在宏观层面的价值应用主要体现在应用主体的非针对性上。以下的社会方面的应用则为宏观层面。随着信息化的普及，大数据的兴起，云盘的概念逐渐为人们熟悉。信息爆炸的大数据时代，将大量信息进行分类整理以求整体的科学运营是"云"理论的初衷，正是因为各种信息渠道以及社交媒体的广泛传播，使得人们不得不寻求更大的存储空间以及更有效的管理方式。"第二课堂成绩单"的出现则顺应时代特色，成为一个人才云盘的创新应用，其数据处理便是云盘理念的体现。可以把"第二课堂成绩单"比作一个导航仪。导航仪通过收集各地的信息，建立数据库，当人们想要搜寻自己的目的地时可以快速比较分析并从中获取最优途径。通过真实数据提供依据得出科学结论。

第二课堂存储了很多学生资料，将学生信息分门别类，当社会运行过程中出现人才结构方面的问题时，则通过分析问题来源找到源头，将源头输入，利用数据加以处理找到最高效的解决办法来指引路径的选择。在行业发生变革时可以通过查找所需人才类型，对比判断从而准确找到能满足行业需求的最佳人力资源。"第二课堂成绩单"可以作为人才素质的载体，通过对其分析可以了解相关统计信息，例如人才基本信息，通过对这些数据进行统计分析以解决社会问题。通过第二课堂数据库可以得出当前各专业的男女比例以及相对应的需求方向，更好地制定专业的人才培养计划，根据相关比例来制定相应的规则。此时就需要国家引导职业调整，除了平衡人数，对于人才过剩的专业提供转岗培训，并根据男女生较为明显的工作回报差异进行不同的激励政策，以达到人才调整的目的。例如在女生较少的技术性岗位实行弹性工作制，给予人才更多时间去实现女性更多的精神需求，来吸引女性参与转岗培训。

综上，"第二课堂成绩单"可以将学生信息更好地整合为人才数据库，通过对学生各项数据的科学分析确定其对社会整体需求的配合措施。通过网络平台对大数据进行收集分析，为社会决策提供科学依据。

本章小结

本文认为构建第二课堂价值应用体系的价值体现在七个方面，即客观跟踪记录、科学评价评估、引导学生成长、服务育人大局、强化组织建设、促进学生就业。"第二课堂成绩单"在不同利益主体面前发挥不同作用。学生个人层面，可以成为学生在校期间评奖评优活动，以及用人单位选人用人的重要依据，从而促进学生提高自身综合素质。对学校而言是为了更好地培养出优质人才。在企业等用人单位层面，可以更好地去寻找合适的人才以解决用人问题，实现企业更好的发展。在教育主管部门层面上，积极促进第二课堂育人经验化为学术成果，转化为创新创业成果。社会层面，可以更好寻求匹配社会需求的方法。

参考文献

[1] 苏庆雪. 第二课堂在高校教育中的价值分析 [J]. 湖北科技学院学报，2016，36（2）：182－184.

[2] 罗志佳. 高校思想政治教育第二课堂的优化策略 [J]. 昌吉学院学报，2016（4）：94－97.

[3] 李胜. 第二课堂在民办高校教育中的价值与发展对策研究 [J]. 山西青年，2018（1）：42.

[4] 韩流. 从"因材受教"到"因材施教"——第二课堂践行"以人为本"理念的思考 [J]. 思想教育研究，2009（6）：78－80.

[5] 张雄，王麒凯，唐胜利，等. 高校拔尖创新人才"五个一"生涯规划教育模式的构建 [J]. 西南大学学报：社会科学版，2016，42（3）：98－104.

[6] 黄艳钦. 大学生职业生涯规划教育研究 [J]. 中国成人教育，2018

（8）：77－78.

［7］张海娟，刘晓军. 大学生职业生涯规划教育的困境与对策［J］. 教育与职业，2017（11）：79－84.

［8］陆璇. 民营企业的用人问题与对策［J］. 商情，2012（24）：58.

［9］汪马兰. 企业用人存在问题及针对性指导［J］. 职业，2016（25）：31－33.

［10］史秋衡，王芳. 我国大学生就业能力的结构问题及要素调适［J］. 教育研究，2018，39（4）：51－61.

［11］杨蕾颖，刘淞麟. 校企互联促进物业从业人员供需匹配提高的探讨［J］. 现代物业（中旬刊），2017（6）：4－6.

［12］游彦茹. 以第二课堂改革倒逼第一课堂教学改革［J］. 教育现代化，2018（14）：100－102.

［13］赵晓宇. 高校共青团"第二课堂成绩单"工作开展的载体初探［J］. 陕西青年职业学院学报，2016（4）：65－68.

［14］吴江六. 基于第二课堂成绩单提升大学生创新创业实效性的研究［J］. 太原城市职业技术学院学报，2016（11）：49－50.

［15］谈丹. 大学生创业教育中的价值观引导研究［J］. 亚太教育，2015（12）：88－89.

［16］段志高. 共青团改革背景下的第二课堂成绩单建设［J］. 才智，2018（15）：57.

［17］蔡震宇. 高校共青团新媒体平台助推校园文化建设的路径研究［J］. 江苏第二师范学院学报，2015（11）：92－95.

第十一章

构建资源供给体系，服务第二课堂长效发展

引言

第二课堂构建的社会资源供给体系，利用高校共青团整合优势，打破传统资源限制，增进各社会资源间的交流与合作，服务于第二课堂的长效发展。第二课堂将在校学生、教师、校友、企业等作为重要的第二课堂育人资源，关注育人主体需求，与第二课堂资源供给体系相匹配。同时实现育人资源的丰富化建设，完善第二课堂资源内容和形式，努力打造第二课堂优质项目库，为第二课堂发展注入源源不断的生命力。

一、实现第二课堂资源社会化供给

（一）第一课堂与第二课堂资源供给的不同

在前述章节中，我们讨论过第一课堂与第二课堂在目的与内涵等方面的区别：第一课堂提供的主要是相对格式化的理论知识，第二课堂提供非认知能力的培养，具有补充课堂教学的知识拓展与理论实践功能，同时也具备提升能力和塑造品格的其他教育功能。在资源供给体系方面，第一课堂与第二课堂仍然存在不同，这主要集中在第一课堂主要围绕学校育人资源，而第二课堂更加注重与社会资源的匹配对接上。

1. 第一课堂：以学校育人资源为核心

第一课堂是指按照教材及教学大纲，在规定的教学时间里进行的课堂教学活动。第一课堂传授理论知识的性质，赋予了其以学校育人资源为核心的内涵，即高校第一课堂的育人资源大多来源于授课教师及学校本身拥有的资源。

目前，第一课堂的育人资源来源集中，供给体系较为完善。由于传统观念上的认知，我国高校普遍重视大学生的科学知识教育，认为第一课堂是学生学习知识的重要阵地，所以在师资力量、硬件设施、软件环境建设等方面，

高校更多地向第一课堂倾斜①。学校通过招聘甄选与考核合格的教资人才，组织科学合理的专业师资队伍，为学生制定发展规划并提供良好的学习环境与软硬件设施。我国高校教育不断地发展与探索，使得第一课堂具有统一的教学规划、专业的师资团队和先进的教学设备，在保证了高水平的教学质量的同时，构建了当下第一课堂集中、完善的资源供给体系。

2. 第二课堂：与社会资源匹配对接

随着知识经济时代的到来，传统的以继承为中心的教育思想面临挑战，培养创新精神的教育观念逐渐被社会接受。在国外，广纳社会资源已经是高校办学的共同趋势[1]。第二课堂通过在第一课堂之外的时间开展丰富的活动，培养学生综合素质与能力，是高校个性化发展和提升综合素质实力的重要平台。

不同于第一课堂集中的育人资源，第二课堂的资源供给体系更为社会化。高校共青团发挥其牵头作用，整合社会化资源，为第二课堂体系运转提供重要的政策支持和保障；高校及教师承上启下，为第二课堂的实施提供必要的软硬件设施，并且进行专业性指导；学生社团作为学生活动的载体，为第二课堂的开展打造自由良好的社交环境和区域；校友及社会企业、组织与第二课堂积极合作，为第二课堂提供物质保障与充足的实践机会。可以说，社会化的资源供给体系为第二课堂创造了无限的可能与机遇。在满足学生成长需求的同时，第二课堂社会资源供给体系也给予了学生认识社会环境的契机，为未来真正走入社会工作奠定了坚实的基础。

供给与需求的匹配，是劳动力市场永恒的主题，第二课堂社会资源供给与需求相匹配，更是第二课堂资源供给追求的目标核心。当社会为第二课堂学生提供资源与机会的同时，学生也满足了社会在人力与创新方面的需求。以志愿活动为例，社区公益组织开展志愿公益项目，为第二课堂提供志愿实践与提升组织能力的机会，吸引高校学生参与，同时也满足了社区公益组织本身活动所需的志愿者岗位，以及学生可以为志愿实践项目带来的创新意识与活力。第二课堂建立起社会与高校学生交流的桥梁，作为沟通的载体实现了供给和需求双方的互利共赢。

当然，第二课堂在《关于在高校实施共青团"第二课堂成绩单"制度的意见》文件指导下，许多高校试图追求第一课堂与第二课堂的协同共进。利用"两大课堂"彼此的已有优势，取其精华去其糟粕，在资源供给体系的构

① 甘霖，熊建生."两大课堂"协同育人初探［J］.中国高校科技，2014（4）：51－52.

建上不断地探索。将学校第一课堂的资源在第二课堂的社会化资源供给体系中得以实现，并且推动第二课堂与其他社会资源群体的合作模式多元化，开拓更多的资源供给渠道。

（二）构建第二课堂社会资源供给体系的必要性

1. 打破传统育人资源不足的约束限制

传统育人资源以高校教师资源为核心，因高校规模、师资水平等客观条件受到局限约束。2015年7月底，教育部、人社部、国资委联合召开全国高校实践育人暨创新创业现场推进会，强调要贯彻落实党中央国务院关于开展实践育人和创新创业的战略部署，努力开创高校实践育人和创新创业工作新局面。2016年4月，在全国高等教育改革创新座谈会上，李克强总理提出要加快建设一批高水平大学，带动提升我国高等教育综合实力和国际竞争力。第二课堂试点开展以来，各方遵循"协同育人"的理念，努力建设社会化的资源供给体系，完善实践育人体系，充分发挥社会化教育网络和社会大课堂在大学生成才中的作用。[1]

在对高校育人长效机制的研究中，学者们普遍认可社会化资源供给体系对高校实践育人工作的推进作用。积极调动和整合高校及社会各方面的资源，形成实践育人合力，着力构建高校实践育人长效机制，必将对高校实践育人工作的常态化和长效化建设起到巨大的推动和促进影响。[2]根据第二课堂运行及社会资源交流机制，成立大学生课外活动指导中心，通过辅助整合有效资源，打破传统育人资源不足的约束，达到两大课堂的协同。

2. 发挥高校共青团资源整合优势

高校共青团为大学生社会实践的发展提供良好外部环境，在加强宏观调控的基础上，对学校社会实践的师资聘用、设备配置、岗位提供、环境整治等进行帮扶，有效利用社会资源，提高大学生社会实践的实效。

高校共青团具有四大整合优势：第一，高校共青团具有整合的效率优势，通过社会资源配置得到优化。合理配置第二课堂社会资源，将有助于增强高校实践育人的时效性。第二，高校共青团具有整合的信息优势，通过社会资源整合带动资源共享。社会资源的整合利用，能够调动社会力量共同参与到大学生社会实践中来，充分发挥社会各界的作用，同时增进校际信息互通，共享育人成果。第三，高校共青团具有效益优势，通过资源整合推动资源创

① 蔡健，罗嘉文，王亚煦. 高水平大学建设背景下高校实践育人资源整合问题及其应对策略分析［J］. 社会工作与管理，2018（2）.

造。有效整合的社会资源，在大学生社会实践活动中会产生新的合力效应，发挥单项社会资源所不具有的组合功效。第四，高校共青团具有整合的决策优势，通过资源整合传达新思想、新形势、新政策，做出重要创新决策。提供先进政策环境，在资源整合的同时关注全球化、信息化育人创新动态，能够不断改进和完善第二课堂育人机制。

各社会资源单位应在高校共青团牵头引导下，积极实施信息共享和资源联动，使得高校共青团可以发挥资源整合优势，达成第二课堂效益最大化。建立统筹配置与共享机制，优化社会资源协同建设，同时提高社会资源利用效率；依托相关理论研究，创新社会资源间的互动机制，从而利用不断更新的科研力量促进社会资源可持续发展。

3. 增进社会资源合作交流

在利用社会实践社会资源时，如果高校不考虑社会资源各种制约因素会使得社会实践的实效性被抵消，甚至对实践育人的效果产生负效应[3]。根据高校共青团的政策指导，各社会资源单位在资源整合的大背景下积极开展交流与合作，优化劳动力资源、技术资源、经济资源、信息资源等社会资源内容，为第二课堂实施提供多元化生产资料与传媒资源保障。

此外，社会资源的合作与交流，也能够削弱资源整合之前的信息不对称性。资源供给、利用效率低下，往往是由信息不对称带来的，社会资源供需双方掌握的信息程度、内容有所缺失，导致成本加倍，效益无法实现优化配置。多层次、多层面、多方位的合作与交流，能够使社会资源使用成本下降，人力、物力、财力得到充分发挥，各得其所；同时营造第二课堂社会资源合作融洽的舒适氛围，众人拾柴火焰高，推动第二课堂随着社会时代潮流不断前进。

二、创造多样化第二课堂育人主体

第二课堂将教师、校友、企业和在校学生作为重要的第二课堂育人资源纳入资源供给体系，针对不同育人主体设计专门的课程项目和激励机制，充分挖掘第二课堂育人主体多样性。

（一）以高校教师为育人主体

1. 提供高水平师资队伍指导

目前我国高校第二课堂活动配备指导老师工作尚未形成制度化、体系化。一般来说，学校只为大型学生学术科技活动配备专业指导老师，指导作用比较突出。部分高校学生社团安排有指导老师，但指导力度仍显不够，其他第二课堂活动主要由团委、学生处教师担任指导老师，班级活动则由班主任老师进行自由零散指导。总体上绝大部分贴近学生的小型活动处于自发自为、无人指导或基本上无人指导的状态，这一现状是限制第二课堂作用更好发挥的主要因素之一。①

根据当前现状，在人员建设方面，学校应该从师资队伍的角度为第二课堂活动提供大力支持，完善第二课堂活动导师制度。高校对大部分的任课老师布置一定量的第二课堂指导任务。教务部门对教师承担的第二课堂活动指导任务折算为一定的教学工作量，同时对第二课堂指导工作的效果实行考核，这样就能真正从源头上使高校第二课堂活动更加贴近课堂教学，也使第二课堂活动真正成为课堂教学的有益延伸。

第二课堂通过建设高水平师资队伍，借助人力资源规划、招聘等职能，为第二课堂活动构造合理的导师人力资本结构。建设高水平师资队伍，以解决当前第二课堂专业指导力度问题固然重要，但是为第二课堂未来可持续性发展考虑，需逐步构造第二课堂指导教师的合理人力资本结构。其中第二课堂师资队伍应在年龄、教龄、职称和资历等要素方面合理分布。在年龄、教龄方面，容纳新老教授。教师相结合方面，第二课堂师资队伍应呈现老教授、教师带新教师的模式，为未来第二课堂师资队伍储备年轻师资人才和第二课堂活动指导经验。在职称、资历方面，开展专家带讲师的形式，传授专业知识指导意见，提升整体第二课堂师资队伍育人水平。通过建设第二课堂合理导师人力资本结构，维持第二课堂师资队伍的生命力和可持续发展力。

2. 建立课程项目体系，提供参与科研项目机会

高校教师作为第二课堂育人主体，可以参照第一课堂已拥有的教学经验和思路，在高校教学制度背景下建立第二课堂课程项目体系。第二课堂课程项目体系涉及思想素质养成、政治觉悟提升、文艺体育项目、志愿公益服务、创新创业创造、实践实习实训、技能特长培养等活动形式，且每个课程等级与分值各不相同。这些项目内容丰富，各具特色，为学生提供了自由而广阔的发展空间。高校教师针对第二课堂的创新需求，不断设计新的育人场景、开发新的课程项目，充分吸纳各团学组织、院系、社会组织举办的可以促进学生全面发展的活动和项目。第二课堂课程项目可以通过课堂、讲座、实习、实训等方式进行，使其具有趣味和灵活性。

同时高校教师能够发挥学术科研优势，在第二课堂为学生提供参与科研

① 严毛新. 我国高校第二课堂活动的现状及对策 [J]. 浙江工商大学学报, 2006 (1): 83-87.

项目的机会。高校教师提供科研项目机会，一般分为指导学生课题项目和邀请学生参与教师自身科研两种情形。

近年来高校学生踊跃参与学术项目竞赛。各地区、各级院校积极举办大学生创业大赛，丰富学生创新创业经验，其中教师针对相关创业项目领域，提出指导性意见与建议。大学生创业大赛旨在学习、贯彻习近平新时代中国特色社会主义思想和党的十九大精神，深入落实《关于进一步做好新形势下就业创业工作的意见》《国务院办公厅关于深化高等学校创新创业教育改革的实施意见》等文件精神，进一步激发高校学生创新创业热情，丰富创新创业教育活动内容，完善创业教育工作体系，营造"大众创业、万众创新"的良好氛围。大学生创业大赛在举办过程中，邀请创业领域专家以及包括管理学、经济学、理学、工学、文学、农、林学等相关学科教授、教师，对参赛项目组进行针对性指导。通过此类学术项目竞赛多年的举办和探索，高校学生与教师在第二课堂学科项目活动中建立了良好的沟通与指导模式，使得高校教师发挥学术科研优势的同时，学生科研数量在本科阶段能够初见规模，成果累累，百花齐放。

另外，高校教师在自身学术研究过程中，也会邀请具备一定专业素质和能力的学生加入课题组。这种参与科研项目模式，也成为当前高校第二课堂教师资源供给的常态。很多本科学生在学习时设立升学规划目标，会积极联系导师参与相关学科的科研项目，为继续学术深造积累科研经验和能力。在第二课堂参与课题组项目过程中，高校教师与学生的联系较竞赛活动指导更为紧密，学生能够收获丰富的知识、技能和能力。许多本科学生发表的学术论文，都是基于参与的导师项目主题，进行的文献综述研究和深入实验思考，甚至学生所参与的课题项目，会影响日后学术深造的方向和研究的兴趣领域。

以高校教师为第二课堂育人主体，能够提供第一课堂以外的课程项目体系和科研机会。第二课堂课程项目体系，可以被视作第一课堂教学体系的补充实践，满足了第一课堂教学的应用需求，同时扩展了第二课堂提升学生综合素质能力的空间。第二课堂高校教师提供科研项目机会，充分展现教师的育人主体地位，锻炼学生学术能力，开发学生科研潜质，同时满足高校教师课题项目的人力需求，为课题注入新鲜血液，提供创新的思考、思维方式，完善了第二课堂与社会资源的对接与匹配。

3. 调动教师资源活力

为了第二课堂的长效发展，必须不断地调动、激发教师育人主体资源的活力。在基础考核方面，将第二课堂指导时间和成果计入教师工作量，量化考核直接与职称评定、职位晋升、各种先进评比、年终考核挂钩①，以此鼓励教师队伍全面参与第二课堂的指导工作。在激励方面，对于主动积极指导第二课堂项目活动，并且所指导的学生有重大成就的教师，给予绩效奖金等多样化福利，激发教师队伍在第二课堂活动开展过程中的潜力。通过基础考核与激励制度双效机制，调动教师资源活力，为第二课堂注入高水平的学术力量。

（二）充分挖掘校园其他主体资源

1. 学生社团：第二课堂学生活动载体

在校学生依托学生社团活动为载体，在第二课堂基层学生活动中实现学生综合素质与能力的提升。在深化教育领域综合改革的大背景下，学生社团作为校园文化的重要组成部分，在升华思想境界、强健身体素质、促进心理健康、丰富业余生活等方面发挥了积极作用。参与社团活动是在校学生创新精神和实践能力提升的重要途径之一。

在第二课堂活动开展过程中，学生社团活动主要呈现五大功能。第一，增进信息交流。高校学生社团成员来自不同院系，更有学生同时参与两个以上学生社团。不同专业背景、个人能力和社团文化的碰撞与融合，使信息传播具有范围广、速度快的特点，在学生群体中更容易被接受。第二，塑造团队意识。学生社团活动的开展，不仅要求学生具有一定的个人能力素质，更需要非正式组织中重要的团队意识。学生社团往往通过破冰和团建活动来增进社团成员之间的感情，逐步培养团队意识，以更好地完成活动举办等学生工作，从而创造独特的社团文化，维持社团活力。第三，促进心理健康。一些大学生面临着事业、前途、婚恋等方面的心理困扰，影响了全面健康发展。学生社团要求成员之间友好相处，互相帮助，热心参与，一定程度上具有相互激励、相互推动的心理效应，推动成员心理健康发展。第四，培养复合能力。在社团活动中，每个人既是领导者，又是组织者、参与者，锻炼了复合能力。社团成员来自不同院系，优势互补。第五，增强实践能力，激发爱国热情。通过第二课堂学生社团开展的社会实践活动，组织大学生到不同地区进行行业调研、科技服务，能够帮助大学生认识国情，明确历史责任，树立

---

① 姜丹，单中元. 高校实践育人长效机制探究 [J]. 长春理工大学学报，2013（4）：28－29.

正确观念。①

其中学生社团活动的核心作用，是在学生工作的不断沟通、互助共进中提升学生的综合素质与能力。学生社团活动不仅仅是为了培养学生的兴趣爱好和价值观，更意在培养学生的能力与工作习惯。学生社团活动涉及的撰写活动策划、宣传推广、保障物资场地、人员招募等工作，在老师的指导下不断改进、完善，在潜移默化中使参与活动的学生具备了一定的写作、统筹、语言、与外界联络等能力，规范了书写格式与系统化工作流程，懂得了遇事"先规划、多考虑"，事后"需反思、多总结"。

学生社团是实现高校人才培养目标提高学生素质的重要形式，也是第二课堂建设的重要载体。只有深入地了解学生社团的内涵与功能，才能充分地挖掘出学生社团在第二课堂建设与促进学生互助激励、共同进步中的巨大作用。通过不断地丰富学生社团组织、活动的形式在内容、方法和功能上不断地创新，实现学生社团在连接"两大课堂"上的积极作用，实现学生全面发展的目标。②

2. 学长学姐传授机制：第二课堂经验共享纽带

高校育人过程中，学长学姐们在学生管理的辅助作用上不可被忽视[4]。学长制是指在学校中，从各方面表现比较优秀的学生中挑选高年级学生，加以培训，对新生或低年级学生进行帮扶，帮助他们解决在全新的环境中所面临的学习、生活以及心理情感上的问题和困难，以便他们能尽早适应大学生活的一种学生管理辅助模式。③ 学长学姐的传授机制，是第二课堂学生在学习、活动、科研、项目、生活等方面经验共享的纽带，也是第二课堂开展过程中特殊的校园育人主体资源。

在国内高校扩招、师生比严重失调等现状背景下，如何解决规模庞大的低年级学生第二课堂辅导工作成为高校育人的一项难题。学长学姐传授机制，成功地填补了高校在第二课堂指导教师、辅导员方面的人员缺失。第一，这种传授机制满足了低年级学生第二课堂全面健康发展的需要。对于刚入学的新生来说，面对第一次接触的校园环境、生活以及"两大课堂"的学习，往

---

① 马宗方，张柯，陈向阳，等. 充分发挥学生社团在高校"第二课堂"的育人作用 [J].
科教导刊（中旬刊），2016（1）：176 – 177.

② 李萌. 以学生社团为载体推动第二课堂建设探析 [J]. 经济研究导刊，2014（21）：
227 – 228.

③ 陈爱雪. 教学模式改革背景下高校实施学长制问题探析 [J]. 民族高等教育研究，
2016，4（5）.

往存在恐惧、自卑等心理问题。学长学姐与他们年龄差较小，可以通过更为亲密的沟通与经验共享，引导他们克服困难，积极接纳大学校园的新鲜事物，参与第二课堂活动，扩大社交网络。第二，这种传授机制同样提高了高年级学生的综合素质，满足第二课堂与社会对接的需求。高年级同学在第二课堂经验共享的同时，能够在过程中总结、反思以往的处事态度与行为，通过开展辅导活动提升自身能力素质，为未来进入社会生活储备更多的人力资本与经验。第三，学长学姐传授机制实现了第二课堂"以学生为主体地位"的服务理念。通过更加贴近学生层面的经验共享，呈现了校园内部服务学生的和谐氛围。

第二课堂经验共享纽带，通过学长学姐知识与技能的传授，建立了校园内第二课堂学生间沟通的桥梁，实现了高校教育管理模式从"传统垂直型"单一的教师指导模式转向"立体复合型"的多元辅导模式[5]。横纵联合的学生管理模式为第二课堂长效发展开辟了崭新的路径。

3. 育人目标：与学生发展需求相匹配

第二课堂资源供给建设应与学生发展需求相匹配。尊重学生的主体地位，遵循教育发展规律和学生成才规律，创造机会让不同层次的学生参与第二课堂项目活动的方案设计和组织实施，确保项目活动的科学性、适用性和有效性。

在发展需求方面，在第一课堂能够给予的专业知识技能之外，学生追求综合能力素质的提升。第二课堂通过开展思想政治活动、文艺体育项目、社会实践与志愿服务活动等，培养学生善于学习、批判思维、创新、与人合作、沟通等关键能力，以及塑造诚信正直、成就、责任心、主动性、好奇心、积极乐观、自信、韧性、情绪稳定性、灵活性等核心素质，即第二课堂通过实践育人，培养学生发展需求相对应的能力与素质，完成与学生成长、成才需求的资源供需匹配。

在资源供给方面，第二课堂从校内和校外两方面，提供学生能力素质发展的必要保障。在校内，高校依托现有资源着力加强学生活动中心、心理咨询中心、各类实验室和实习实训基地的建设，加大投入，扩大规模，加强校内软硬件设施、资金、学生活动场地与指导、政策制度保护等资源条件。高校在建设第二课堂资源的同时，明确各类学生活动的资源使用权限与范围，使提供的资源得到充分利用，最大限度地满足学生发展需求。

在校外，各高校与社会资源积极合作。主动与城市社区街道、农村乡镇、各类企事业单位、军队、社会服务机构、中小学校等取得亲密沟通，本着互惠共赢、合作共建的原则，从学生的成长、成才需求和地方基层发展需求出发，充分结合高校的人才优势、地方的资源优势和企业的资金等优势，将高校与社会紧密连接，搭建各种形式多样的校外实践教学基地。第二课堂与社会资源共同打造鼓励学生发展的资源共享网络，并且不断改进资源共享模式和渠道，在符合社会资源利益的同时，营造良好的社会实践环境，驱动学生发展，实现第二课堂资源供给与学生发展需求相匹配。

（三）建立校友资源常态机制

1. 国外校友资源管理与学生培养机制借鉴

随着我国高等教育的改革与第二课堂发展，校友资源的内在价值逐渐呈现。在国外，校友资源的体系建设以及高校校友会的运行历史悠久且已经较为完善，其校友资源管理经验和校友对学生的培养经验值得我们借鉴。

国外高校校友资源管理具有六大特点。第一，校友活动多元化。国外高校校友会定期举办校友返校日、寄送校刊等丰富的校友活动，增强毕业校友的母校情结。更有高校为校友提供校友会旅行、校内基本服务与福利等，吸引校友参与，增进校友间交流。国外高校校友会自筹资金用于校友会运作，也使得校友活动能够更具有多元化和创新性的特点。[6] 第二，配置专职校友资源管理部门。国外高校设置专职部门负责校友会的日常运作，配备高素质人才加强和校友之间的联系，目的是开展高质量的校友活动。第三，在校阶段培养校友情结。国外高校强调"新生即校友"的理念，组织学生参与校友会志愿活动，在学生了解校友会运作的同时，满足校友会人力需求。第四，建立完善持续的校友工作联络体系。国外高校在官网主页显眼位置设立校友网页链接，方便校友与学校及时取得联系；同时公示校友项目、校友活动提醒、联系方式、捐款渠道等校友动态和集资通道，提高校友活动参与率和集资效率。第五，筹集资金支持学校发展建设。国外高校校友会通过发动校友会力量，筹集资金用于学校建设，鼓励校友向母校投入新技术，贡献爱心。第六，校友积极参与学校决策。部分国外高校校友会在办学过程中，为学校发展战略和政策提供建议，使学校得以可持续发展。①

国外高校校友会对学生的培养方式具有系统化的特点。首先，开展常态化的校友演讲、座谈等经验分享活动，以及实施校友捐助奖学金、提供项目资金等合作模式。其次，为学生提供与校友间的在线交流平台，实现校友与

---

① 柯婷，叶展航，颜倩. 中外高校校友资源管理的比较研究［J］. 佳木斯职业学院学报，2014（6）：160－161.

在校生的日常沟通。[7]借助学校官网平台和论坛，实现校友与在校生的良性交流互助，使得校友与学生随时可以进行社会经验的共享。最后，为学生提供校友会活动的志愿服务机会以及校友企业实习就业机会。通过吸引在校生参与校友会活动的志愿工作，深入了解校友会活动运作机制，同时提升自身的实践能力。学生利用校友企业社会资源，为在校生提供广阔的实习就业机会，缩减寻找工作的时间与成本，使学生更顺利地开展社会活动。

2. 第二课堂校友资源常态供给

近年来，高校校友资源获得了国内教育和学术界的广泛关注。校友资源是校友自身作为人才资源的价值，以及校友所拥有的财力、物力、信息、文化和社会影响力等资源的综合。① 高校校友作为母校毕业生，是信息丰富且具备专业素质能力，与母校有着特殊感情联系的人才群体，是国家和各高校的宝贵资源。充分发挥校友资源的作用，建立校友资源常态机制，对第二课堂建设和发展具有重要意义。

国内校友资源具有四个基本特征。第一，丰富性。校友拥有丰富的公共关系资源、信息资源、智力资源、育人资源和物质资源，各高校有成千上万的毕业生，随着办学历史越长，校友数量越庞大。同时，校友的年龄、地域、职业等方面分布广泛。第二，潜在性。校友中有未来的治国栋梁、学术专家、丰功伟绩的人才，更有在各行各业无私奉献者。校友资源需要有效的开发和利用。第三，可持续性。校友资源因校友与母校之间存在着真挚的情怀而延续，校友人数不断动态化积累，充满活力与生机。随着经济社会不断发展，校友队伍愈发壮大，能够为学校建设发展长久提供能量。第四，多元性。校友资源是国家和高校的宝贵资源，在国家、社会、学校、个人的关系中的作用是多元的。可以通过各高校校友会对校友资源的不断整合，为在校学生、教师提供社会信息和全新观念[8]。

在第二课堂中，校友也是极为重要的育人主体，近年来校友资源的作用不断被研究强调。首先，校友在各自岗位上做出成就，为国家富强、民族振兴做出贡献的同时，也能够为母校树立优质的"品牌形象"。我们往往能在媒体上看到政治家、企业家、慈善家等回母校开展系列论坛、做重要讲话、提出新期盼，这些邀请校友进校园的第二课堂活动利用媒体的宣传手段，无形中为高校带来了知名度和影响力。其次，校友把毕业后的工作经历和体验，

---

① 贺美英，郭樑，钱锡康. 对高校校友资源的再认识［J］. 清华大学教育研究，2004，25（6）：78 – 82.

通过高校开展的"请进来，走出去"等校友活动传播给母校，对学校人才培养和教学改革起着重要的推动作用。校友的工作社会实践成绩，是检验高校教学教育改革成果的重要标志。校友多年的社会工作经验，对高校教学教育不断改进有重要的反馈作用。再次，校友以资金、智力、技术回报母校，是高校建设发展的重要物质资源和宝贵精神资源。高校在第二课堂教学中请校友返校座谈、与师生互动交流，组织学生利用假期探访校友，接受优秀校友的思想教育理念；校友通过成立基金项目、设立奖学金等形式，给予母校物质资源支持。最后，校友资源有效促进高校第二课堂与社会的联系和合作，同样把高校培养教育工作延伸到社会。校友利用自身资源，与母校进行科技合作项目、建设科技园、创造新技术产品研发；对母校进行宣传，利用自身资源拓宽招生平台范围，为在校生提供就业指导意见；同时高校通过校友为载体，将育人的根本理念扩散至社会各界。

（四）关注校企合作

1. 将企业资源引进第二课堂

近年来，校企合作成为社会经济发展的"原动力"。截至 2001 年，我国产学研机构和经济实体已达 8200 多个，参加产学研合作的单位达 38.6 万个（次），参加产学研合作人数达 420 万人（次），共同合作开发项目达 22 万多项。① 在科技发展与经济发展的螺旋形上升趋势下，知识与经济的结合日益紧密，[9]促使了高校与企业在人才、科技、资金、设备、产品等方面的多层次、国际化、多元化合作。将企业资源引进第二课堂，实现校企合作优势，是现代社会经济和高校第二课堂发展的内在要求。

在第二课堂校企合作过程中，主要存在以下四种合作模式。第一，高校通过技术市场向企业转让第二课堂科技成果。高校积极开展第二课堂育人课程与活动，使得高校教师、学生在第二课堂技术创新、创业方面不断突破。此时通过技术市场的衔接，高校第二课堂与企业在科技研发成果方面取得合作转让关系，使得高校第二课堂科技研发、创新创业在社会市场上实现效益最大化。第二，项目合作是第二课堂校企合作的主要模式。第二课堂科研、创新项目把高校和企业各自的优势组合起来，共同承担国家的各种科技研究开发计划或重大工程项目。部分企业按需要委托高校进行研究与开发或技术、人力、成本折算服务等。第三，校企双方通过建立国家、行业"技术研究推

---

① 吕小艳，文衍宣. 协同创新背景下的地方高校与企业合作发展策略 ［J］. 实验室研究
　与探索，2016，35（9）：250 - 253.

广中心"、合办大学科技园、组成合资企业、共同参与"国家产学研工程"等方式,实现产学研三位一体的结合。第四,高校第二课堂与企业签订长期全面合作协议。在第二课堂学生实习实践、毕业生分配与人才培训、科学研究与技术开发、实验测试与信息咨询等方面长期合作。

积极的校企交流合作,也使得高校第二课堂育人实践受益匪浅。首先,在第二课堂校企合作中,培养了高校学生将理论与实践相结合的理念。高校学生在企业中实习或参与校企合作项目时,能够将自身所学的专业理论知识应用到具体的实习岗位工作,将学会的技能体现在项目研究过程中。其次,第二课堂实现企业文化与校园文化的有效融合。第二课堂以"立德树人"为根本指导思想,在学生发展过程中通过校企文化的有机结合,能够促使学生思想全面健康发展,同时树立正确人生价值观,更加贴合社会企业需要。最后,校企双方在资源供需方面互惠互利。高校学生为企业提供所需的人力、知识、技术等资源,企业为高校第二课堂建设提供资金、设备、场地、岗位等资源,双方在第二课堂社会资源供需中实现双向动态供给的优质循环,各取所长,增进了第二课堂校企合作的可持续发展。

2. 与企业人力需求相匹配

第二课堂校企合作较为突出的作用,在于实现了高校学生供给与企业人力需求的匹配。尊重校企合作共同的育人主体地位,为高校学生创造广阔的实习、实践、实训及志愿服务机会,让不同性质、不同层次的企业享受高校学生创造的高质量人力资本优势,满足企业人力资源需要,刺激企业加大对高校育人资源的支持与投入。

高校第二课堂对学生在实习实践实训和志愿服务方面的要求,使得大量高校学生走入基层企业单位与社会组织。不同于解决毕业生正式岗位的复杂性,企业因为人力方面的实际需要以及大学实习生的"低成本"特性,对于大学实习生的选拔要求有所降低,学生根据各自课余时间和自身需求源源不断地进入企业单位与组织,填补临时空缺的基层工作岗位。在志愿服务方面,任何志愿公益项目除了资金投入和前期准备,最重要的是需要活动过程中的志愿者队伍。高校大学生关注志愿公益活动中可以锻炼的道德修养和综合能力,自愿积极参与各类社会志愿活动。这些充满活力的大学生志愿者是国内外赛事、会议、社区街道、学校等层次最为核心的有生力量,招募的大学生志愿者群体本身也满足了活动主办方的人力需求。同时,大学生志愿者为志愿公益项目带来的青春能量,使得国外友人、社区孤寡老人等受助群体感受到了热情与温暖,真正地体现了"我为人人"志愿精神的内涵。

三、建设丰富的第二课堂育人资源

（一）第二课堂资源内容丰富性

资源是一切可被人类开发和利用的客观存在，也是一切事业必不可少或赖以生存的根基。自然界与社会中可用来创造物质财富与精神财富，能应对并满足人类需求的客体，都叫作社会资源。第二课堂具有丰富的社会资源内容，主要分为思想政治资源、文体技能资源以及社会实践与志愿服务资源，对应第二课堂项目体系中的七大模块。同时第二课堂还存在能力评估体系资源等用于体系建设的创新社会资源。

1. 思想政治资源

2004 年中共中央、国务院发出《关于进一步加强和改进大学生思想政治教育的意见》[①]，其中指出："加强和改进大学生思想政治教育，提高他们的思想政治素质，把他们培养成中国特色社会主义事业的建设者和接班人，对于全面实施科教兴国和人才强国战略，确保我国在激烈的国际竞争中始终立于不败之地，确保实现全面建设小康社会、加快推进社会主义现代化的宏伟目标，确保中国特色社会主义事业兴旺发达、后继有人，具有重大而深远的战略意义。"近期，习近平总书记在全国教育大会上指出，思想政治工作是学校各项工作的生命线，各级党委、各级教育主管部门、学校党组织都必须紧紧抓在手上。高校思想政治工作关乎办学方向、关乎育人根本，具有丰富而深刻的内涵。

在第二课堂思想政治教育过程中，高校坚持立德树人的根本任务，围绕国家、社会、学校三个层面供给思想政治资源，顺应人才培养的发展趋势。国家通过社会媒体宣传渠道，普及《国歌法》等国家法律知识，开办党校、团校服务基层学生群众、团员、党员学习与掌握社会主义发展新动态、新思想、新观点，开展"红色观影"等活动了解英雄先烈历史故事；社会利用"名人效应"，通过正能量、高人气的社会名人传播正确企业文化、价值观；各学校依托地方红色资源，于中华民族英烈纪念日、五四青年节、抗战胜利纪念日等历史时间节点，开展纪念民族先烈、青年爱国精神的历史馆、博物馆的传统学生参观学习活动，以及合唱比赛、朗诵比赛等弘扬民族精神的校级主题活动。同时，作为思想政治工作的基层组织，高校积极建设校园文化，营造良好的思想政治学习环境。设立青年学生马克思主义协会等相关学生组

---

① 中发〔2004〕16 号文。

织，引领学生积极参与社会主义学生活动，培养爱国有志的青年学子。

2. 文体技能资源

在打造艺术教育方面，第二课堂重视文艺项目在服务大学生立德树人中的重要作用。第二课堂坚持"艺术教育大众化"目标，在教育对象上不设限制，既为有艺术专长的学生提供展示机会，也为普通学生提供充分接触艺术活动的机会。第二课堂通过校园艺术产品创作，充分发挥艺术教育在塑造大学生价值观念、提高综合素质中的独特作用。

各高校团委成立学生艺术团，承担人员、物资、场地、设备等保障职能。学生艺术团延揽名师、专家到校任教，指导艺术社团发展和开展艺术活动。发挥学生组织"自我管理、自我教育、自我服务"作用，培养学生骨干，为艺术教育和艺术活动开展提供人力资源支持。建设学生剧场，为艺术活动开展提供场地保障。

第二课堂艺术教育分层覆盖各学生群体，确保每位学生能够获得艺术方面的培养。各高校通过举办元旦、迎新等文艺晚会，融合歌舞、小品、话剧等艺术形式，热烈庆祝；开展纪念"一二·九"运动、五四学生运动等大型朗诵、合唱比赛，组织院系学生共同参与，弘扬红色旋律；打造高雅艺术"走出去""进校园"系列活动，组织艺术团成员赴地方、国家演出，传播校园艺术文化，同时引进优秀社会艺术团体进校园，为师生带来视听、观感上的艺术盛宴。

在体育教育建设方面，第二课堂同样重视体育项目塑造大学生身心健康的功能。为了解决体育教学形式单一、内容安排不能满足学生需求等体育教育建设问题，第二课堂推动各高校设立全新的体育教学、训练、竞赛、体育活动"四位一体"的大学体育课程。通过开展体育必修、专选课，高校运动队、运动学生社团训练，校际、校级运动会，排球赛，院系篮球赛等竞赛，"阳光长跑"等活动的结合，丰富高校学生体育锻炼形式与内容，来满足学生对运动学习、练习、竞赛参与的多元化需求，提升学生身体素质整体水平。

在技能培养方面，第二课堂注重学生多元化技能全面发展，储备社会化人力资本。比如，各高校经济管理类专业依托自身专业优势，开展职业规划系列讲座、竞赛，指导学生设定职业生涯目标，更深入地了解自身拥有与缺失的技能；语言专业通过建立语言兴趣类社团，举办小语种歌曲比赛、语言类竞赛，提升高校学生外语能力；其他专业借助本专业知识，同样可以开展丰富多样的技能培养类活动。俗语说"技多不压身"，第二课堂培养技能"多面手"，使高校学生在校内积累多方位技能与能力，为未来进入社会工作打下了坚实的基础。

3. 社会实践与志愿服务资源

社会实践资源主要针对高校以外，可以用于第二课堂大学生社会实践活动，从而达到实践目标的各类资源。在创新创业创造教育方面，通过校企合作提供社会实践资源，并借助公共性资源辅助社会实践活动顺利开展。社会企业建立优秀的"社会导师"队伍，进入高校指导学生社团、小组完成创新创业项目，同时提供必要的资金支持，将创新创业产品、作品投入社会生产中，回馈社会。通过广泛建立国家、行业"技术研究推广中心"，合办大学科技园，组成合资企业，共同参与"国家产学研工程"等方式，实现产学研三位一体的结合。同时，当前大学生社会实践活动依赖于政府设立的公共性资源，高校周边地区公共性资源较为丰富，使得学生可以积极开展宣讲、参观学习等实践活动。

志愿服务资源主要集中在高校校内、周边社区街道、公园、支教、体育赛事、国际国内会议等各种类型资源中。在校内，学生社团自发组织各种创新性志愿活动，贴近学生自身生活。如回收课本、讲义，在各年级间完成书籍的循环使用，倡导绿色环保理念的同时，使专业知识的学习心得收获不断；为夜间长跑的社会群众保管背包和物品等。在周边社区街道，街道居委会组织敬老、慰问、清洁等各项志愿活动，吸引学生走进社区，能让学生从学校和书本世界中脱离出来，深入了解基层。如北京南锣鼓巷社区开展的"两会治安巡护"志愿活动等。在周边公园，团委依托自身公园资源特性，开展特色志愿服务活动，为参观人群带来便利。如北京圆明园公园开展的讲解活动、北京玉渊潭公园开展的"樱花节"樱花使者志愿活动等。

2003 年以来，共青团中央、教育部、财政部、人力资源和社会保障部联合组织实施"大学生志愿服务西部计划"，以"到西部去，到基层去，到祖国最需要的地方去"为核心，为青年大学生重要的支教志愿服务形式之一，旨在招募一定数量的普通高等学校应届毕业生或在读研究生，到西部基层开展为期 1~3 年的志愿服务工作，鼓励志愿者服务期满后扎根当地就业创业。西部计划 2018 年实施规模为 18300 人，其中包括 2100 多名中国青年志愿者扶贫接力计划研究生支教团成员。实施 15 年来，已累计选派 27 万余名大学生志愿者到中西部 22 个省区市及新疆生产建设兵团的 2100 多个县市区旗基层服务，是国家重大人才工程"高校毕业生基层培养计划"的子项目，是引导和鼓励高校毕业生到基层工作的 5 个专项之一。习近平总书记曾多次做出批示或给志愿者回信，肯定志愿者们在西部地区辛勤耕耘、默默奉献，为当地经济社会发展、民族团结进步做出了贡献，勉励更多的青年人以志愿者为榜样，到基层和人民中去建功立业，让青春之花绽放在祖国最需要的地方，在实现中国梦的伟大实践中书写别样精彩的人生。①

2008 年北京奥运会，志愿者的微笑让全世界看到了大学生在体育赛事志愿活动中的热情面貌。北京奥运会赛事志愿者服务岗位主要涉及礼宾接待、语言翻译、交通运输、安全保卫、医疗卫生、观众指引、物品分发、沟通联络、竞赛组织支持、场馆运行支持、新闻运行支持、文化活动组织支持等领域。北京奥组委面向在京各高校（含民办高校）招募志愿者（含在京港澳台大学生）。其中，北京高校学生约有 51507 人，占全部赛事志愿者人数的七分之五。② 这些高校学生志愿者通过与社区志愿者的合作和不懈努力，为世界奉上了无与伦比的夏季奥林匹克运动会。这样的体育赛事志愿还有很多，如地方马拉松活动、CBA 篮球赛等，其中都有大学生志愿者忙碌的身影存在着。国际、国内会议也不乏大学生志愿者的存在。如 2018 年中非合作论坛北京峰会中，大学生青年志愿者通过初审、面试、培训等环节，顺利完成所在志愿岗位职责。可以说当前第二课堂志愿服务资源形式丰富，各高校学生参与热情高涨，志愿者们利用自身的能力和技能，在高校校内、周边社区街道、公园、支教、体育赛事、国际国内会议等各种类型活动中，展示了青年大学生的志愿风貌。

除了社会各方提供的志愿者岗位资源，第二课堂借助"志愿北京"等地区志愿网络平台，志愿服务活动在高校学生群体中获得积极响应。地方志愿网络平台与地方志愿团体、志愿协会合作，提供活动检索功能，实时更新，提供数万个志愿项目。借助地方志愿网络平台，志愿者与主办方可以在线完成志愿者注册、招募等准备工作，同时提供志愿项目信息，使得志愿者更加了解相关活动，达成志愿岗位供需匹配。另外，此类平台关注志联动态、国际国内志愿者新闻快讯，宣传优秀志愿人物，树立志愿者榜样。在志愿者个人方面，提供志愿证书、时长等第二课堂成绩单证明，辅助第二课堂大学生完成学分认证等工作。

4. 能力评估体系资源

在第二课堂建设过程中，越来越多的创新社会资源投入第二课堂资源供

---

① 资料来源：大学生志愿服务西部计划官网。

② 罗浩. 对我国大型体育赛事中大学生志愿者志愿工作情况的研究［D］. 北京：北京体育大学，2013.

给链，如前述章节提到的第二课堂能力评估体系建设中，就享有社会企业提供的资源。如北森一体化人才管理云平台，为学生提供第二课堂活动人才测评，利用多样人员素质理论模型，提供有力的素质能力评估成绩参考；宏景云平台提供专业化领导力评估反馈，为第二课堂学生社团、活动小组、班委会等非正式组织提供全方位考核及民主测评，有效地为第二课堂学生组织建设提供改革方案和建议等。能力评估体系资源，旨在通过企业提供的社会资源，对第二课堂教学、活动的开展提供现状测评及反馈，创造第二课堂长效发展。

（二）第二课堂资源形式丰富性

第二课堂同样具有丰富的社会资源形式，主要分为包含生产资料资源的财力资源、设施资源以及人力资源、政策制度资源、网络资源等。

1. 财力资源

在世界教育发展历程中，大多数国家经历了由政府大力资助高等教育，转向"政府投入，学校主导，多方集资"的混合模式投入高等教育经费的过程。由于国家不同产业发展与竞争的进程，政府对高等教育的投入总是有限的，因此逐渐地发挥社会各方积极性的"混合模式"实现高等教育经费来源的可持续性发展成为高校的战略选择之一。高校第二课堂的财力资源同样应该由政府、学校、社会各方共同集资的结构组成，其中社会各方集资主要来源于地方企业、高校毕业校友等集体和个人。

根据我国教育投资现状，虽有科研教育经费高于国外院校的对比研究结果，但其中也显示出有关中国高校经费的间接成本较高等问题[10]。因此，高校与地方政府、企业及校友等部门组织、集体和个人的互惠合作，是解决第二课堂教育经费，实现其长效发展的必要手段。各高校可以设立第二课堂专项资金项目、机构，制定明确的第二课堂集资目标和相应规则制度；同时，学校依托校友和企业资金，设立第二课堂专项奖学金等奖励机制，激励学生积极参与和成长；团中央等有关部门制定相应法规政策，予以财源规则支持。通过积极地借鉴国外教育成功经验以及探索具有中国特色的第二课堂集资体制，在法律范围内积极运作，加快第二课堂建设与发展。

2. 人力资源

在本章前述中，其中提到的第二课堂育人主体多样化及第二课堂资源内容较为丰富体现了第二课堂具有人力资源形式方面的优势。第二课堂人力队伍，由在校学生、教师、校友、企业组成的育人主体，以及育人资源中包含的实习、志愿者岗位等具体内容组成。但第二课堂人力资源供给不仅仅限于此传统上的内涵，相关的人力资源管理职能在第二课堂建设过程中也均有呈现。

第二课堂人力资源建设包括人力资源规划、招聘与选拔、培训与开发、绩效管理、薪酬管理和员工（师生）关系管理等六大模块职能。在人力资源规划方面，第二课堂通过校企合作为学生提供职业规划等指导，在对学生第二课堂成长需求的了解下，选择第二课堂人力资源建设战略及目标，服务第二课堂长效发展；在招聘与选拔方面，第二课堂参照当前发展战略目标，招募并选择具有合理结构的师资队伍，指导学生活动和学习工作；在培训与开发方面，第二课堂为学生提供综合素质能力的活动与培训，为未来学生技能开发提供计划与基础；在绩效管理方面，第二课堂设立学分制度等激励措施，鼓励学生参与第二课堂发展的同时，建立第二课堂成绩单，关注学生活动开展动态，不断完善；在薪酬方面，设立第二课堂专项奖学金以及奖励高校教师的福利补贴，完成物质和心理形式激励，吸引师生广泛参与；在师生关系管理方面，第二课堂通过师生在活动中的讨论与指导，实现教学相长，使师生在第二课堂开展过程中都能够不断受益，实现第二课堂人力资源职能的循环与提升。

3. 设施资源

第二课堂大量的学生社会实践活动，在生产资料资源方面除了资金以外，同样需要社会资源设施场地的支持。如组织校外专业实习实践，需要安全便捷的交通设施；进行学生活动宣传，需要宣传栏、展台、展板、"易拉宝"、横幅、微信公众号平台推送等展示设施平台；开展文艺演出，需要舞台、灯光、音响、视频等舞美设施；举办体育竞赛更是需要专业的竞赛场地支持。资源条件和数量也与学生第二课堂活动质量息息相关。许多高校并没有关注第二课堂设施、场地需求的小型化、灵活化等特点，给学生活动带来了很大的不便，挫伤了学生参与第二课堂的积极性，这是当前设施资源建设上急需解决的问题。

4. 政策制度资源

2018 年 7 月，共青团中央、教育部联合印发《关于在高校实施共青团"第二课堂成绩单"制度的意见》。这是高校共青团深入学习、贯彻习近平新时代中国特色社会主义思想和党的十九大精神，全面落实《关于加强和改进新形势下高校思想政治工作的意见》等有关文件要求，纵深推进高校共青团改革的重要举措。《意见》明确了"第二课堂成绩单制度"是充分借鉴第一课堂教学育人机理和工作体系，整体设计高校共青团工作内容、项目供给、评价机制和运行模式，实现共青团组织实施的思想政治引领、素质拓展提升、社会实践锻炼、志愿服务公益和自我管理服务等第二课堂活动的科学化、系统化、制度化、规范化，实现高校学生参与共青团第二课堂可记录、可评价、可测量、可呈现的一套工作体系和工作制度。持续推动高校思想政治工作改革创新是深度融入高等教育综合改革、纵深推进高校共青团改革、不断完善学生发展服务体系的迫切需要。

5. 网络资源

网络资源不同于前四种传统第二课堂供给资源，能够随社会发展阶段不同而更新。在第二课堂学生社会实践活动过程中，网络资源也是被使用最为广泛的社会资源之一。其以互联网为背景资源，依托第二课堂专项课程平台的信息传播、宣传理念、教育等功能，辅助学生发起社会调查、查阅文献资料、开展社会项目研究等。第二课堂应充分利用互联网的优势，可以开辟《第二课堂》栏目，通过此栏目对第二课堂活动进行有效的管理与引导，也方便学生通过此平台进行沟通交流。[11]

目前，地方共青团不断在微信公众号中，推出类似"青春北京"的地方第二课堂网络平台。通过地方高校学生投稿和新闻两种渠道，宣传第二课堂发展新动态。同时，结合已经建设较为完善的"志愿北京"等网络资源，使学生可以随时了解自身第二课堂发展状况。在完善地方第二课堂网络平台的过程中，不断为高校学生提供使用和社会实践方面的便利。

（三）资源共享：打造第二课堂优质项目库

第二课堂拥有丰富的社会资源，各社会资源之间主动开展交流共享，打造第二课堂优质项目库。各社会育人主体和资源与第二课堂既有的项目供给单位和部门进行沟通，将高校共青团现有的品牌项目和传统活动系统整合到第二课堂的育人实践中，将其目标、内容、形式、载体、方法等统一到"第二课堂成绩单"制度的实施要求中，做好"加减法"，合并"同类项"，整合人才、资源、场地、品牌等优势，打造第二课堂的优质项目库，确保高质量课程项目资源的供给，满足广大学生的不同选择需求。

社会资源共享过程中，第二课堂发挥高校共青团整合的效率优势、信息优势和效益优势，增进第二课堂项目开展效率的同时，积累第二课堂优质项目。《关于在高校实施共青团"第二课堂成绩单"制度的意见》指出，2018年秋季将全面推广第二课堂教育进入中国高校。截至2018年5月，全国已有507所本科院校、291所专科院校启动实施共青团"第二课堂成绩单"制度，充分发挥第二课堂育人功能的重要价值在各高校已经形成初步共识。创新试点院校已经在第二课堂试点的四年时间中，探索并总结出较为合理、完善的第二课堂具体实施体系与课程项目，通过资源交流为新创办第二课堂的高校提供源源不断的丰富办学经验。高校共青团中央发挥优势，作为第二课堂信息中介，向各办学高校在政策背景下提供先前第二课堂办学信息与经验建议，并且鼓励高校在已有课程项目体系、资源供给体系、数据信息体系、能力评估体系等方面大力创新。将已有第二课堂优质品牌项目和传统活动系统整合在第二课堂优质项目库中，建立网上共享和线下交流体系，推进第二课堂项目质量提升，满足高校学生综合素质和能力的发展需要。

本章小结

本章重点介绍了高校共青团"第二课堂成绩单"制度中的资源供给体系，从第二课堂社会化资源供给的必要性、第二课堂育人主体多样性、育人资源丰富性三个方面，讨论了对第二课堂社会资源供给体系的构建，从而推进第二课堂长效发展目标的实现。第二课堂资源供给体系发挥高校共青团资源整合优势，通过学生社团、学长学姐、教师、校友和企业与高校在资源内容和形式上的沟通合作，打破传统第一课堂教育中的资源限制，从而将第二课堂与社会资源匹配对接，是第二课堂教学与活动开展的物质与精神资源保障机制。

在本章中笔者对于如何构建第二课堂资源供给体系进行了一些讨论，但是在社会资源供给建设方面仍存在尚需完善的部分：第一，与国外高校相比，我国捐资办学的政策与制度尚需继续完善，可以通过对个人、组织对捐资办学的激励，提高资金注入第二课堂项目的水平；第二，对于学长制建设，各高校应建立系统化的规范守则，在选拔、招聘、评优、解聘学生辅导员过程中，具有相应制度作为参照依据；第三，应更加注重校友资源的吸引与建设。目前，我国高校已通过建立校友会关注优秀毕业生动态，但对于在工作岗位上无私奉献的毕业校友仍需加强重视，这些校友往往也能为母校带来优质的资源与机遇。同时应在非校庆日举办多元化校友活动，增强校友管理延续性，关注校友的母校情怀培养。

参考文献

[1] 李建强，陈鹏. 吸引社会资源：高校发展建设的有效举措 [J]. 教育发展研究，2003，23（8）：27-29.

[2] 姜丹，单中元. 高校实践育人长效机制探究 [J]. 长春理工大学学

报，2013（4）：28－29.

[3] 蔡健，罗嘉文，王亚煦. 高水平大学建设背景下高校实践育人资源整合问题及其应对策略分析 [J]. 社会工作与管理，2018（2）.

[4] 罗媛媛. 高校本科生学长制初探 [J]. 教师教育论坛，2006，19（4）：58－60.

[5] 张永华，陈庆. 实施学长辅导计划创新大学生教育管理模式 [J]. 中国高教研究，2008（5）：75－76.

[6] 肖大为. 中美高校校友会比较思考 [J]. 现代职业教育，2017（18）.

[7] 欧敏. 中美大学校友会比较研究 [D]. 武汉：华中科技大学，2009.

[8] 魏德功. 高校校友会的职能与校友资源有效开发的研究 [J]. 广西大学学报（哲学社会科学版），2008，30（1）：148－153.

[9] 张秀梅. 中国高校与企业合作的现状与前景 [J]. 教育发展研究，，1999（1）：52－55.

[10] 胡勇军，赵文华. 中美研究型大学科研经费管理的比较研究——以美国密西根大学和上海交通大学为例 [J]. 现代大学教育，2014（3）：36－43.

[11] 孙伟仁，徐珉钰. 应用型本科院校第二课堂活动支撑系统的建设研究 [J]. 商业经济，2012（13）：104－106.

第十二章

构建行为动力体系，凝聚第二课堂
互动合力

引言

在生活中，人的大部分行为是由动机决定的。动机是直接推动行为主体进行行为活动的内部动力，是引起和维持行为活动并使之朝向某一目标的心理倾向。动机来源于人的需要，在个体有未满足的需要时会产生行为动机。动机促使个体寻找、选择和接近目标，从而进行满足需要的活动。因此为了实现组织活动目标，组织的管理者会根据员工的需要设置一些目标，并创设各种条件来激励员工，使其产生组织所期望的动机和行为，推动组织实现目标。

团中央学校部在《高校共青团"第二课堂成绩单"制度试点工作实施办法》中提出："通过'第二课堂成绩单'的反馈，激励学生广泛参与各类活动，促进能力素质的均衡发展，提升就业竞争力。"实际上，参与第二课堂活动的行动主体不只有学生，还有资源供应方、教师和主管部门等保障和推动活动顺利进行的群体。第二课堂机制的有效运转离不开各行动主体的有效参与和持续活跃。如何激发行动主体在第二课堂中产生新的需要和动机、引导行动主体做出正确的行为选择，维持行动主体在第二课堂活动中的活跃程度，最终达到培养创新型、复合型、应用型的，拥护中国共产党领导和我国社会主义制度、立志为中国特色社会主义奋斗终生的有用人才的教育目标，是目前第二课堂需要改善和创新的问题之一。

因此，需要通过构建以激励为主的第二课堂行为动力体系，关注行动主体的真实需求，创造一个驱动参与的互动系统，以促进行动主体有效参与、完善第二课堂运行机制，达到高等教育立德树人的任务要求。

一、第二课堂行为动力体系的概念

（一）行为动力体系的内容

第二课堂行为动力体系是促进参与者积极参与第二课堂活动的动力机制，

即研究行动主体为什么参与第二课堂，如何推动和维持这一参与行为。行为动力体系主要包括目标设置机制、考核评价机制、牵引机制和动态反馈机制，从目标驱动、评价结果推动、奖励的吸引和信息反馈四个方面对参与行为进行保持。针对不同的行动主体构建不同的行为动力体系时，可以将这些机制进行灵活组合。

目标设置机制，即依托目标设置理论，根据培养高校人才的要求和参与者的实际需要，在第二课堂中设置一系列困难程度适当的目标，通过目标的"存在感"激励引导参与者[1]，鼓励参与者达成目标，提升自我能力并产生满足感。

考核评价机制，是第二课堂中的评价主体根据行为记录与评价标准，对参与者在第二课堂活动中的行为表现进行评价，评估参与者目前的能力水平和存在的问题，生成第二课堂成绩单或评估报告。

牵引机制，是将参与者的第二课堂成绩与奖励挂钩，对表现优秀的参与者进行物质或精神上的奖赏，激发参与者的参与动力和上进心。

反馈机制，是将一定时间段内的参与者的行为评价结果及时反馈给参与者，帮助参与者快速了解自己近期的表现情况和能力水平，比对既定的目标及时发现自身的不足。反馈机制也是行动主体交流第二课堂信息、提出第二课堂改进建议的沟通渠道。

此外，对标管理与考核评价机制、牵引机制紧密相关。在相同的评估标准下，行为动力体系要提供参与者与其他同类参与者的评价结果，通过对标分析展现参与者在总体中的排名状况或表现情况，帮助参与者发现自身的优势与不足并进行改进，这也是构建牵引机制的重要依据。

（二）行为动力体系的对象

学生。学生是第二课堂中的教育客体，也是第二课堂的中心和活动的主要执行者。第二课堂作为第一课堂之外的重要育人平台，其存在目的是与第一课堂互动互补、互相促进，鼓励学生进行知识实践、技能拓展和素质养成，促进学生的成长和就业。[2]

教师。教师是第二课堂中重要的教育主体，承担在活动中对学生的思想和行为进行引导和教育，监督和反馈学生的学习进展和学习成果的任务。教师的工作质量高低与第二课堂的育人效果好坏有着重要联系。

学生组织。本书探讨的学生组织是由在校大学生为组成主体，以高校教育管理、培养学生综合素质为服务目的，具备一定组织结构和长远组织目标的团体[3]。学生组织通过自我管理和举办活动，可以提供学生需要的校内资源和实践机会，鼓励学生参与课外学习，培养学生自主能力。

校友。校友是一类特殊的社会资源提供方，作为了解学校情况的毕业生，校友能够向第二课堂提供包括其拥有的财力、物力、信息等在内的各类校友资源，辅助引导学生培养与社会需求相适应的能力。同时，优秀校友也是在校学生的正面学习榜样。

主管部门。第二课堂的主管部门包括团中央学校部、省级团委学校部和各学校团委，其中进行第二课堂活动具体管理的是学校团委。学校团委要依照第二课堂实施的要求，结合本校实际制定具体操作方案，协调各方资源，监督第二课堂有效运作，并及时总结第二课堂中的经验和问题并加以改进。

社会资源提供方。社会资源提供方是指向第二课堂活动提供各类资源供学生使用，或提供与教学相关的任务或职位让学生参与的社会单位，如企业、社区。社会资源提供方是第二课堂的重要行动主体，一方面通过提供资源，让学生能够顺利进行技能实践、素质培养和视野拓展的具体活动，提高学生与社会需求的匹配程度，另一方面凭依学校平台获得智力资源，满足用人需求。

二、第二课堂目标设置机制

习近平总书记在 2018 年 9 月 10 日召开的全国教育大会上指出，要把立德树人融入思想道德教育、文化知识教育、社会实践教育各环节，贯穿基础教育、职业教育、高等教育各领域，学科体系、教学体系、教材体系、管理体系要围绕这个目标来设计，教师要围绕这个目标来教，学生要围绕这个目标来学，凡是不利于实现这个目标的做法都要坚决改过来。[4]行为动力体系的目标设置机制主要涉及学生、教师与主管部门三类行动主体，通过对行动主体的活动进行量化的目标设定和引导，让行动主体能够向着立德树人目标的正确方向进行活动。

（一）构建目标设置机制的目的

1. 要求学生参加活动，鼓励学生自主学习

目前，高校对于学生参与第二课堂活动虽有总体上的倡导，并对参与第二课堂活动的次数等指标有一定要求，但由于学生的行为活动存在很大的自主性，学生个体是否参与、如何参与、参与哪些第二课堂活动缺乏更有效的引导。学生参与第二课堂活动时，对于第二课堂活动对自身发展的重要作用认识不足，兴趣和能力受到限制。[5]

行为动力体系通过设置学生参与第二课堂时要达成的学分目标，可以兼顾督促学生学习进展和鼓励学生进行主动性学习两方面。学生参加第二课堂活动理应成为大学生在校学习安排的重要组成部分，学校对于学生第二课堂活动应有明确的学分比例要求。学分目标还可以形成目标激励，提高学生的学习自主性和学习认同感。目标激励和对行为的肯定性评判能够激发学生主动参与、合作学习、乐于探究的学习素质，提升第二课堂学习的自觉性和执行力，并激发学生深层潜能，将其转化为学习实践动力。

2. 激发教师参与需要，提高教师重视程度

教师作为受过较好的教育、拥有充足的知识储备的群体，能否积极且正确地引导学生是第二课堂教育有效与否的重要影响因素。由于某些管理人员、教师认为第二课堂仅仅是第一课堂的补充和延伸，是丰富学生学习生活的一种工具，许多高校尚未对第二课堂做出具体教育计划，更不用说与第一课堂的教学环节同步规划了。此外，近年来的高校扩招导致第一、二课堂相互争夺时间和资源的现象严重，绝大多数高校首先考虑的是保证第一课堂教学，这就给教师的第二课堂教学设计形成了限制。[6]

在这种情况下，行为动力体系要求学校给教师设定具体且合理的第二课堂教学目标，并将教学目标与教师工作考核机制相联系，教师必须完成一定的工作量才能达到教学目标。教师为了通过考核会更多地参与到第二课堂的教学中，保证第二课堂教学质量；此外还能唤起教师对第二课堂教学工作的重视，扭转部分教师对第二课堂定位的误解，让教师将第二课堂教学与第一课堂教学放在同样的高度上进行教学。

3. 督促主管部门完成工作目标

各级团委在第二课堂工作中起着重要作用，而学校团委所面对的是具体学校的全体学生，承担着第二课堂具体制度的制定、过程管理和效果考核等工作。缺乏目标的团委难以完成第二课堂的管理工作，进而难以活跃校园文化、实现高校立德树人的教育目标[7]。行为动力体系对高校团委进行第二课堂的目标设置，要求高校团委必须更高效地完成第二课堂的各项工作任务，从而促进第一课堂和第二课堂的有效互补，培养德智体美劳全面发展的未来人才。

（二）理论运用：目标设置理论

目标设置机制基于美国学者洛克提出的目标设置理论。该理论认为，目标本身就具有激励作用，目标能把人的需要转变为动机，使人们的行为朝着一定的方向努力，并将自己的行为结果与既定的目标相对照，及时进行调整

和修正，从而实现目标。[8]

对学生来说，获取第二课堂学分是他们的学习需要，学分目标能够形成目标激励，学生会增强参加第二课堂活动的动机和进行学习的积极性。在这一学习过程中，学生逐渐增加活动的参与次数，并认真仔细地对待各项活动中的任务，这也有利于他们学到更多的知识，提升自己的能力素质。而对于教师群体，他们需要完成各类教学目标以通过教师考核，达成相应的工作量才能满足他们的考核需要。目标的存在促使他们产生第二课堂工作动机，进而更多地出现在第二课堂活动中。高校团委是第二课堂的主管部门，实施目标设置是提高管理效能，推动高校建设步伐的一条重要途径。设置工作目标能够给高校团委以适当的工作压力，激发团委的积极性和工作效率，并发挥良好的导向作用，引导高校团委按照立德树人目标正确设计和管理第二课堂内容。[9]

（三）如何构建各行动主体的目标设置机制

1. 基于学分管理的学生目标设置机制

（1）设置合理的学分目标

第二课堂的课程项目体系涉及思想素质养成、政治觉悟提升、文艺体育项目、志愿公益服务、创新创业创造、实践实习实训、技能特长培养等活动形式，行为动力体系要求应当在各学年里设计一系列科学合理、切实可行的量化学分目标，通过参加不同类型的活动以获得相应的学分，最后以是否获得足够的总学分作为是否完成第二课堂课程要求的评价标准。学分目标应当是学生通过一定时间的努力可以达到的，这样既不会让学生认为目标过于简单而轻视第二课堂的学习，也不会让学生感到过于繁重而产生畏难心理。这一系列目标应当能够契合学校的总体教学目标、学生处于不同专业的不同年级时侧重的不同教学需求，以及随着学生级数增加而不断增长的知识水平和能力水平。

例如，就实践教学而言，学校可以要求学生每学年应在第二课堂中达到20学分，并针对不同专业的第二课堂实践教学设计相应的学分目标。侧重实践的专业如工科专业，第二课堂总实践教学时间不应少于35周，每周按1学分计，且教学周均匀分布在每个学年，保证学生实践能力培养更具有连续性、持久性；此外，各年级都加入通识性专业技能教学，这一教学可以根据专业性质紧紧围绕第一课堂开设的课程同步进行。①

----

① 赵新宇. 吉林省高校第二课堂育人模式构建研究［D］. 吉林农业大学，2013.

（2）设计"必修＋选修"的目标实现途径

第二课堂的学分目标应当从学生需求出发，契合社会需求。目标的设置应当结合第二课堂的课程项目体系，在规定学生必须参加的活动类型和对应学分的同时，也允许学生根据自己的知识能力需求和兴趣选择其他类型的活动，学生最后获得的学分为必修活动的学分加上自行选择活动的学分之和，该总分达到规定的学分目标即可。这样既可以培养学生未来需要的技能和知识，还可以让学生更自由地选择自己想要学习的课程知识，鼓励学生自发自愿地参与第二课堂活动，去探索发现自己的兴趣。以西安文理学院为例，学院制定了《实施办法》，针对第二课堂活动专门设立6个必修学分，要求各年级学生根据本年级活动项目列表参与必修学分对应的活动，此外也鼓励学生自主选择多种类型的活动，如学科竞赛、读书阅览等，最后学生的必修学分和选修学分相加达到本年级的学分要求即可。

（3）借助学分目标，引导学生发展

通过设计第二课堂的学分目标，学校应当引导学生做出恰当的第二课堂活动选择，重视学生在完成目标过程中的产生的个人兴趣与求知需要，由教师等具有丰富经验和知识的人进行引导，鼓励他们在选择自己有兴趣的方向的基础上不断学习发展，最后达到一个令人赞叹的高度。例如北京理工大学为了更好地发挥第二课堂的德育实效，专门设置了领导小组，各学科专业教师参与学生的课外创新实践活动。通过校方和教师的引导，帮助学生增强对创新的兴趣，让有兴趣的学生能够自信、积极地参与创新活动。

2. 基于工作量评定的教师目标设置机制

由于教师参与指导第二课堂的工作内容不同，第二课堂教师工作目标的侧重点也应当是不同的，这样才能够更加科学地记录和衡量教师第二课堂工作状况。针对教师的目标设置应当考虑到如何鉴定、衡量和计算教师的第二课堂工作量，并使最终各个教师分配到的任务量是较为公平的。例如，可以规定教师每学年必须在第二课堂活动中完成不低于相当于平日教学课程32个学时的工作量，折算计入个人总工作量中，若结算时发现第二课堂工作量不足，则以其他课程工作量抵算。[10]教师每次参与指导学生活动时，应按程序向第二课堂主管部门进行登记，在考核期末时由主管部门统计教师一学期的第二课堂工作量，按照学校规定的办法进行折算，并与设定好的工作量目标进行比较。折算办法可以根据学校自主设计的第二课堂活动类型和内容来制定，比如西安文理学院将常规指导工作和单项活动指导分开进行折算，常规指导工作以学生数量为基准乘以固定参数得出分值，单项活动指导进行具体规定和设置对应分值。[11]

3. 上级部门主导的主管部门目标设置机制

高校行政部门制定目标时，易出现目标数量过多、内容缺乏规范性、将目标等同于工作计划等问题。上级团委可以将学校团委需要完成的第二课堂总目标层层分解成更为具体的各类项目指标，把抽象的目标内容转成切实的常规工作内容，让学校团委能够切实了解目标方向和应当完成的工作内容。[12]在高校团委的工作目标制定存在困难时，可以参考行政部门的工作目标，做如下考虑：前一学年中，该校第二课堂管理工作的哪些地方获得了改善？能否进行进一步改善？以往是否墨守成规？并根据这些考虑对目标进行调整。在实际工作中，上级团委要围绕这一工作目标对高校的管理方向和管理思路进行引导，帮助学校团委在正确的方向上进行工作。

三、第二课堂考核评价机制

习近平总书记在2018年召开的全国教育大会上强调，要深化教育体制改革，健全立德树人落实机制，扭转不科学的教育评价导向；要深化办学体制和教育管理改革，充分激发教育事业发展生机活力。公正有效的第二课堂考核评价机制不仅能够让行动主体乐于接受评价结果，还能对行动主体产生自我学习和提升的动力。学生在第二课堂中的活动记录评价与能力评估已在前面章节有详细介绍，本节主要介绍围绕教师、学生组织、主管部门和社会资源提供方构建的第二课堂考核评价机制。

（一）构建考核评价机制的目的

1. 帮助教师把握教学责任，激发教师个体需要

立德树人作为高校的根本任务，既是国家赋予教师的神圣使命，也是教师的岗位要求。建立第二课堂教师考核评价制度，是对教师在教育教学、人才培养过程中的权利、义务、责任做出规定，使教师能够清晰把握"治学"和"育人"职责[13]。教师在经历第二课堂工作考核评价的过程中，能够对自己一段时间以来的第二课堂工作成果有明确的认识，反思自身是否承担了应尽的教育责任。评价结果与教师的年终考核、职称评定、各类奖励等相挂钩，一方面参与不足、评价结果较差的教师会产生工作压力，另一方面评价结果也能激起教师对物质和成就的需要，为了提升评价结果而改善工作行为。

2. 规范学生组织汇报规则，驱动学生组织提升能力

学生组织既是由学生这一第二课堂的受教育方构成的组织，也是重要的校内资源提供方，另外学生组织一直是第二课堂的积极参与者，为学生和组

织内部成员提供许多实践的机会。但目前很多高校对学生组织的活动的策划、总结和记录的资料没有具体的掌握，对各社团的活动开展情况并不了解，活动信息只能靠社团自己的上报，造成上报信息可能存在不客观不准确的情况[14]。

对学生组织在第二课堂中的活动工作进行考核评价，有利于切实加强高校对学生组织工作的指导，为学生组织的发展提供战略性发展方向与规范性操作程序。同时，评价机制将学生组织举办的各项活动进行统计和评分，从而对社团的活动开展情况进行排名，让学生组织客观看待活动效果、了解自身能力水平。此外，评价结果形成的排名既可以作为奖励和表彰的依据，又可以运用于学生组织内部自省和主动对标，强化学生组织的学习内驱力。

3. 提醒主管部门重视考核，锻炼主管部门工作能力

校级层面的第二课堂主管部门，要引导全校共青团工作的重心，积极开展第二课堂的工作。高校第二课堂工作的评价机制尚未有足够的理论研究和实践经验，而高校职能部门考核往往存在"考核指标笼统、考核方法简单、考核结果边缘化"等问题，这使得有效的第二课堂主管部门评价机制的建设显得尤为重要。由上级团委监督，对高校团委的第二课堂工作进行具体细致的考核评价，能够唤起高校团委对考核结果的重视，不再将考核过程和领取评价结果当作例行公事；进一步地，为了通过考核，高校团委会积极地拓展工作思路、落实工作责任，对评价结果进行自检自查。在这一过程中，学校团委也能获得实际工作的锻炼，提升工作能力，增加工作经验。

4. 筛选优质社会资源提供方，驱使资源提供方调整行为

高校第二课堂引入社会资源提供方，是为了补充第二课堂的教育资源需求，获取高质量的资源以保证第二课堂活动的正常运转和教学质量。高校第二课堂设置各方评价指标体系来评价进入第二课堂的社会资源提供方，并结合该评价体系判定社会资源提供方是否可以达到第二课堂准入标准，是否帮助高校筛选出符合学校需求的社会资源提供方，能否选择有责任感、有能力的社会资源提供方深入合作，维持第二课堂资源的长期供给；还可以促使社会资源提供方根据校方设置的准入标准来调整和改善自己的行为，提高自身综合实力和资源储备，保证自身的良好口碑和声誉，以达到学校的考核要求。

（二）理论运用：激励的过程理论——公平理论

美国心理学家亚当斯提出的公平理论认为，职工的工作动机不仅受其所得到的绝对报酬（自己的实际收入）的影响，而且还会受其相对报酬（自己的收入与他人收入的比）的影响。每个人总是把自己付出的劳动和所得的报

酬同他人做比较，也同自己的过去收入做比较。如果个人的报酬与贡献的比率与他人的报酬与贡献的比率相等，他就会认为公平合理，从而心理心情舒畅，努力工作。否则，就会感到不公平而影响其工作积极性。与过去收入做比较也会产生同样的心理。对于参与了考核评价机制的各个行动主体来说，他们获得的评价结果就类似于职工获得的薪酬，若由于评价标准不符合行动主体情况、评价过程受到非客观因素的干扰，导致最终得不到和同类参与者相近的评价结果，会降低他们对第二课堂评价公正度的信心，进而减少对第二课堂的参与频率。因此，要制定科学公正的评价标准和措施，尽量做到评价标准化、制度化，排除各种干扰因子，并在实践中逐步调整、完善。这是消除不公平的重要途径，能够让行动主体感到评价结果是公平公正的，从而愿意接受第二课堂的考核评价。

（三）如何构建各行动主体的考核评价机制

1. 建立"德、能、勤、绩"为核心的教师工作评价体系

考核评价机制要求每学期对指导教师进行一次全面性的评估，指导教师评估考核等级为优秀、合格及不合格。完成工作量且评价等级在合格及以上的教师，发放对应工作量的课时酬金，工作评价计入年终考核并进行加分；未完成工作量或评价等级为不合格的教师，则受到批评教育、扣除奖金、年终考核减分等惩罚。评价结果同时会作为聘任、职称晋升、津贴发放、一次性奖励等评定的依据。考核内容以"德、能、勤、绩"四个方面为核心，结合高校实际情况设置具体考核指标，其中"德"主要包括政治思想和职业道德等，"能"主要包括专业理论水平、技术能力等，"勤"包括工作的积极性和出勤率，"绩"包括工作业绩、管理工作的成绩和贡献等。考核重点以履行岗位职责、第二课堂的教学效果及个人工作业绩为主。在对教师的工作进行评价时，应将个人自评、学生评价、教师互评、领导评价等多方评价主体的评分结合起来，尤其要注意学生对教师的评价，要广泛调查该指导教师所指导的学生群体对教师的态度。通过在学生群体中发放问卷，调查学生对教师在第二课堂教学中"德、能、勤、绩"等方面的评价，对回收的问卷进行数据分析和统计，最后算出学生群体打分并纳入评价结果。

2. 依托第二课堂数据平台，建设学生组织评价机制

学生组织在第二课堂中的考核评价，可以按照学生评价、指导教师评价和学生组织自评等三个方面，每学期期末时进行综合评定。评价时可以依托第二课堂数据信息体系，学生组织应当在平时每次举办第二课堂活动时将活动名称、活动类型、活动内容、活动级别、参与人数、所属社团、相关文档

和图片信息等资料上传到第二课堂数据平台，作为考核的记录支撑和资料存档。在期末评定时，各评价主体根据学生组织举办活动的亲身体验和资料记录，对学生组织进行打分。在让评价主体进行评价时，应从不同评价主体的视角出发分别设计评价指标，如学生可以从活动组织情况、活动难易度、参与感受等方面对学生组织进行评价，而指导教师可以从活动主题深度、活动执行效率、教师互动程度等方面做出评价。最后由第二课堂主管部门即高校团委对各方评价主体打出的分数进行一定规则的计算（如采用加权平均方式）得出总分，记为学生组织的工作评价结果。

3. 构建符合"立德树人"育人目标的主管部门评价体系

对高校团委第二课堂工作进行考核评价时，应当根据第二课堂的学生工作内容划定各类考核指标。指标设计时要确保其具有导向性、系统性、可操作性和动态性，能够适应立德树人育人目标的要求和不断变化的实际学生工作情况。考核的一级指标应当覆盖第二课堂学生工作的指导思想、组织保障、日常管理、效果评价等部分，再针对高校实际情况对一级指标进行细分。在对指标赋予权重时突出第二课堂的日常管理和效果评价，以便清晰直观地看到该校的第二课堂管理成效。另外，当对主管部门进行评价时，应以学生、教师、学生组织和社会资源提供方等各方行动主体就参与第二课堂的实际感受为参考，汇总各方评分后由高校的学生工作领导小组进行审核和确定最终成绩。① 上级团委应当对高校团委的目标完成情况、工作评价过程和结果进行监督和记录，作为对高校团委工作考核和评优的依据，也通过监督确保高校评价过程和评价结果的真实可信。

4. 建立社会资源提供方的体验分享和口碑评价机制

社会资源提供方作为参与第二课堂的校外单位，在切实进行合作以前，其他行动主体缺乏对社会资源提供方的了解，也缺乏对社会资源提供方的行为牵制力。因此设立社会资源提供方的准入机制，需要政府和有关行政部门的参与和把控。要设计社会资源提供方的体验分享和口碑评价机制，先让企事业单位在第二课堂中进行"试用期"，让政府、行业、学校、学生等相关各方，通过公开的体验评价对企事业单位进行资质认定，具有认可的资质的企业方可长期参与第二课堂活动；另一方面，评价制度也将成为政府在准入和合作方面配置资源的依据，政府依据评价结果，对企事业单位进行资格确认、

---

① 盛洁. 高校学生工作评价体系的构建 [J]. 赤峰学院学报：自然科学版，2015，31（11）：264 – 267.

经费划给和奖项评定。除此之外，政府和有关行政部门应当制定分行业的第二课堂合作准则和指导手册，引导企事业单位正确有效地参与第二课堂活动，提高第二课堂教学质量，改善企事业单位的评价结果。[15]

四、第二课堂牵引机制

为了教育事业的长足发展，要深化办学体制和教育管理改革，充分激发教育事业发展生机活力。牵引机制作为提高第二课堂行为活力的重要机制，是第二课堂行为动力体系中涉及主体最多的部分，也是激励理论运用最为广泛的部分。牵引机制强调对行动主体需要与期望的满足，使用物质和精神激励为行动主体创造内驱力，运用对标管理让行动主体受到外驱力，维持行动主体在第二课堂中的行为活力。

（一）构建牵引机制的目的

1. 满足学生对激励的需要，形成榜样激励作用

近年来，大多数高校已经对学生参与第二课堂活动制定了内容相对完整、层次和目标较为明确的激励性制度。而在上海进行的一项高校学生参与第二课堂活动的调查中发现，学生对于"加强精神支持，如表彰、鼓励"的需要已经高于对资源、制度支持的需要。牵引机制通过对积极参加第二课堂活动、在第二课堂中取得优秀成绩的学生进行奖励，特别是精神奖励，刺激学生通过第二课堂活动满足自己的需要。此外，由于在第二课堂存在成绩的对标管理，学生能够直观看到自己在总体中的情况和表现优秀的榜样示范，学生在有榜样示范的情况下更容易提升自我效能感和能力水平，在看到自己完成学分目标情况时也能够激发提升自我效能感和能力水平的欲望。

2. 提升教师参与期望，引导教师进行对标

在当下，教师对于参与第二课堂活动的期望程度并不够高，认为很难从第二课堂中得到物质与精神上的收益。激励理论要求牵引机制和评价机制紧密联系，通过鼓励教师参与第二课堂活动、对教师的第二课堂工作评价结果做出排名，并对其中表现优秀者进行物质或精神上的奖赏，让教师产生在第二课堂中满足物质与精神需要的期望。因此教师为了更好地表现自己、获取奖励，会主动改善自己在第二课堂活动中的行为。另外，由于第二课堂的评价结果纳入教师的教学工作考核、职称评定、职位提拔等方面，第二课堂工作中表现突出者亦可凭借评价结果通过职称评定得到职位提拔，对其他教师起到榜样激励的作用。

3. 引导学生组织活动方向，提高学生组织成就需要

学生组织希望在第二课堂中锻炼服务水平、争取荣誉。牵引机制要通过符合第二课堂教育要求且表现出众的学生组织进行奖励，如进行表彰或拨给经费，将学生组织的行为向学校第二课堂的教学目标引导；并借此驱动学生组织争取奖项，刺激学生组织相互之间进行良性竞争，从而普遍提高学生组织在第二课堂活动中的服务质量，提升第二课堂活动的效果。

4. 维持校友良好关系，树立优秀校友榜样

近年来高校日益重视校友资源，希望通过开发校友资源，为在校大学生创业、就业提供帮助，实现人才培养与社会发展的良性互动。牵引机制要考虑到校友作为社会资源提供方希望从第二课堂获得利益以外，还希望持续和学校保持良好关系的动机，通过对参加第二课堂活动的校友增加补贴和奖金、发放荣誉称号等行为，促使更多校友主动参与到高校的第二课堂活动中来，以补充第二课堂资源；并且还要考虑利用优秀校友的榜样效应做宣传，给在校学生树立良好榜样，激励在校学生向优秀校友学习，从而提升第二课堂教学效果。

5. 鼓励主管部门提高工作质量

高校团委的工作情况需要得到上级团委的认可，而牵引机制将高校的第二课堂实施情况与高校团委工作的评奖评优挂钩，在第二课堂工作中有突出表现的高校能够在下一年获得奖励[16]，这使高校团委有可能通过高质量完成工作内容帮助学校获得额外的财政奖励和荣誉，激发高校团委的工作积极性，提高工作质量。

6. 吸引社会资源提供方参与第二课堂活动

为了鼓励社会资源提供方特别是企业参与到高校教学中，政府往往通过实施一些政策，激励企业的科研活动。然而，由于缺乏专业的监管组织，政府推出的相关优惠政策在落实过程中没有足够的监督，可能存在一些政策落实不到位、社会资源提供方得不到实际的优惠减免[17]等问题，因此打击了资源提供方的积极性，也让资源提供方和校方更容易产生纠纷。牵引机制应通过完善的政策激励，让社会资源提供方获得税收减免、补贴等政策优惠，并减少研发成本、经营成本和信息搜索成本，以尽可能吸引更多的社会资源提供方愿意参与学校的活动，扩大学校的合作方选择面。

（二）理论运用——激励的成就需要理论、期望理论和强化理论

牵引机制主要运用了成就需要理论、期望理论和正强化理论。

美国管理学家麦克利兰提出的成就需要理论认为，人的一生中有些需要

是在后天获得的。而人们成就的需要、权力的需要和依附的需要是被研究最多的。成就需要是指人们争取成功、追求优越，希望克服困难后得到好结果的需要。权利需要是指影响或控制他人且不受他人控制的需要。依附需要是指建立友好亲密的人际关系，寻求被他人喜爱和接纳并回避冲突的需要。弗鲁姆的期望理论认为，只有当人们预期到某一行为能给个人带来有吸引力的结果时，个人才会采取特定的行动。斯金纳的强化理论主张对激励进行有针对性的刺激，只看员工的行为及其结果之间的关系，认为人的行为是其所获刺激的函数。

行动主体们在第二课堂中普遍有成就的需要、依附的需要和权力的需要并各有侧重，如学生更希望获得好成绩和建立良好的同学关系，而教师希望能够获得管理和指导学生的权力。同时，行动主体更倾向在第二课堂中满足高层次的需要如学习新知识和受到尊重，这要求牵引机制在设计时要从满足行动主体不同需要的角度出发。行动主体因为对第二课堂抱有良好期望，认为第二课堂能够帮助自身进步、获取荣誉或利益才愿意参与第二课堂活动。因此需要设置奖励来刺激原本期望程度低的行动主体提高期望，让原本就存在较高期望的行动主体尽快调整自己的行为以追逐奖励；需要通过树立榜样、鼓励对标的方式，对行动主体进行间隔式的正强化；需要强调一次性奖励，以奖项、奖金等物质激励和表彰、赞扬等精神激励作为强化物，对行动主体进行鼓励和引导，保持行动主体在活动中的积极正面心态。

（三）如何构建牵引机制

1. 设立第二课堂学生荣誉体系，进行正式表彰宣传

学校颁发的荣誉奖项和提供的推免推优资格代表了学校对学生的认可，一直以来都受到学生的普遍重视[18]，许多学生为了获得荣誉和机会会进行持续不懈的努力。在牵引机制中，应当精心设立符合高校育人宗旨的荣誉体系，包含第二课堂各类活动荣誉和奖项，保证学生能够向正确的方向努力，否则可能会导致荣誉指向与育人初衷相背离。推优推免资格可以和第二课堂的成绩挂钩，第二课堂成绩作为学习成绩的一部分，按权重纳入学生的综合排名中，有利于激发学生向更好的名次和成绩冲刺的动力。在表彰和公示获得荣誉和推优推免资格的学生时，除了给予物质上的奖学金、奖状等奖励以外，学校应当让受到表彰的学生获得充分的自豪感，例如将在第二课堂比赛项目中获得奖项的学生名单公布在学院官网上，举办颁奖典礼，或对第二课堂活动中表现特别出色的学生进行专访并汇成文案进行宣传。通过这种精神上的激励和支持，鼓励他们继续进步，同时也可以让还没有获得荣誉的学生意识

到自己可以向这样的榜样学习，通过积极努力获得荣誉，激发未获得荣誉学生的成就需要。①

2. 正强化教师参与行为，提供更多奖励机会

牵引机制要求对教师群体的参与行为更多地进行正强化，不仅对在第二课堂中有突出成绩的教师进行表彰和鼓励，对于那些由于工作繁重或其他原因尚未取得明显工作成效，但一直认真对待第二课堂工作，并较之其之前工作有较大进步的教师也要适当地奖励，例如在年终考核时加分，以此充分调动广大教师主动参与学生第二课堂活动的积极性、主动性。高校教师存在着好胜心强、不甘落后的心理特点，将工作评价结果公开排名，并对表现优秀的教师进行公开嘉奖、表扬、增加奖金等，能够适当维持和鼓励教师间的竞争，激发教师学习和工作的热情。以北京理工大学机械与车辆学院为例，学院每年都会组织"我爱我师"先进德育工作者评选，该活动由学院的学生会主办，以问卷和访谈的形式在学生群体中广泛调查，由学生评选出的优秀教师将会在学院的毕业晚会或毕业典礼上受到表彰。

3. 重视学生组织成员引导，促进学生组织发展

在激励学生组织时，要以学生组织为单位，依托第二课堂数据平台，通过公平的多方评价机制对学生组织在第二课堂中的参与表现进行民主公开的评价，并给表现好的学生组织以评优评先、获得奖励经费的机会。进行集体性的评价不仅对组织内的成员产生正面的激励，深刻地影响个人的观念和态度，更有助于学生组织认清自身能力并激发提升能力、获取荣誉的动机。教师在学生组织日常运行中也要加强对学生组织的指导，协助规范组织活动及树立正确的价值观。教师可以对成员进行未来就业发展的指导，让组织成员以自我激励为内在动力，在满足自身就业能力需要时，也为组织共同目标而努力。此外，还可建立成员能力培训机制，向组织成员提供培训机会，以此为今后个人发展提供条件②，也能间接地提高学生组织的服务能力。

4. 运营维持校友组织，推出优秀校友典范

对于社会上的校友群体，除了可以使用社会资源提供方的激励方式来对校友群体进行激励以外，还应当积极发挥校友的榜样力量。学校应当建立和参与运营校友会，通过校友会等渠道保持与校友的情感交流，维护双方的联

---

① 曲莎莎，耿睿. 美国高校学生荣誉体系的特点与启示［J］. 黑龙江高教研究，2013，31（11）：48－51.

② 周佩. 高校学生组织的激励管理——基于双因素理论［J］. 才智，2018（15）：119.

系，鼓励校友主动返校进行活动，向在校学生传授经验和社会知识，让学生了解未来的发展途径和社会状况。例如，如果学校想鼓励学生参与创业活动，可以通过多种形式，如创业论坛、媒体报道等，把成功的校友创业典范介绍给大学生。通过校友与学生的密切交流，让学生进一步了解创业的艰辛、成功的喜悦，积累宝贵的创业经验[19]；同时树立校友榜样，让学生学习优秀的校友典型，进而提升学生的技能水平和自我效能感。例如，在校网上推出校友介绍专栏，介绍优秀校友事迹，这样可以使在校学生对学校和毕业校友的成就产生自豪感，也可以满足校友的尊重需要和自我成就需要，帮助校友扩大自己的影响力。

5. 创设第二课堂主管部门激励体制

在设计和实施各类第二课堂活动时，高校团委需要充足的资金支持，用经费来购买课程需要的各类资源，或者设立新的项目。为激励高校团委，可以对高校团委的第二课堂工作成果设立荣誉体系，经过评选获得荣誉的学校团委可以得到表彰以及针对第二课堂的资金支持。该机制可以效仿高校内部的团总支激励体制，在高校内获得"红旗团总支"等荣誉的基层团总支会受到上级表彰和项目资金的奖励。对各高校的激励机制也可以进行类似的设计，奖励经费实行非均衡投入，鼓励高校间相互竞争以获取校级荣誉。由此学校团委会受到鼓舞，更精心设计和举办各类第二课堂活动，减少对第二课堂任务的倦怠感。同时，在使用奖励经费的过程中学校团委需要受到上级团委的监督，以保证资金的投入是有效果的。

6. 完善政策体系和管理机制，增强社会资源提供方参与信心

政府为了吸引企事业单位参与第二课堂，通常都会给愿意且顺利进入第二课堂的企事业单位以相应的优惠政策，以补贴企业的成本支出，增加企业的实际收入。而目前，许多相关的优惠政策由于各种原因无法完全落地，同时由于对双方责、权、利的规定比较模糊，企事业单位难以长期和学校进行沟通和合作。因此，各级政府可以学习外国经验，制定和完善相关的政策体系，在财政、税收、信贷、奖励政策、知识产权等方面引导和激励企事业单位，提升企事业单位对高校合作机制的信任，并且定期让地方部门进行政策实施情况的监督和审核。[20]此外，还可以通过政府划拨、社会捐赠、企业投资等融资渠道，采取必要的经济措施来推动更多企事业单位进入第二课堂，如引导成立高校共青团第二课堂发展与服务创新基金，对专注于第二课堂服务或产品创新的优质机构提供专业的融资服务。

除了政策保障外，政府还应当进行管理机制的完善，包括法律法规的制

定与补充、高校教育办学体制的完善等，使企事业单位的行为有法可依，政府及第二课堂主管部门的奖惩和管理行为有法可循。以高校合作教育为例，在美国，很早就开始重视企事业单位与高校合作的作用和效果，目前已经成立了国家合作教育委员会，负责协调全美院校的合作教育工作[21]，并且还有各类国家合作教育组织、州合作教育组织和学生合作教育组织对合作教育进行管理。为了支持合作教育，联邦还出台了一系列包含合作教育内容的法律，如《职业教育法》及其修正案和《高等教育法》及其修正案，以法律形式确保在合作中企事业单位的合法利益不受侵害，同时明确了职业教育公平和区域均衡发展，为参与高校教学的企事业单位提供保障，增强他们的信心。①

五、第二课堂反馈机制

在目前的第二课堂体制中，学生、教师、学生组织、校友和主管部门由于存在学习与工作上的各种联系，可以较为方便地通过各类校内渠道获得第二课堂信息和评价，进行活动沟通和反馈；而社会资源提供方处于校园环境之外，平日与高校少有合作上的联系，在第二课堂的信息沟通反馈中处于较为被动和闭塞的地位，因此本节重点探讨如何构建以社会资源提供方为主体的反馈机制。

（一）构建社会资源提供方反馈机制的目的

社会资源提供方与高校进行的合作往往是临时性、阶段性的合作，只有在需要落实订单培养、基地建设、实习上岗等事项时双方的人员才会进行联系面谈。[22]社会资源提供方和高校的联系频率少，对第二课堂的制度和活动内容不够了解，缺乏互动交流的平台，这不利于社会资源提供方深入参与第二课堂活动。行为动力体系应当构建完善的反馈机制，通过建设长期稳定的信息沟通渠道来加强高校与社会资源提供方的联系，提高学生、教师、主管部门和企事业单位就第二课堂活动的内容成效、存在问题进行沟通和处理的效率；让企事业单位将己方的可以提供的资源、用人需求和技术需求、对第二课堂活动的看法和建议进行及时有效的反馈，方便校方与企事业单位共同将第二课堂活动项目内容进行合理调整，以在符合第二课堂教学目标的前提下有效契合企事业单位的需要。此外，反馈机制让学校能够通过社会资源提供方了解目前社会上对学生实践能力的真实需求，从课程项目设置、学生行

---

① 董英，徐峥，赵福江. 美国高校合作教育百年的经验与挑战［J］. 职业技术教育，2015，36（4）：64 – 68.

为记录评价和学生能力评估等多个方面进行调整，引导学生积极发展与社会需求相契合的专业能力和实践能力。

（二）如何构建社会资源提供方的反馈机制

高校与社会资源提供方的合作是以双方需要为导向，因此在设计反馈机制时要充分顾及资源提供方希望从第二课堂中获取自己需要的人力资源、技术资源，重视企事业单位在反馈时提出的需要和建议。高校可以效仿校企联合模式下的项目做法，如高校本科学生的课程设计与企业的作品需求可以进行定向结合，通过导师和企业进行联系，根据企业生产中亟需解决的问题或企业相关科研内容设置课程题目，让学生开展定向研究和完成相应设计。同时，可以引入合作协调员机制，协调员承担双方需求调查、学生创业调研、项目洽谈等工作，推动高校项目与企业需求相匹配。[23]

此外，高校可以建设专门的沟通渠道来了解企事业单位对于第二课堂人才培育的感受，从而了解本校第二课堂的活动效果乃至学生的进步情况；可以建设专门的联络途径来获得参与活动的企事业具体部门就第二课堂活动对企业影响的反馈。就业指导部门在进行毕业生跟踪调查时也要把毕业生对合作企事业单位内部环境的适应状况作为重要参考，让企业切身感受到合作办学的重要性，形成相互依赖的"利益共同体"，从而转变观念，将校企合作变成自觉行为。

本章小结

本章从目标设置、考核评价机制、牵引机制和反馈机制四个机制的角度出发，说明构建第二课堂行为动力体系的重要性。目标设置能够对行动主体产生目标激励的作用，考核评价机制给予行动主体客观的工作评价和适当的压力，牵引机制主要通过物质和精神激励的方式对行动主体的需要、动机和行为产生刺激，反馈机制则帮助行动主体建立第二课堂信息反馈和沟通的渠道。

虽然，本章对如何构建第二课堂行为动力体系提出了一些建议，但笔者认为仍有一些尚待补充完善的问题：第一，本章主要是从高校整体的角度来讨论第二课堂行为动力体系的构建，而目前对于不同类型高校的第二课堂机制构建的研究，特别是针对学术研究型大学的第二课堂构建机制的研究依然较为缺乏，这是未来可以重点关注的领域；第二，一直以来校级团委都被理所应当地看作是第二课堂活动的主要组织者，但如何激发校级团委对第二课堂工作的积极性、让校级团委从被动完成工作转为主动参与工作，是很少有人研究的问题，也缺乏相应的文献和实践经验支撑；第三，高校与企事业单位合作教学的情况已经越来越普遍，然而高校希望积极合作而企事业单位对合作缺乏热情的状况较为常见，因此现有的国内研究多集中于如何通过激励手段提高企事业单位参与高校教学的热情，对企事业单位的资质进行科学的考核评价则普遍不受重视。

参考文献

［1］刘永芳. 管理心理学［M］. 北京：清华大学出版社. 2008.

［2］团中央、教育部印发《关于在高校实施共青团"第二课堂成绩单"制度的意见》［EB/OL］. 中国青年网，2018 – 07 – 06.

［3］关燮强，陈紫珺，何妙芳，等. 浅析学生组织在高校人才培养中的作用、现状及对策——以广东外语外贸大学为例［J］. 福建教育学院学报，2016，17（1）：30 – 34.

［4］习近平出席全国教育大会并发表重要讲话［EB/OL］. http：//www. xinhuanet. com/photo/2018 – 09/10/c_ 1123406346. html.

［5］严毛新. 我国高校第二课堂活动的现状及对策［J］. 浙江工商大学学报，2006（1）：81 – 85.

［6］赵艳艳. 我国高校第一课堂与第二课堂统合育人问题研究［D］. 青岛：中国石油大学（华东），2016.

［7］王建兴，刘翠翠. 论高校团委如何发挥基层团组织的主动性［J］. 科技信息（科学教研），2007（18）：164，149.

［8］王德清. 现代管理学原理［M］. 重庆：西南师范大学出版社，2007.

［9］于力. 高校行政部门目标管理中的目标制定研究［J］. 呼伦贝尔学院学报，2013，21（5）：30 – 32.

［10］魏蕾. 基于第二课堂的大学生素质培养体系研究［D］. 昆明：昆明理工大学，2009.

［11］西安文理学院教师指导第二课堂活动工作量化办法［EB/OL］. wenku. baidu. com/view/86be8f00f5335a8102d220f2. html.

［12］王建兴，刘翠翠. 论高校团委如何发挥基层团组织的主动性［J］. 科技信息（科学教研），2007（18）：164，149.

［13］谭秀森. 论高校立德树人根本任务的实现机制［J］. 思想教育研究，2013（11）：51 – 54.

[14] 陈星. 论高校学生社团管理的信息化建设 [J]. 旅游纵览（下半月），2013（11）：216.

[15] 和震. 职业教育校企合作中的问题与促进政策分析 [J]. 中国高教研究，2013（1）：90－93.

[16] 何农，何卫妹. 某高校工作目标责任制考核体系解析 [J]. 人才资源开发，2005（1）：47－49.

[17] 梅冉. 校企合作模式下的第二课堂实践与研究 [J]. 经贸实践，2018（13）：347，349.

[18] 曲莎莎，耿睿. 美国高校学生荣誉体系的特点与启示 [J]. 黑龙江高教研究，2013，31（11）：48－51.

[19] 王玉琼. 依托校友资源推动在校大学生创新创业的可行性研究 [J]. 西部素质教育，2018，4（6）：125－126.

[20] 洪贞银. 高等职业教育校企深度合作的若干问题及其思考 [J]. 高等教育研究，2010，31（3）：58－63.

[21] 石丽敏. 国外校企合作办学模式的分析与研究 [J]. 高等农业教育，2006（12）：81－84.

[22] 王振洪，邵建东. 构建利益共同体推进校企深度合作 [J]. 中国高等教育，2011（Z1）：61－63.

[23] 金峰，蒋华朋，崔妍. 基于第二课堂的高校学生就业能力培养模式研究——以校企合作开展专业实践为例 [J]. 求知导刊，2015（18）：38－40.

第十三章

构建动态管理体系，促进第二课堂更新迭代

引言

动态管理体系是共青团"第二课堂成绩单"制度的实施保障。要理顺第二课堂的信息反馈系统，通过信息反馈，揭示第二课堂育人实践活动中的不足之处，促进第二课堂运行体系不断地自我调节和优化，以逐渐趋于稳定和完善。要立足立德树人，建立标准健全、多方参与、多级评价的共青团第二课堂质量监测评估体系，充分运用互联网、大数据等现代信息技术，对学生参与第二课堂情况进行分析评价，科学评估第二课堂育人成效，动态调整第二课堂课程项目体系，促进第二课堂活动完善与迭代。

一、第二课堂动态管理的重要性及现状

（一）对第二课堂进行动态管理的重要性

第二课堂强调以学习目标为导向、教师作为引导者、学生作为学习的主体。因此，在第二课堂的管理中应对第二课堂管理体系进行检验、分析、控制及评价，以确保建立合理的第二课堂管理体系，并在此基础上不断改进优化，更好地适应社会、学校、学生等各种利益相关者的需要。

对第二课堂活动的管理直接影响到对学生素质能力的培养质量，进而影响到学校在行业内甚至是社会上的声誉。[1]动态管理是一套行之有效的科学管理手段和方法，通过动态地评估反馈机制能够不断地发现管理过程中存在的问题并解决优化。第二课堂的管理不同于一般教育的管理，它的不确定性和灵活性更大，管理体系更为复杂，需要更人性化的管理。在第二课堂活动的过程中建立动态管理体系，能够在活动开展的各个时间和环节及时地了解到提高学生素质能力所需要具备的资源和条件、学生对于教学质量的意见和要求，教师能够随时掌握学生的学习状况和其能力提升需求，校方及专家等利益相关方能够随机监测教学质量、评估第二课堂教学效果。动态管理体系能

够有效地加强第二课堂中的质量管理，以达到持续、稳定地提高第二课堂教学质量的目的，从而使得学生的素质能力能够在此动态过程中获得更有效的提升。

第二课堂管理体系中包括数据信息体系、能力评估体系、能力素质体系、记录评价体系、课程项目体系这五个模块，管理的目的是让五个模块形成一个行为动力体系，彼此之间相互关联相互影响。建立第二课堂动力体系的意义在于使这五个模块在交叉循环过程中能够不断优化，不断更新提升，为更有效的价值应用体系提供坚实的基础，实现第二课堂为个人成长生涯提供指导、为社会培养匹配供需的人才、给科学决策和研究提供支撑的目的。

（二）第二课堂动态管理尚存的问题和原因分析

1. 计划层面

在对第二课堂的动态管理中，首先是明确问题出处，制定对应的解决计划，但往往在实际的管理过程中，管理者通常没有做到细致的规划。这是由于没有明确管理中存在的问题，或乐于布置任务、做决策，但是并没有根据实际做出详细的规划，以一个没有导向性的计划或者没有明确具体操作过程、解决问题方式及手段的文件作为行动大纲，也没有对计划的设计过程和质量进行监督和把关。其次是参与第二课堂管理计划的人员专业水平不高或者参与主体过于单一，各种政策、制度、计划缺乏论证，导致其针对性、可行性、连续性不强。

2. 实施过程/执行力[2]

第二课堂管理者可能倾向于布置任务、做决定，却没有对政策、计划、任务的执行进行持续有效的监督和检查，导致优化循环过程中解决问题的速度降低。第二课堂管理参与主体很多，但是各执行层之间缺乏沟通协调，不能及时做到总结和信息反馈。重复执行相同的计划，或者是参与管理的执行者任务分配不明确，缺乏执行可行的方法。另外在工作态度上，执行者不认真，弱化了执行的标准，以致于实现不了优化管理的目的。第二课堂管理者在执行理念上不能与时俱进，缺乏主动性、创造性、积极性。

3. 管理监测评估

在第二课堂动态管理体系中缺乏科学的监督考核评估体系，容易造成执行没人监督，政策没有监督办法保障，出现问题时不能跳出问题看问题，不寻求解决问题的方法而是常常纠缠在追究谁的责任、如何推卸自己的责任中。或者即便是有监督检测评估体系，但是并不能合适地匹配第二课堂的实际需求，不能对第二课堂管理体系的循环起到优化和监督作用。

4. 结果反馈

第二课堂动态管理体系中重要的一环就是对于执行结果的反馈，第二课堂管理决策者需要对管理过程中的反馈结果进行反思总结、积累经验，才能制定下一步的管理计划，这既是一轮动态管理的结束，也是新一轮优化循环的开始，所以缺少反馈的渠道容易导致管理决策者无法得到真实反馈的信息，无法明确第二课堂管理的现状和下一步计划目标。同时，参与到结果反馈中的主体也很重要，每个主体看待问题、分析问题的方式和侧重的角度都不同，缺少反馈主体必然会使得管理体系缺少优化支持。除此之外，面对海量且不定时的结果反馈信息，缺少必要的信息处理系统而仅靠人力处理效率极低，这也会延长动态管理体系优化的时间。

5. 问题处理、优化改善及预警机制

第二课堂管理体系中问题处理和优化改善环节出现的问题，主要集中在缺少必要的技术支持、解决渠道，方式和手段单一，参与主体过少方面。并且，在第二课堂管理体系中缺乏预警机制，一旦出现问题很难及时发现，发生问题时解决的时间过长。这些都会导致第二课堂管理无法形成一个动态的优化循环。

二、构建第二课堂动态管理体系

建立第二课堂动态管理体系，要采用过程方法模式。建立动态管理体系，就是对"教育服务"实现过程和支持过程所形成的过程网络实施控制，通过识别与体系相关的过程，确定过程相互作用并确保过程有效运行和受控，运用 PDCA（即计划—实施—检查—处理）方法，以实现第二课堂动态管理的持续改进。

第二课堂教学体系的管理过程大体上分为发现问题、制定解决方案的计划阶段（Plan）、优化措施实施阶段（Do）、问题改善成果检验阶段（Check）和评估反馈改进阶段（Act）。第二课堂项目管理与一般的项目管理乃至常规的课堂管理有所不同，首先项目主体是每年都在不断更新的学生，其次第二课堂的建立就是为了弥补常规课堂中通识教育无法为学生提供的非认知能力培养。每个学生的性格特点、能力大小、技能偏好各有不同，其间出现的问题也时刻处于动态变化当中，所以对于第二课堂的管理也需要不断地循环进行。为了提高第二课堂管理体系在下一轮管理实施过程中的质量，动态调整的每个部分都要严格按照四个阶段实施，从而形成层层递进、互为补充、不断优化的第二课堂管理体系。PDCA 循环应用到第二课堂管理体系过程中后将会不断循环，及时发现并持续改善第二课堂管理中存在的问题，使得第二课堂的教学质量、学生的素质能力持续提升。

第二课堂动态管理的过程其实也就是一个发现问题解决问题的过程，在这个不断优化的过程中计划、执行、检查和处理这四个链条缺一不可。之所以需要计划，是因为动态管理的第一步需要找到第二课堂管理体系中存在的问题，然后明确目标，确定要改善的部分，其次是分析在第二课堂管理过程中产生问题的原因，对 5W1H（Why、What、Where、Who、When、How）进行调研，对第二课堂管理中拟解决的问题做好规划，最后找出影响最大的原因并确定解决方案，制定解决措施。既然制定了计划，接下来就是严格按照确定的措施实施计划。检查阶段也尤为重要，在这个过程中需要搜集大量有关的信息，对优化管理机制中的方案、执行过程以及效果进行评估和反馈，将得到的结果投入处理阶段中。在处理阶段，根据标准化的结果找到优化第二课堂管理体系过程中遗留的问题，总结经验教训，并把未解决的问题投入到下一次的第二课堂动态管理体系优化过程中去。在这样一个循环往复的过程中，原有问题解决了，可能会产生新的问题，需要持续不断解决。

第二课堂动态管理体系具有以下特点[1]：

（1）第二课堂动态管理体系是一个大环套小环、相互促进的循环体系。整个第二课堂的质量管理体系构成一个大的优化循环，管理中涉及的每个群体乃至参与到第二课堂活动中的个人都有自己的优化循环过程。这样就形成了大环套小环、环环相扣、不断推进的体系。

（2）第二课堂动态管理体系是不断提高的。它能够使得第二课堂的管理质量呈螺旋式上升，每经历一次这样的动态循环，第二课堂的管理的质量都能得以提升。

（3）第二课堂动态管理体系的关键环节是最后的处理阶段。这既是一轮管理优化循环的结束，也是新一轮提高管理质量的开始，是循环链的连接点。在这一轮的优化循环中，对第二课堂管理中存在的问题、改善的效果都要及时总结、归纳、反思，并且制定新一轮的优化计划，将新发现的问题或是遗留的问题投入到下一轮的第二课堂动态管理体系中去。

（一）建立第二课堂管理系统

要对第二课堂的管理系统进行动态化的管理，首先要明确管理的主体，那么首先应该建立一个第二课堂管理系统，其功能是具体计划与执行第二课堂管理体系中的每一个动态流程。该系统按照管理的范围主要分为两大管理主体，即第二课堂管理系统中可以细分为两个二级子系统——行政管理系统和专家管理系统。

1. 行政管理系统

行政管理系统主要由学校的行政部门和主管教学的部门组成，这些部门与第二课堂教学质量密切相关，能够及时掌握第二课堂教学管理质量最新的信息，从而能够及时发现学生对于能力素质提升的要求与管理机制中存在的差异。他们可以通过行政管理的手段对第二课堂管理与需求不匹配的地方及时做出调整，针对具体的问题对管理活动进行计划、组织、协调，对动态管理实习过程进行监督和检查，确保第二课堂的管理体系能够循环优化，符合提升学生素质能力的需求。

2. 专家管理系统

专家管理系统中的组成人员是学校的学术委员会及其学院的学术委员会成员，委员会组成人员可以是校内也可以是校外特聘的教育管理专家，他们作为一个独立的部门只接受学校的管理决策者领导，可以为行政管理系统提供消息和咨询依据。所以专家也是第二课堂动态管理体系中重要的管理者组成部分，这个管理体系充分利用了专家的优势，他们能够提出比其他群体更为专业化和建设性的制度和改善意见，他们对于管理过程及结果有前瞻性和预见性，不但能够发现第二课堂管理过程中存在的问题，还能预防相关的、潜在问题的发生，所以专家作为管理体系中的一部分，也是第二课堂动态管理体系预警机制中不可或缺的元素。

（二）建立第二课堂管理评估系统

管理评估系统是动态管理系统的主要组成部分，在第二课堂动态管理中有效地实施监督和控制，任何管理体系中缺少评估体系，管理都是不健全的。

第二课堂管理评估是对第二课堂管理进行价值判断的系统测量和调查，它能够对优化管理决策提供依据。因此，这种管理评估必须通过全面的搜集信息，根据管理中各个部分和不同模块采取特定的评估方法，并且基于获得的数据按照严格的科学程序，有计划有组织地进行活动。

若要对第二课堂管理系统进行全面的评估，管理评估系统的组成部分也应该是多元化的，评估主体的多元化能够给管理决策提供更综合、有效的依据，所以该评估系统的成员应该包括行政管理系统和专家管理系统聘请的专家（同行），在校生和毕业生共同组成的学生代表、教师，以及用人单位、校外培训机构在内的其他利益相关者。同时，还应该建立专门的第二课堂管理评估委员会组织与执行管理评估工作。

1. 基于多方参与的评估系统

（1）专家评估系统。专家应该发挥自己的专业技能，通过一系列专业的方式和手段对第二课堂评估体系进行评估，将一些描述性内容通过科学的方法转化为定量的标准化结果，对可视化的数据进行分析从而得出第二课堂管理系统的客观情况。专家评估系统存在最大的意义就是能够得到客观真实的评估结果，因为他们独立于第二课堂管理体系之外，掌握专门的评估体系并且经验丰富，所评价的方式得到公认、科学、不夹杂主观情绪。专家清楚地知道针对什么类型的问题可以采取什么样的最优的评估方式，其中包括制作问卷、设计或选用量表、访谈、案例分析等方式。以这些评估方式对第二课堂管理体系中存在的问题进行合理的评估，为下一步的信息反馈打下坚实基础。

（2）学生评估系统。学生作为第二课堂参与的主体，他们参与到评估当中，得出的评估结果带有主观性，但是更加能反映第二课堂管理体系的各个模块在现实操作过程中的真实情况，所以有必要建立一个学生评估系统。以问题为中心的第二课堂管理体系既然分为提出问题、问题解决、检验问题和完善问题解决四个阶段，学生就必须发挥自己的作用，他们需要查找与自己兴趣和需要相关的信息，同时需要懂得如何排除干扰信息，对各种各样的信息分类集合并判断它们的可信度、相关性、可利用性，将这些信息与自己的需要进行对比，从而形成学院与学生的一手评估结构。并且，学生可以将这些信息或根据这些信息得出的结论与其他同学进行交流分享，从而找到共性，使评估结果更客观、普遍适用[3]。

（3）教师评估系统。教师在第二课堂中扮演着重要的角色，自然也是第二课堂管理体系中重要的一环。教师的职责是教书育人，第二课堂教学是限定于第二课堂这一特定的教学环境中的任务活动，这种活动又分为"教"和"学"这对矛盾体。"教"和"学"构成了相互影响、相互作用的关系。所以这个过程中，教师可以从学生是否产生认知冲突、学生是否产生探究兴趣、第二课堂教学是否培养学生非认知技能、学生的需求是否得到满足、第二课堂教学是否脱离学生生活等方面进行综合评估。[4]教师可以从自己的教育需求、学生学习情况与学校的管理模块进行对比以达到对第二课堂管理体系评估的目的。

（4）其他利益相关者评估系统。第二课堂管理体系中可以纳入更多的评估主体，每个主体的关注点不同，对管理过程中每个模块的评估也会有所侧重。所以可以将学生家长纳入评估系统中，毕竟家长是陪伴孩子最久也是最了解他们的人，学生家长通过对比孩子在单纯学习传统教育和参与了第二课堂之后素质能力的变化，从中评价第二课堂的存在是否有意义，进而对第二课堂管理体系进行评估；其他学校和培训机构也可以参与到评估的过程中，同是从事教育行业的主体，他们加入第二课堂管理体系评估无疑健全了第二课堂管理的评估体系；除此之外，社会媒体也可以加入第二课堂的评估体系之中，因为媒体具有敏锐的发现问题的能力，他们接触社会的范围也比较广，知道社会对人才能力素质的需求，所以他们的评估具有市场导向性，能够引导第二课堂管理朝着社会需求方向发展。

2. 过程评估

第二课堂动态管理的过程就是发现问题与解决问题的过程，管理计划作为循环管理的开始至关重要，之后的优化过程都是以其作为导向。并且，在执行过程中也会遇到种种问题，可能是执行力不足、可能是执行时发现管理计划并不能解决实际问题等。只有对管理过程进行评估才能获得及时性的标准化结果，它们为及时反馈提供信息及数据基础，从而开始下一轮的动态管理循环。除此之外，在第二课堂管理体系中，数据信息体系、能力评估体系、能力素质体系、记录评价体系、课程项目体系五个模块彼此独立又相互依赖，共同构成了第二课堂动力循环系统。管理体系中的每个子系统在循环运作的过程中都可能出现问题，所以既需要对整体的管理体系优化过程进行评估，也要对每个模块进行评估以及时发现存在的或潜在的问题。

3. 结果评估

动态管理的第一步便是要制定相应的计划，即明确解决问题的措施方案，其中包含当前需要解决的管理问题也就是管理目标。因此我们就有必要对第二课堂管理结果进行评估，从而发现目标与实际结果之间的差距，以此判断管理目的是否达到、管理问题是否得到解决、优化管理举措是否得当，同时也为下一轮管理目标的设定提供依据。

4. 优化评估

这个过程在得到了第二课堂管理信息反馈之后，目的是为了评价反馈后的改善建议是否落实。动态管理的目的就是为了解决管理体系中存在的问题，从而使得管理体系得到不断的提升，我们计划—执行—评估—反馈的目的也是于此，所以一轮管理循环之后要对提出的优化意见的质量以及执行落实情况进行评估，评估的目的更多是为了反思并积累经验，为之后的循环优化管理提供经验秘借鉴。

（三）建立第二课堂管理信息反馈系统

第二课堂管理信息反馈信息系统首先是一个信息系统，具有信息收集、信息处理、信息传递的功能。信息是对第二课堂管理效果进行总结反思的基础，需要对汇总的数据进行归纳整理才能得出具有现实意义的结论。它同时又是一个反馈系统，即把不同群体、不同渠道、不同时间点有关第二课堂管理的信息反馈给教学管理决策部门，以便对第二课堂管理中各个环节执行有效的监督和控制。

第二课堂管理信息反馈系统关注分布于全校各个教研室、学生小组的信息员等不同主体，以定期或不定期的问卷调查或座谈调查等方式收集对第二课堂管理工作的意见和建议。这些信息经过整理、归类、分析以后，反馈到管理决策部门和教研室、教师本人，为其做出正确决策提供可靠依据[5]。第二课堂管理信息反馈系统既包括对存在问题的反映，也包括为提出管理优化建议提供渠道，所以，第二课堂管理信息反馈系统是第二课堂动态管理体系中不可或缺的一部分。

1. 基于多方参与的反馈信息系统

（1）专家反馈信息系统。第二课堂管理反馈系统的信息收集途径有很多，比如邀请专家参与到管理过程中，这个专家可以是校内教学评估委员会成员，也可以是校外聘请的教育专家或专门管理咨询师。因为他们的专业性质，他们能够以专业的眼光看待第二课堂管理过程中的每个运作环节，收集教学质量的动态信息以及作为成果数量和质量的静态信息，能够更敏锐地捕捉到其间出现的问题，并且能够针对发现的问题及时分析产生问题的原因。这些专家从专业角度出发，结合管理实际情况而将发现的问题、对应的解决方案和改善建议告知第二课堂管理决策者，对于第二课堂的管理更具有针对性、有效性和建设性。因此，专家信息反馈系统是第二课堂动态管理体系信息反馈系统中重要的组成部分。

（2）教师、学生反馈信息系统。教师和学生是第二课堂项目实施的主体，或者说主要群体，他们是直接参与到第二课堂项目中的。毫无疑问，第二课堂管理和教师息息相关，第二课堂管理质量的优异直接影响到学生素质能力培养的结果。所以，教师和学生作为第二课堂管理的核心对象，他们便是一手信息的"制造者"，同样也是对信息反馈最关键的群体，他们反馈的信息更贴近事实，更具有真实性。我们可以在教师和学生之间采取自评或互评方式，抑或面对面访谈形式，让学生与学生、学生与教师、学生教师与专家之间进行交流。通过多方互动的方式使教师与学生能够表达出他们认为第二课堂管理体系中存在的问题，提出具有可操作性的解决方式。只有基于现实的要求，并以此作为设置第二课堂活动的目标与意义，才能构建合理的管理体系，并在此过程中以不断变化的需求信息作为前进的导向，达到动态管理、不断循环优化的目的。

（3）用人单位反馈信息系统。第二课堂存在的意义是要培养学生在常规课堂上难以获得的能力，尤其是对其踏入社会以后所需要的非认知能力。现在用人单位越来越重视人力资本的作用，这些用人单位意识到人力资本存量对于产出的重要性。将用人单位纳入反馈信息系统中，收集毕业生对岗位的适应性、岗位最为重视的员工能力、毕业生普遍工作能力和知识结构的合理性、学校专业设置的科学性及人才培养模式的可行性等方面的信息，以此对比该单位实际的用人需求和第二课堂管理现状，将两者之间存在的差异进行反馈，从而向第二课堂管理决策者提出符合市场需求的优化建议。因此，用人单位也是第二课堂动态管理反馈系统中重要的信息来源主体，这样的信息反馈以市场为导向，从而达到不断优化管理以实现动态调整的目的。

（4）其他利益相关的问题征集机制。为了能够更为全面地反映第二课堂管理过程中存在的问题，除了以上提到的信息反馈主体，反馈信息系统中还应该加入更多元的主体以健全这样一个问题征集机制。每个主体看待问题的角度和方式以及关注点都是不同的，将其他利益相关者纳入信息反馈系统中，他们发现的问题能够相互弥补，综合得到的建议能够更为全面，对动态管理体系优化循环过程中的反思能产生更多的"碰撞"，从而有助于实现第二课堂管理体系的提高与创新。

第二课堂中的其他利益相关者可以是其他学校，即多校之间可以定期举行信息反馈交流会，基于自己学校的第二课堂管理成效与对所了解到的其他学校第二课堂管理现状进行交流探讨，在指出别人学校第二课堂管理体系存在问题的同时，自己学校也可以引以为鉴。第二课堂管理信息反馈系统中也可以加入培训机构这样一个反馈主体。培训机构是独立于学校而存在的，它的存在很大一部分也是为了提高学生在第一课堂中没有获得的素质能力，它能够了解到学生素质能力现状如何，了解提高学生综合素质或是特定的技能需求应该采取何种措施，从而制定行之有效的管理方案。这些正是学校第二课堂管理机制中可以借鉴的。

2. 基于时效性的反馈信息系统

（1）定期信息反馈系统。第二课堂管理体系建立以后要根据需求和实际情况经常变化以实现对第二课堂管理的动态化管理，那么计划、实施、检查和处理这些阶段都应处于不断动态更新过程中。只有对管理过程中的每个模块进行信息搜集才能采取相应的优化措施，对症下药。然而，有些管理举措的实施效果需要时间验证，即需要间隔一段时间才能得知管理成效，所以需要定期对第二课堂管理系统进行反馈，将信息集中化处理，综合全面地分析现阶段第二课堂管理体系中的利弊，从而做出新的计划。

定期信息反馈系统犹如管理学中的"滚动目标法"，对于一个企业可以先定一个十年的长期目标，再制定五年的中期目标，再不断细分为更短期的目标，长期目标不变，短期目标以长期目标为导向并根据实际情况适时调整，进而目标之间环环相扣、彼此联系，以实现动态目标的方式一步步接近最终的战略目标。定期反馈系统也可以制定一个时间间隔较长的信息反馈交流会，期间安排多次信息反馈交流，做到定时定点有问题有渠道可以反映，有人可以解决。在间隔时间较长的信息反馈交流会上，利益相关方可以聚在一起共同讨论在之前时间段中各自发现的问题，对前阶段的问题进行总结，对现阶段的管理情况进行反思，使得管理中每个环节都得到综合反映，为第二课堂管理决策者设计与实施下一步计划提供更精准与全面的信息。

（2）及时信息反馈系统。第二课堂管理活动中出现的问题并不都是长期积累形成的，有很多管理问题可能是突发的。那么学校可以建立一个第二课堂管理的及时信息反馈系统，它的特点在于将信息及时反馈到相关的管理人员手中，使相关的管理人员能对其采取及时的处理措施。学校可以从多方参与的信息反馈系统组成人员中挑选一些固定人员，成立专门的及时信息反馈委员会，以应对第二课堂管理过程中出现的突发问题。同时，该委员会协同管理决策者共同制定相应的应急预案，以预防潜在问题发生或者问题发生时能及时采取相关举措，缩短解决问题的时间，提高解决问题的效率。

三、建立基于数据的信息管理系统

（一）建立基于数据的信息管理系统的意义

在对第二课堂进行管理过程中，数据的搜集分析和处理必不可少，但面对海量的数据仅凭人力的操作十分困难，耗时耗力而且容易产生误差。随着科学技术的发展，第二课堂的管理可以基于信息技术，特别是利用信息技术收集分析、综合和鉴别信息的强大功能，建立相应的数据信息管理系统，其中包括数据采集系统、数据分析系统、数据储存系统、历史数据管理系统。通过信息技术提高第二课堂管理效率，并提供故障诊断及报警等功能，使第二课堂计划—执行—评估—反馈这个循环过程能够处于实时监控之中。

　　通过基于第二课堂数据收集分析结果而形成的预警系统，我们可以快速识别出在第二课堂课程学习结果表现方面存在问题的学生，而且能够对学习过程中的低效学习表现进行分析，找出学习过程中的薄弱点，为后期教师开展精准教学干预提供参考。此外，结合大数据实时更新的技术，系统对学生的数据进行过程监控和更新，根据学生一段时间学习任务和学习评价结果的改善情况，对其预警状态进行更改，形成对学生素质能力的常态化和阶段性监测。

　　通过将第二课堂管理系统和开放性的信息平台相结合，打造一个良好的交互式网络管理环境，专家、学生、老师等与第二课堂相关的参与者都能够通过开放的数据信息管理平台参与到第二课堂的管理之中，从而更有效地实现第二课堂动态管理的目的。

　　（二）构成信息管理系统的模块

　　我们建议学校专门搭建一个针对第二课堂管理的信息管理系统，通过强大的信息技术手段实现第二课堂管理手段的大数据收集分析，从而及时发现其间出现的问题，并且能够有相应的预警系统和构建相应预案，做到及时发现问题、解决问题，提高第二课堂管理优化循环效率。在这个系统之中，应该包括数据采集、数据分析、数据储存、实施数据管理系统模块，并且这个基于数据的信息系统能够实现故障诊断以及报警等功能。[6]

　　第二课堂管理系统首先要设置一个数据采集模块，将计划—执行—评估—反馈过程中相关的数据集齐在数据采集模块中，这是信息管理系统所需要分析数据的来源。

　　其次，第二课堂管理信息系统中的数据分析模块是建立动态管理体系的核心，因为海量的数据需要通过信息技术的处理转变为标准量化的信息。第二课堂信息管理系统中的数据分析模块接收采集模块中采集到的信号并进入数据分析模块，专家与第二课堂管理决策部门需要根据分析得出的数据得出结论，以找出第二课堂管理体系中存在的问题。

　　因为第二课堂项目中学生的信息和素质能力是不断更新的，对应的管理体系也要随之发生变化，因此数据搜集模块和数据分析模块所获得的数据量在不断扩大并且需要被储存，因此需要在信息管理系统中建立一个专门的数据存储系统，这个系统模块主要是将采集到的数据、信息等远程存入服务器中进行保存。

　　此外，保存在第二课堂信息管理系统中的数据可能会在之后的优化循环过程中需要复现，那么这些数据就要从之前信息储存系统中获取。历史数据复现主要是对已采集到并且保存在服务器数据库中的数据进行操作，使其还原采集时的情况，以便对历史数据进行分析。特别强调的是，这些数据可能会涉及学生的个人隐私，所以不是任何人都能够随意提取，在这个信息系统中，历史数据只有管理员以及具有管理员权限的特殊用户才能进入。

最后，值得注意的是第二课堂信息管理系统是基于网络信息技术手段而建立的，应该建立一个故障诊断与报警功能应对突发故障。故障诊断专家系统主要是为了让系统出现故障时能尽快发现故障原因，以减少查找故障而产生的时间，并制定相应的应急预案使问题能够得到及时处理，从而间接提高生产效率，使得第二课堂管理体系始终处于动态的网络化监管之中。故障诊断模块主要包括三部分：故障模式、添加模式和查看模式。

（三）利用互联网＋技术——微信公众平台实现第二课堂管理网络实时监控[7]

随着互联网的飞速发展，以企业营销、推广工具为代表的微信公众平台逐渐被移植到教育领域。比如微信公共平台对第二课堂实时监控具有重要作用，它具有操作便捷、推送精准、普及率高、交流高效、形式丰富等特点，可以随时提供第二课堂管理中的相关资讯，并且可以充分利用碎片化的时间来了解第二课堂管理动态体系中数据信息体系、能力评估体系、能力素质体系、记录评价体系、课程项目体系这五个模块相关运行与管理情况，从而实现利用网络信息技术手段，为高校教学课程动态管理体系提供技术支撑。实施优化第二课堂管理体系能够为学生提供一个良好的学习环境和优质的教学质量，微信公众平台可以在第二课堂管理过程中实现学校和社会需求沟通信息化，充分将线下和线上高校第二课堂动态管理体系相结合。

第二课堂信息管理系统可以对微信公众平台进行二次开发，利用相关功能架设高效平台，实现校、社、生的互动交流，从而实现第二课堂动态体系的管理。为了实现更丰富更有效的第二课堂动态管理体系的管理和交互功能，可以继续进一步深入探索搭建多个平台，例如班主任、学生、家长、专家等平台，实现第二课堂动态管理体系搭建学校微信教育平台的综合性，实现微信公众平台的学校微信集群功能。因为数据在这个平台及时、透明、公开，各个利益相关者可以广泛地参与到第二课堂管理优化循环优化这个体系中，根据相关数据进行评估。平台上建立的信息管理体系能够将评估数据及时转化分析成为可视化结果，及时反馈在公众平台上，多方的反馈信息也能在这个微信公众平台上汇集归总，经过处理以后及时传递给第二课堂管理决策者，从而构建新的优化措施投入下一轮的第二课堂动态管理体系中。

随着微信公众平台的日趋成熟，相信在第二课堂管理领域，动态管理体系微信公众平台拥有更加广阔的前景，第二课堂动态管理体系微信公众平台将在提高学生素质能力方面做出更加突出的贡献。

本章小结

对第二课堂管理进行全程控制，可以有效地保证第二课堂的管理质量，借鉴戴明 PDCA 循环模式，通过计划—执行—评估—反馈这个循环过程，不断明确第二课堂管理中存在的问题，并从每一次的优化循环过程中学习与借鉴其他教育管理理论或教学模式，对其进行整合、综合、融合，不断总结经验并将其投入到下一次的动态管理体系之中，其实，这就是第二课堂动态管理体系的真正内涵。

第二课堂首先是要明确管理中出现的问题并且制订相应的计划；在计划实施阶段过程中需要严格按照计划实施；对于第二课堂管理的评估不但针对优化结果，还要评估优化管理的过程，要建立标准健全、多级评价的第二课堂质量监测评估体系；对于第二课堂标准化结果的思考、揭示第二课堂育人实践活动中的不足之处，需要将长期反馈和及时反馈相结合，无论是评估还是信息反馈，都需要多方的参与。并且在第二课堂的动态管理过程中充分运用互联网、大数据等现代信息技术，对学生参与第二课堂情况进行分析评价，科学评估第二课堂育人成效，动态调整第二课堂课程项目体系，促进第二课堂活动完善与迭代。

第二课堂管理是个整体，而构成整体的各个部分往往是优劣不齐的，然而，却是管理中的劣势部分决定了第二课堂管理质量。在构建第二课堂动态管理体系中需要重点关注第二课堂动态生成性。第二课堂管理体系包括数据信息体系、能力评估体系、能力素质体系、记录评价体系、课程项目体系这五个模块，管理的目的是让五个模块形成一个行为动力体系。第二课堂动态管理体系中各个因子之间相互影响、相互作用、相互生成，每个因子的变化都会引起其他因子甚至整个课堂系统的变化。因此，第二课堂无时无刻不在变化，这种变化就是课堂的动态生成性，正是动态生成性推动了第二课堂动态管理体系向前发展，促进了第二课堂活动的完善与迭代。

参考文献

［1］倪艳荣，张静. 基于 PDCA 循环法提高项目教学法教学质量的研究与实践［J］. 河南机电高等专科学校学报，2016，24（4）：75-77.

[2] 寇鑫. 以戴明环来提高学校管理体系中的执行力 [J]. 辽宁师专学报：社会科学版，2006（4）：104－105.

[3] 许爱云. 课程"资源包"：优化主题网络课程动态管理 [J]. 考试周刊，2012（28）：118－119.

[4] 陆春庚. 全面质量管理视域下职校课堂教学质量的诊断与改进 [J]. 职业教育研究，2018（7）.

[5] 邱成超，彭付军. 基于 ISO 9000 标准的高校教学质量管理体系的构建与实施 [J]. 广西教育，2010（6）.

[6] 何亚平. 基于网络实时监控的液压元件数据监测与系统研究 [J]. 现代电子技术，2016，39（1）：76－80.

[7] 高琳，贾荟，王芳. "互网＋"思维下微信公众平台优化高校艺术教学课程动态管理体系的思考 [J]. 大众文艺，2017（5）.

第十四章

关键能力

引言

通过前面章节的介绍，高校第二课堂育人系统已经全部呈现，形成了以能力素质体系、课程项目体系、记录评价体系、能力评估体系、数据信息体系、价值应用体系、资源供给体系、行为动力体系与动态管理体系为构成要素，涵盖育人对象、手段、资源供给以及持续提升等多层次多维度的科学化运作机制。作为第二课堂育人的基石，能力素质体系是值得重点关注的问题。第五章的介绍对能力素质体系构建的必要性和组合系统进行了概括性的说明。本章以及第十五章，则是在这一基础上，进一步挖掘关键能力与核心素质的具体划分、影响因素、测评手段等相关内容，以期为实践中能力素质的量化分析提供工具借鉴。本章主要对关键能力进行展开。

一、基本含义

（一）内涵定义

关键能力指在个人成长过程中，因环境影响、自主学习等一系列作用下而形成的，对于重要事物的判断、分析、处理等应对方法的统称。区别于核心素质，关键能力的着眼点在个人的技能、知识、思维模式等方面，强调处理问题的手段。借由麦克利兰所提出的冰山模型加以表达，关键能力更趋近于冰山上层或冰山下浅层的部分，其更易测量，同时也更易通过一些科学的设计进行干预、培养、提升。

（二）价值意义

作为更为外显的特征，关键能力是问题能否妥善解决的直接影响因素。良好的关键能力培养，可以部分弥补个人在核心素质上的一些缺陷。同时个人的关键能力相对于核心素质更容易通过科学化的手段进行提升。换言之，相同时间与精力的付出下，个人关键能力培养的效果更为可观。通过科学设计、规划青年的关键能力培养，对于其个人价值的发挥大有裨益。

（三）能力划分

第五章的阐释中，通过对文献进行大数据分析，将关键能力划分为善于学习、批判思维、创新能力、与人合作以及沟通能力五个关键维度，涵盖了个人发展的方方面面。本章下面的内容将以此入手，针对每个关键能力的内涵、价值、影响因素、测评手段、培养方式等要素进行深入的分析探讨。

二、能力概述

（一）善于学习

1. 内涵发展

善于学习指个体学习的方法、技巧与习惯，是专注能力、反思能力、学习动力等一系列要素的统称。作为关键能力之一，又称作自主学习能力、学习能力等。

这一能力的发现萌芽于古希腊，教育家苏格拉底最早提出，教师应成为学生学习的"助产婆"，而学生应具有自主学习的能力，在教师的启发下以个人努力获得提升。针对善于学习这一关键能力的系统化研究起步于20世纪初，一批教育学家将多个领域与其构建和培养联系起来，并对其研究的方式、相关影响因素进行了深入剖析。20世纪80年代Zimmerman综合了前人的研究成果，对善于学习进行了综合界定，同时构建了相关理论模型进行进一步的诠释，奠定了当今各位学者对该能力的认识与研究基础。①

随着教育事业的发展，我国对于善于学习的研究也走上了发展的快车道，学者在西方研究的基础上，基于我国的教育观念、习惯等特点，对于该能力的影响因素、测量方法等做了补充与完善。

2. 价值意义

善于学习是个人不断提升优化的根本途径，对于青年成长与发展的意义重大。一方面，该能力的提升对于个人成长发展大有裨益。善于学习是知识积累的基础，拥有良好的学习能力即掌握了快速获取知识丰富自我的方法，可以大大提高个人的工作与学习效率。另一方面，党和国家深切关心青年学习能力、知识积累水平的培养与提高。2017年5月习近平总书记在中国政法大学考察时提出，当前我国青年应珍惜韶华、潜心读书、敏于求知。表达了

① ZIMMERMAN B J, SCHUNK D H. Self – regulated learning and academic achievement:, Theory, research, and practice. [J]. Educational Psychologist, 1989, 25 (1): 3 – 17.

党中央对于青年学习能力培养的高度关注。

3. 前因后果

善于学习的前因变量由情感维度、认知维度和元认知维度构成。这一框架由欧盟于 2008 年在前人理论研究的基础上，结合英国、芬兰以及荷兰有关学习能力的测评框架制定。其中情感维度主要指对于学习的态度，即在学习上持久的动力、克服困难的心理韧性以及对新事物的好奇心的综合水平，主要涵盖学习动机、学术自我概念和自尊、学习环境三个方面。认知维度主要指对学习方法的知识积累程度，即在学习上基于自我认知的方法规划、个人学习资源获取的综合水平。主要涵盖提议申明、规则运用、对规则和提议的测试、心理工具运用四个方面。元认知维度是知识积累的源头，主要指学习活动辅助技能的积累程度，即在学习上如语言、信息技术等技能掌握以及熟练运用的综合水平。主要涵盖任务监控、技能的准确性以及对技能的自信心。具体划分如表 14 -1 所示。

表 14 -1　欧盟学习能力框架①

学习能力	情感维度	学习动机、学习策略和学习转变与导向
		学术自我概念和自尊
		学习环境
	认知维度	提议申明
		规则运用
		对规则和提议的测试
		心理工具运用
	元认知维度	问题解决，任务监督
		技能的准确性
		对技能的自信心

我国对于该能力前因变量的研究也在不断推进。在 2016 年我国教育部主导委托专家学者制定的《中国学生发展核心素养》框架中，以国外学者的前言研究成果为基础，结合我国独特的教育情境，将学会学习划分为乐学善学、勤于反思、信息意识三个维度。其中乐学善学主要指学习态度，勤于反思主要指对学习的习惯养成，信息意识主要指对技术、技能的掌握程度。具体框

---

① PIRRIE A，THOUTENHOOFD E D. Learning to learn in the European Reference Framework for lifelong learning [J]. Oxford Review of Education，2013，39 (5)：609 - 626.

架详见表 14 - 2 所示。

表 14 - 2　《中国学生发展核心素养》对于学会学习的维度划分①

学会学习	乐学善学	能正确认识和理解学习的价值,具有积极的学习态度和浓厚的学习兴趣等
	勤于反思	能够根据不同情境和自身实际,选择或调整学习策略和方法等
	信息意识	能自觉、有效地获取、评估、鉴别、使用信息等

作为获取知识的基础,善于学习能力的结果变量十分广泛,涵盖生活中的方方面面。对于个人来说,学习能力的提升能有效提高学习效率,促进知识的快速掌握,进而更好地适应环境,接受新生事物。对于社会发展来说,社会综合学习能力的提升将有助于劳动生产率的大规模提升,可以更加有效地开发个人资源与价值,切实推动技术进步与社会发展。

4. 能力测评

西方对于学习能力测评研究的起步较早且综合性较强。具有代表性的成果如 Weinstein 所编制的《学习策略量表》,涵盖了态度、动机、时间管理等 10 个分量;② 又如 Niemivirta 编制的《自我调节学习问卷》,涵盖了"效能信念问卷""加工方式问卷"两个部分。③ 尽管不同的测量工具对于学习能力的划分各有不同,但总体来说,这些测评量表的设计都是基于情感、认知、元认知为核心的前因变量展开的。

我国学习能力测评研究呈现出专业化的趋势。国内学者更多关注不同的学科、行业、专业领域、年龄层次等对于学习能力要求的差异,使得我国研究领域针对该能力测评的开发也就在各个领域内百花齐放。由于中西方的教育背景、文化等因素具有相当的差异,我国学者以西方研究为基础,将针对学习能力的测评工具进行了本土化的改良。但由于我国在该领域的研究起步较晚,改良后的测评量表中并没有得到学界公认的作为广泛模板的测评工具。

---

① 核心素养研究课题组. 中国学生发展核心素养 [J]. 中国教育学刊, 2016 (10): 1 - 3.

② 刘儒德. 温斯坦标准化学习策略量表简介 [J]. 心理发展与教育, 1996, 12 (2): 26 - 28.

③ 汪玲, 雷雳, Tanja CULJAK. 效能信念、加工方式和困难应对策略——关于自我调节学习的特点及各成分间关系的探讨 [J]. 心理发展与教育, 2000, 16 (3): 30 - 35.

5. 培养提升

针对不同的学科、领域、年龄等群体，善于学习的培养手段具有一定的差异，但核心往往依托于善于学习的前因变量、技术发展与个性特征等要素。具体来说，提升学习能力要重点关注学习动机、相关知识与习惯、学习技能等维度的培养，同时结合信息技术的发展，创新学习的方式方法，基于专业、年龄等个性特征科学设计学习内容与计划。应深刻认识到，善于学习作为关键能力之一，具有持续培养的特征。这要求学习能力的培养应随着研究、技术、知识内容的发展而持续提升和改善。

6. 能力图表

表 14-3　善于学习能力图表

基本特征与描述	
核心特征	灵活掌握、灵活应用
核心含义	潜心读书，敏于求知①，善于发掘良好的学习方法，将知识技能活学活用
常见表述	触类旁通、举一反三、善于积累、虚心求教、求知欲强、融会贯通、活学活用、领悟性强
评估方式	基于行为数据的素质对标（评价）；素质测评（自评）、素质测评（他评）

对标评价等级与关键行为	
评价等级	关键行为
负级水平：不思进取	1. 缺乏提升个人能力的意愿； 2. 很难听取或接受他人的意见和建议
初级水平：主动积累	1. 主动养成读书、与人交流、经常思考以及研究问题的习惯； 2. 经常与同学、老师交流学术、科研问题，总结经验
中级水平：活学活用	1. 定期总结个人得失，自我反思，提出自我提升与改进的方法； 2. 将课本所学综合分析，内化形成个人的知识积累与方法
高级水平：融会贯通	1. 在各种非专业领域中触类旁通，对专业学习形成借鉴； 2. 对专业领域内的知识融会贯通，能高屋建瓴分析专业问题

测评工具样例
《高中生学习策略量表》，Eldredge J L，1990②

① 资料来源：2017 年 5 月习近平总书记在中国政法大学考察时发表的讲话。
② ELDREDGE J L. Learning and Study Strategies Inventory – High School Version（LASSI – HS）［J］. Journal of Reading，1990，34（2）：146 – 149.

（二）批判思维

1. 内涵发展

批判思维指对于事物基于观察、体验、思考、交流、收集以及产生的信息，经过积极地分析、综合、评价与应用的智力活动。① 批判思维从 20 世纪初开始得到重视，经过百年的发展、延伸逐步成为青年成长发展中必要的关键能力之一。20 世纪 30 年代，美国实用主义教育学家 Dewey 首先提出教育不应仅关注知识的传授，也应着眼于培养学生挑战权威的意识。这一主张率先在美国的中学中开展尝试，取得了相当的成效。随着该思潮的不断实践、发展，中国在 20 世纪 80 年代将西方批判性思维作为教育的新兴课题，逐渐课程化、制度化成为各阶段学生都开设的课程。

我国批判性思维的历史更为久远。《论语》中就有"学而不思则罔，思而不学则殆""吾日三省吾身"等强调反思对于个人成长重要性的表述。宋代对于批判性思维的重视得到了进一步的发展，《陆九渊集》中"为学患无疑，疑则有进，小疑则小进，大疑则大进"的表述最具代表性，与 20 世纪西方所定义的批判思维的概念极为相似。开放促进融合与创新发展，21 世纪以来我国的批判思维教育再一次走上了研究和发展的快车道。国内刘儒德、罗清旭等一批学者在国外对于批判思维的定义基础上，结合中国特色，对这一能力进行了更为丰富的诠释，并进一步在各个学科领域内探讨批判思维的内涵、测评以及培养手段。

2. 价值意义

批判思维是西方相当重视的教育课题，对于我国青年成长具有更为深刻的意义。我国传统教育以"熟读成诵""应试教育"的模式为主，在引发思考、积极提问方面关注的较少，批判思维的教育理念恰恰对此进行了补充。从教育者的角度来说，批判思维的理念与我国教育改革的方向相辅相成，是我国不断提升学生综合能力的必由之路。从受教育者的角度来说，培养我国青年善于思考、善于发问的批判精神，将大大克服"应试教育"的弊端，全面提升我国新生代的创造力与思维独立性，有效促进个性的全面发展。

3. 前因后果

Dewey 作为批判思维发展的先驱，最先提出该能力的优良结构要素，即概念、分析、综合、判断理解、推理、假设和检验。这一理论为后来诸多学

---

① 岳晓东. 批判思维的形成与培养：西方现代教育的实践及其启示 [J]. 教育研究，2000（8）：65－69.

者针对批判思维前因变量的研究奠定了基础。Facione 在 Delphi 研究报告中将批判思维的构成要素进一步归纳总结，划分为解释能力、分析能力、评价能力与推断能力。综合来看，批判思维主要由认识问题、分析问题、解决问题三个层次构成。具体构成要素如表 14-4 所示。

表 14-4　批判思维前因变量

批判思维	认识问题	洞悉事物的特征，抓住问题核心。主要包括解释能力、理解能力、概念能力等
	分析问题	明确事物的逻辑，明辨问题条理。主要包括分析能力、推理能力、推断能力、质疑能力、反思能力等
	解决问题	采取恰当的手段解决问题。主要包括假设检验能力、判断能力等

批判思维的结果变量决定了这一能力的广泛价值。作为一种重要的思维方式，其深刻地影响着学习、生活、实践等各个领域。从学习的角度来说，批判思维的水平对于学习效率、知识领悟等方面都具有相当的正向影响；从生活角度来说，批判思维切实影响我们对于问题的响应速度、思考层次以及判断决策模式；从实践的角度来说，批判思维与工作绩效、创新能力等息息相关。

4. 能力测评

西方对于批判思维测评研究的起步较早且已经积累了丰厚的成果，形成了领域内较为通用的测评工具。具有代表性的当属 Facione 等学者于 1991 年编制的《加利福尼亚批判性思维倾向问卷》，该量表针对大学生和高中生，从求真性、开放性、系统性、自信心、好奇心、认知成熟度以及分析性七个方面对批判性思维进行测评。[①] 另外 Ennis 等学者所编制的《康奈尔批判性思维测试：Z 水平》和《康奈尔批判性思维测试：X 水平》也是领域内取得广泛认同的测评工具之一。该量表重点就被测评对象的预测、概括、归纳、假设以及质疑等方面综合测定其批判思维的水平。

我国批判思维测评工具的研究往往基于西方的成果，结合我国独特的教育背景、思维模式进行修订、改编。但是当前我国领域内对批判思维的测评工具大量来自翻译、修改，对于完全本土化的测评工具开发程度较低。尽管不少学者进行了此类尝试，但领域内并未形成统一公认的测评量表。

① FACIONE P A. Using the California Critical Thinking Skills Test in Research，Evaluation，and Assessment. [J]. Cognitive Tests，1991：22.

5. 培养提升

针对能力素质的核心就在于运用科学的方式对其进行有效的识别和培养。对于批判思维的培养问题，学者们首先普遍认同该能力具有很强的可塑性，即可以通过后天的训练得到显著提高；其次该能力的培养重点在于课堂教育的过程，与教师潜移默化的影响、课程安排设置等要素具有很大的关联。美国早在20世纪末就基于批判思维进行了课程改革，倡导教师在完成知识传授的同时，应注重个性培养，引导提高学生合作探究、提出疑问、分析问题等方面的综合素质。我国对于批判思维的教育更注重文化感染的作用，强调教师应逐步消除迷信权威的传统观念，着力营造积极反思、认真梳理、大胆提问的思维文化，以使批判思维成为学生思考问题的常态模式。

6. 能力图表

表 14 - 5　批判思维能力图表

基本特征与描述	
核心特征	逻辑清晰，反思批判
核心含义	要明辨，善于明辨是非，善于决断选择①，积极反思，冷静分析
常见表述	意见独到、善于分析、思路清晰、认识全面、一语中的、洞察本质、提纲挈领
评估方式	基于行为数据的素质对标（评价）；素质测评（自评）、素质测评（他评）

对标评价等级与关键行为	
评价等级	关键行为
负级水平：逻辑混乱	1. 对于当前面对的问题，不明原因； 2. 对于过往发生的问题，不懂分析、归纳
初级水平：善于分析	1. 以一定科学的方法看待问题，思考其前因后果； 2. 面对不完全相同的现象问题可辨别出其核心异同
中级水平：结构思维	1. 系统性思考问题，善于发现问题的核心与问题； 2. 结构化处理问题，善于简化问题程序
高级水平：洞察本质	1. 可以明确指出对整个问题影响最大的关键环节； 2. 可以通过某一本质的点，推断问题全貌

测评工具样例
《加利福尼亚批判性思维倾向问卷》（CCTDI），Facione，1991②

---

① 资料来源：2014年5月习近平总书记在北京大学师生座谈会上的讲话。

② FACIONE P A. Using the California Critical Thinking Skills Test in Research, Evaluation, and Assessment. [J]. Cognitive Tests, 1991：22.

（三）创新能力

1. 内涵发展

创新能力又称为创新精神、创新思维，指综合运用个人已积累的知识、技能、经验等进行思考，并提出新方法、新观点，进行有效的发明、改革等活动的水平与能力。其内容较为广泛，涵盖积累运用、开拓创新活动以及支持该活动的创造精神、品格等一系列特质的总称。对于创新精神培养的关注，起源于 20 世纪 30 年代的西方国家。随着创新能力培养研究的逐步深入，西方教育家深刻意识到创新能力与创新人才培养的密切关系，并在教育课程设置中进行广泛的试点、应用。1980 年以来，诸多西方国家将创新意识的培养列入教学大纲，时至今日仍是各国青年教育关注的重点内容。

创新能力塑造创新人才，新时代新发展的背景下，我国对于创新能力尤为重视，2014 年 6 月习近平总书记在中国科学院第十七次院士大会上提出，"我国广大青年科技人才应树立科学精神、培养创新思维、挖掘创新潜能、提高创新能力，在继承前人的基础上不断超越"，表达出党中央对于青年创新能力培养的关注。

2. 价值意义

创新是技术进步与社会发展的根本动力。作为创新的源泉，创新能力的培养对于个人提升、社会进步都具有广泛的价值。从个人角度来说，创新能力的培养有助于青年广泛扩展思维，树立积极开拓进取的意识。特别是在我国的教育背景影响下，创新能力的培养能很好地扭转传统"应试教育"对于我国青年固化思维模式的影响，使得学生得以跳出传统的思考范式，善于提出新的想法、思路。从社会角度来说，创新驱动已成为我国当前发展的核心议题。培养创新能力正是从根本供给高技术人才、营造社会创新氛围的手段。随着经济社会的逐步发展，创新能力的价值还将不断提升。

3. 前因后果

创新能力前因变量在国内外的研究都较为广泛，且取得了相当的成果。总体来说可划分为主观因素和客观因素两个部分。主观因素着眼于个体，指个人的内在性格特质、知识积累等对于创新能力的影响，主要包含创新意识、创新思维与理论知识结构等。客观因素着眼于外在环境，指社会、时代等所创造的环境背景等对于创新能力的影响，主要包含管理机制、师资队伍、实践机会、文化氛围等。具体构成要素如表 14 - 6 所示。

表 14 - 6 创新能力前因变量

创新能力	主观因素	个体内在积累与特征。主要包括创新意识、创新思维与理论知识结构等
	客观因素	外在环境影响。主要包括管理机制、师资队伍、实践机会、文化氛围等

创新是社会发展、技术进步的源动力。从微观角度来说，创新能力影响个人的思维模式，进而影响个人的分析、决策过程。从宏观角度来说，量变引发质变，创新能力对于社会整体研究技术水平、创新氛围营造乃至国家综合国力的发展都有深刻的影响。

4. 能力测评

对于创新能力的测评，中外学者基于不同领域、年龄、环境进行了广泛且深入的研究，成果斐然。随着针对该能力前因变量研究的不断深入，测评工具的开发也日趋成熟。值得注意的是，测量工具的开发需要大量样本测试、反复修订，进而不断提升其对于不同群体的信效度水平。因此量表的研发需要一个漫长的研究与实践过程。从这个角度来看，由 Williams 于 1967 年开发的《威廉斯创造力倾向测验量表》，自诞生之日起经过了诸多学者的研究、实践，不断修订丰富，时至今日在领域内已具有很强的权威性，对研究者影响深远。该量表涵盖冒险性、好奇性、想象力和挑战性 4 个维度，主要针对影响个体创新能力的主观因素进行测量。在研究中，我国大学生创造力倾向测验的各维度与总量表之间呈高度相关，时隔四个星期的两次测试该关系均在 0.01 水平显著。这就说明，这一测评工具在我国青年群体也具有较高的适用性。

5. 培养提升

创新思维的培养是创新能力提升的第一要义。不同于我国长期以来应试教育的模式，创新思维的培养要求采取校内校外教育相结合的方式，充分启发学生发散性思考、提出创造性思路与方案的意识，给予青年更广阔的视野、更丰富的实践机会。以启迪新知为核心理念的课程设置、教材内容安排对于创新思维的引导也具有重要的价值。美国早在 20 世纪就已经在学校试点开设专题必修制作课，取得了很大的成效。

从另一个角度来说，倡导创新意识、发散思考的教育理念是创新能力培养的源泉。创新的意识决定了教育的导向。社会整体的创新氛围的构建与提升将深刻影响青年一代的创新教育培养成效。日本将每年 4 月 18 日定为"发明节"就是一个很好的应用实例。足见社会整体创新氛围的树立对于创新能力培养的重大意义。

6. 能力图表

表 14 - 7　创新能力能力图表

基本特征与描述	
核心特征	思维延展，革新创造
核心含义	树立科学精神、培养创新思维、挖掘创新潜能、提高创新能力，在继承前人的基础上不断超越①
常见表述	想法独到、另辟蹊径、善于创新、思维发散、
评估方式	基于行为数据的素质对标（评价）；素质测评（自评）、素质测评（他评）

对标评价等级与关键行为	
评价等级	关键行为
负级水平：固化思维	1. 以原有眼光看待日常问题的发展； 2. 变通能力不足，对于学习生活中的问题缺乏思考
初级水平：发散分析	1. 能从多个方向入手，考虑问题的产生和发展； 2. 创新观察视角，看到问题的另一面
中级水平：独立思考	1. 生活中独立思考问题，善于另辟蹊径，捕捉新的着眼点； 2. 能提出不同于大众的想法与思路
高级水平：创新突破	1. 在处理问题的过程中提出创造性且切实有效的解决方案； 2. 在学术研究中善于把握创新点，取得一定突破

测评工具样例
《威廉斯创造力倾向测验量表》，Williams，1967②

（四）与人合作

1. 内涵发展

与人合作又称为团结协作、合作能力等。作为开展高效团队协作的能力基础，与人合作指个人或团队为了达到同一目标而产生的一种自发、对等、

---

① 资料来源：2014 年 6 月习近平总书记在中国科学院第十七次院士大会、中国工程院第十二次院士大会上的讲话。

② WILLIAMS F E. Intellectual Creativity and the Teacher [J]. Journal of Creative Behavior, 1967, 1 (2)：173 - 180.

相互扶助的人际互动形式，是达成某一个体难以达到的目标的有效手段。在西方研究领域与人合作成为一种能力主要源于社会层面的社会互赖理论。该理论认为社会存在两种相互依存的关系即积极（合作）和消极（竞争）的关系。① 基于个体的合作能力的研究这种积极关系衍生而来。随着研究的不断深入，合作的含义在心理学领域首次与能力相结合，提出了合作能力的概念。

在以"和"作为核心文化背景的影响下，我国对于合作能力的研究十分广泛。我国也是世界上最早的教育论著《学记》就提出"独学而无友，则孤陋而寡闻"的观点。在技术水平飞速发展的今天，我国学者对于合作能力的研究，在西方的基础上进行了中国情境下的创新，在深化合作能力这一概念的内涵与外延的同时，由外在表现和个人内在特质两个角度深入探究该能力的特征、影响因素以及培养途径等关键环节。

2. 价值意义

与人合作是个人能力的扩展与升华。从社会发展角度来说，合作是人类社会发展的根本动力。亚当·斯密在《国富论》中指出，人类的经济社会发展的源动力在于劳动分工。通过分工协作，人类创造了"1+1>2"的社会价值，劳动分工的不断细化、科学，使人类得以不断地进步、发展，进而创造更大的价值。时至今日，在全球经济一体化的浪潮影响下，通力合作、互利共赢仍是社会发展的主旋律。生长于这个时代，各行各业的人们都越来越关注合作所带来的高收益。故此，从个人能力的角度来说，与人合作是个人达成合作的必要支持。较强的合作能力可以提高合作效率、获得较好的团队关系。同时从心理学的角度来说，合作能力的提高有助于促进个体人格完善，提升个体的学习能力与沟通能力。

3. 前因后果

合作能力的概念较为复杂，针对其前因变量的研究也十分丰富。社会互赖理论提出了得到广泛认同的合作能力的五个要素，该划分方式主要由合作的组织层面展开，主要包含积极的相互依存关系、个人问责制、促进互动、社会技能运用能力、群体处理。其中相互依存关系即个体之间的相互关联，是合作关系的根本，这一维度可以通过共同奖励、资源分配、互补作用等方式提升；个人问责制是合作高效的基础，可以通过机制设计、规范落实等进行干预；促进互动是指个体在合作中如相互鼓励、帮助等行为的水平；社会

---

① DEUTSCH M. An Experimental Study of the Effects of Cooperation and Competition Upon Group Process [J]. Human relation, 1949, 2 (3): 199-232.

技能运用能力指合作关系中管理、冲突协调等能力的水平；群体处理即通过一定手段促进合作关系中的个体互相学习、相互提升的水平。具体构成如表14-8所示。

表14-8 国外研究中与人合作的前因变量

与人合作	相互依存	合作的基础关系，可通过科学手段有效培养提升
	个人问责制	分工合作效率的保障，可通过制度设计有效规范
	促进互动	分工合作氛围的基石，可通过环境构建、激励设计有效促进
	社会技能	进行合作管理的手段，可通过培训等手段进行提升
	群体处理	合作价值最大化的保障，可通过制度设计有效规范

我国学者的研究则从另一个角度对合作能力的前因变量进行了汇总，主要划分为环境因素、教育因素以及经验积累因素。其中环境因素指外部环境对于与人合作能力培养的影响，主要包含家庭、学校和社会等因素；教育因素主要指后天人为对于合作能力的培养，主要包含教育内容以及教育方式等；而经验积累因素主要指个人主动从个人经历中吸收合作经验的能力，主要涵盖个人实践经验的各方面要素。

与人合作的结果变量影响着我们个人乃至社会的方方面面。从社会角度来说，合作能力的提升有助于促进社会生产效率的不断提升，促进社会不断发展。从个体的角度来说，与人合作可以促进个人心理性格完善，提高个人学习工作效率和技能水平。

4. 能力测评

在我国，对于合作的理解受文化影响的程度较高。由此我国研究者对于合作能力测评量表的研究就成了关注的重点。学者们基于国外对于与人合作的能力维度划分进行归类简化，进而构建相应的测评工具，取得了相当的成果。应用最为广泛的莫过于将合作能力划分为合作意识与合作技能，进而编制的《合作能力测验》[1]。在该基础上学者对其量表进行进一步修订，并用以我国初中生的合作能力测量，信效度颇高[2]。

5. 培养提升

对于与人合作能力的培养，研究者的关注面很广，核心围绕着环境氛围的创造、教育手段的配合以及实践资源的供给展开。环境层面，应创造积极交流的校园生活氛围，促进青年与伙伴广泛交流，善于求助与提供帮助；教育手段层面，应广泛开展集体合作的课堂教学设计，注重教育过程中团队意识的培养；实践资源供给层面，应注重实践活动的开展与支持，为青年提供更多可供发挥的实践机会。同时关注校外实践活动的开发，促使学生在多层次多领域多维度积累相应的经验，磨炼团队精神与品格。

6. 能力图表

表 14 – 9　与人合作能力图表

基本特征与描述	
核心特征	增进合作，重视团队精神，维护集体利益
核心含义	树立世界眼光、增强合作意识①，树立团队观念，促进共同发展
常见表述	团队意识、合作共享、荣辱与共、协调配合、群策群力、协调配合、齐头并进、风雨同舟
评估方式	基于行为数据的素质对标（评价）；素质测评（自评）、素质测评（他评）

对标评价等级与关键行为	
评价等级	关键行为
负级水平：独善其身	1. 不关心小组、班级、社团等团队活动与发展动态； 2. 对团队成员有所保留，不信任共同努力的队友
初级水平：参与集体	1. 按要求完成团队分配的工作； 2. 将个人的学习成长目标与团队协调一致
中级水平：融入集体	1. 及时沟通分享团队信息，尽己所能把控团队任务的推进情况； 2. 主动承担团队中亟待完成的工作，积极发挥自己的特长
高级水平：高效协调	1. 增强队友的信心，提升大家对于团队的认同感； 2. 积极协调团队中的工作，能快速化解降低团队效率的矛盾

测评工具样例
《合作能力测验》，吕晓俊，2005②

（五）沟通能力

1. 内涵发展

沟通能力又称为人际沟通能力、交流能力等，指通过各种方法，彼此交换信息的效率水平。西方对于人际沟通的研究始于 20 世纪 60 年代，首先关注小集团内部的相互说服以及社会影响活动。随着研究的不断演进，当前西方研究领域对于人际沟通能力的成因有四种具有代表性的观点：特质论认为，

---

① 资料来源：习近平总书记致首届清华大学苏世民书院开学典礼的贺信。

② 吕晓俊，苏永华. 合作能力测验的编制研究 [J]. 人类工效学，2005，11（2）：29 – 31.

人的沟通能力是由某类特质影响的，确定其所对应的特质就可以对沟通能力进行有效的干预；环境论认为，沟通能力是情境的产物，对于沟通能力的培养与评估只能在对应的情境下进行；过程论认为，沟通能力由表层的沟通行为与深层的知识水平共同决定；状态论认为，沟通能力是为了沟通双方达到互利共赢的状态，该能力则表现为最终状态呈现的利益分配。

我国学者在西方的研究基础上进一步结合我国的文化背景对沟通能力展开探究，提出沟通能力主要包括外在的技巧和内在的动因。并针对国外的研究进行改进、完善，对我国沟通能力相关测评量表的开发、培训提升方式的创新做出了相当的贡献。

2. 价值意义

沟通能力是个人能力素质得以有效培养和提升的基石。作为根本的交换信息效率的指标，良好的沟通能力将有效促进与人合作能力的开展，并且对于善于学习、批判思维、创新能力的积累与表达都具有相当大的价值。由此可见，沟通能力是个人关键能力与核心素质中工具属性很强的特质之一。进一步从个人发展的角度来说，沟通能力将对个人人际交往、学习领悟等产生巨大影响，决定了个人在群体组织中的角色定位，对于个人综合水平的提高具有相当大的辅助作用。

3. 前因后果

从能力自身的角度来说，技能、态度和意愿往往是影响一个人能力水平高低的关键内在因素。沟通能力的影响因素也不例外。我国学者综合西方研究成果，进一步汇总整理提出影响人际沟通能力水平的内在因素，即沟通技能、沟通认知以及沟通倾向。其中沟通技能主要指沟通中的行为表现能力，划分为信息的表达能力与接收能力；沟通认知主要指对于沟通的对象、环境等外在因素的理解与判断，划分为对自我、他人以及情境的认知；沟通倾向主要指沟通的意愿以及行为动力。具体构成要素如表 14 - 10 所示。

表 14 - 10　沟通能力基于能力自身角度的前因变量①

沟通能力	沟通技能	沟通过程中所需要的基本技巧，主要包含信息表达能力与接收能力
	沟通认知	对于沟通对象与氛围的思想认识与准备，主要包含对自我、他人以及情境的认知
	沟通倾向	指对沟通本身的意愿与态度，主要包含沟通动机与沟通态度等

---

① 张淑华. 企业管理者沟通能力结构与测量研究 [D]. 华东师范大学，2003.

从个人的角度来说，客观环境与主观认知往往是影响沟通能力的关键。其中客观因素主要包含教育因素、社会观念因素与技术发展因素；主观层面主要包含认知因素、情绪因素、个人特质因素、价值观因素与心理状态因素。

人现实性的本质是一切社会关系的总和。作为产生、维持社会关系的基本手段，沟通能力的结果变量广泛地涵盖着个人社会交际、成长提升的各方各面。从个人的角度来说，沟通能力对于心理健康水平、个人社会关系网络构建、工作学习效率、综合素质培养等层次都具有一定程度的影响；从社会的角度来说，整体沟通能力水平对于社会生产效率、良好氛围营造、和谐社会发展等都具有紧密的联系。

4. 能力测评

对于沟通能力的测评国内外的研究者均取得了丰富的成果。国外的研究领域，Buhrmester 于 1988 年开发了《人际关系能力问卷》[3]，该量表涵盖以发起交往、提供情感支持、施加影响、自我表露与冲突解决五个维度，共计40 个项目。经过多年的发展改进，该工具在西方的青年群体中测量的信效度均较高。但沟通能力与文化背景息息相关，我国学者借鉴西方的先进研究成果，基于东方独特的文化特征进行量表开发。我国的量表开发取得了相当大的成果，如郑日昌所编制的《社交能力诊断量表》[4]、王军所编制的《大学生人际交往能力调查问卷》[5]以及刘艳所编制的《一般人际交往能力量表》[6]等。

5. 培养提升

沟通能力的培养需从个人状态、资源供给、氛围营造三个层次着手不断深入。从个人状态的角度来说，应着眼于个人沟通意愿的开发，从根本上培养青年乐于交流沟通的心态；从资源供给的角度来说，应重视课程安排，增加团队教学与实践育人的课题，搭建体验式的沟通平台，为学生提供广泛与不同层级对象交流的机会；从氛围营造的角度来说，应增强对于师资队伍的培养，从上而下塑造善于沟通、乐于交流的教育氛围。同时还应重点关注青年群体中存在沟通障碍的对象，建立完善的心理辅导机制，不断优化其对沟通的接纳程度，进而促使其沟通能力不断提高。

6. 能力图表

表 14 – 11　沟通能力能力图表

基本特征与描述	
核心特征	准确传情达意，增进相互理解

续表

基本特征与描述	
核心含义	加强交流互鉴，增进相互了解①，协调团队关系，提高沟通效率
常见表述	换位思考、主动表达、协调权衡、求同存异、八面玲珑、情理兼顾、理解互信、化解冲突
评估方式	基于行为数据的素质对标（评价）；素质测评（自评）、素质测评（他评）

对标评价等级与关键行为	
评价等级	关键行为
负级水平：我行我素	1. 仅以个人喜欢的方式进行沟通，不顾及他人感受； 2. 仅以个人想法对其他的人、事、物进行评价
初级水平：主动沟通	1. 清晰向表达出个人的想法，在学习生活中让他人理解自己； 2. 与他人沟通谦虚谨慎，态度和蔼，懂得为他人着想
中级水平：理解互信	1. 对身边的同学给予积极的期望，常表达出对于他人的肯定； 2. 在与他人发生矛盾时，可以做出暂时的妥协或退让
高级水平：解决矛盾	1. 处理问题对事不对人，与老师同学拥有良好的关系基础； 2. 不同问题采取不同方式，获得老师同学们的理解与认可

测评工具样例
《中国大学生人际交往能力自测量表》，马建青，2003②

本章小结

时代发展呼唤人才的诞生。当今我国的经济社会发展已经取得了辉煌的成果，但竞争仍在继续，发展不容止步，我国对于人才的需求与渴望日益增加。青年作为人才供给的主力军，承担着推动祖国发展的重担，这就要求对于青年一代的培养要慎之又慎、精之又精。本章针对第二课堂模型当中，我国青年成长发展最为核心的五个能力进行了详细介绍。由概念含义起步，落脚于能力的培养与开发，本章综合对第二课堂育人模型的能力模块提供了支撑，并对于相关能力的测评与培养提供了借鉴。综合来看关键能力的内涵仍处于不断发展当中，但由于其对个体广泛的影响作用，关键能力对于青年成长与发展的价值已经毋庸置疑；在新技术的推进下测评工具的信息化程度不

---

① 资料来源：2016 年 7 月习近平总书记向首届亚非青年联欢节致贺信。
② 马建青. 大学生心理卫生［M］. 2 版. 杭州：浙江大学出版社，2003.

断加深；基于青年关键能力的培养方式也呈现广泛化、数据化、综合化的趋势。对于关键能力的培养要求当前我国青年一代更多地走出第一课堂的教室，走入第二课堂的社会与综合实践中。未来的教育是能力与素质的教育，相信在不远的将来，基于第二课堂实践对能力素质的培养会快速发展、繁荣，成为教育研究的中坚课题。

参考文献

[1] 吕晓俊，苏永华. 合作能力测验的编制研究 [J]. 人类工效学，2005，11（2）：29-31.

[2] 王秀丽，彭杜宏，吴铁钧. 大学生内隐与外显合作态度的比较研究 [J]. 高教探索，2008（1）：129-131.

[3] BUHRMESTER D, FURMAN W, WITTENBERG M T, et al. Five domains of interpersonal competence in peer relationships [J]. J Pers Soc Psychol, 1988, 55（6）：991-1008.

[4] 郑日昌. 大学生心理诊断 [M]. 济南：山东教育出版社，1999.

[5] 王军. 工科大学生人际交往能力归因特点的研究 [D]. 上海：华东师范大学，2002.

[6] 刘艳，邹泓，YAN L，等. 武汉地区大学生社会能力的结构及其问卷编制 [J]. 心理学报，2005，37（4）：502-510.

第十五章

核心素质

引言

核心素质与关键能力共同构成了第二课堂育人的能力素质体系。第十四章已经对关键能力进行了较为深入的分析与探讨。不难发现，关键能力更趋向于相对浅层次、易于在学习工作中快速发挥作用的思维模式等个人特质，而核心素质则是指向个体更深层次的如品质、个性等人格特征。本章立足于第十四章对于关键能力的分析模式，进一步剖析核心素质，对其划分、定义、影响因素、测量工具等问题进行重点介绍，为其量化分析提供一定的知识基础与手段借鉴。

一、基本含义

（一）内涵定义

核心素质指个人在成长过程中因遗传因素、环境影响、学习提升等影响所形成的个人品格与个性特征的统称。区别于关键能力，核心素质更加关注个人的特点与性格要素。同样以麦克利兰的冰山模型来进行划分，核心素质则属于冰山深入水中的部分，难以通过简单的方式而观察测量，也更加难以通过科学化的手段进行干预和提升。

（二）价值意义

核心素质代表了个人自我培养的驱动力，是青年培养的关键因素。拥有良好的核心素质特征对于个人的成长与发展具有巨大价值。尽管其相较于关键能力更加难以提升，但仍可以通过科学化的手段进行小幅度的优化。在当前我国的教育体制下，青年在关键能力上的差异性并不大，或者说很容易通过信息技术等手段进行弥补。从这个角度来看，核心素质的水平就成了其步入社会之后划分层次的决定性因素。故此，尽管当前技术水平下，人们对于核心素质干预和提升的幅度较小、能力较弱，但价值巨大。

（三）素质划分

第五章的介绍，以文献量化统计分析的方式将核心素质划分为诚信正直、成就动机、责任心、主动性、好奇心、积极乐观、自信、韧性、情绪稳定性与灵活性十个关键维度。本章下面的内容与第十四章的内容安排类似，将以此入手，针对每个关键能力的内涵、价值、影响因素、测评手段、培养方式等要素进行深入的分析探讨。

二、素质概述

（一）诚信正直

1. 内涵发展

诚信正直是本章核心素质中最具有中国味道的一项，也是我国文化背景下，对于个人评价非常重要的要素之一。著名思想家老子在两千年前就做出"人无信不立，业无信不兴，国无信则衰"的论断。可见我国对于诚信正直的重视程度。具体来说，诚信正直指诚实正义、慨然守信，即对个人的承诺尽全力完成、一言一行保持公平正义的个人品德。西方往往通过法律制度对于个人诚信正直水平进行干预，认为契约中的利益是诚信的主要表现形式。较为完善的个人诚信档案体系，使得西方国家个人诚信正直的问题得到了很好的控制。但我国一直以来将诚信正直作为道德因素，由国家社会倡导，缺乏相应的法律强制力，这也就促进了我国相应探索的不断深入。20世纪初孙中山先生提出国民必须遵守的和平、仁爱、忠孝、信义以及今天国家层面提出的社会主义核心价值观，倡导诚信正直的个人品德无不是每个历史阶段社会氛围构建的核心要素。

随着时代的发展，诚信正直的理论研究也不断扩宽，向各个方面推进。我国研究者从诚信正直内涵的探讨[1]，到当今诚信正直对于个人的重要意义[2]，再到如何从青年阶段培养良好的诚信正直的品质[3]，沿着是什么、为什么、怎么办的基本逻辑，对于当今社会诚信正直的发展进行了全方位的研究。本章节下来的内容也将据此展开。

2. 价值意义

诚信正直是人的立身之本，是行为处事的根本原则，更是个人在社会中得以生存的素质基础。从社会发展的角度来说，诚信正直是我国社会主义核心价值观的重要要求，是社会综合道德水平的构成基石。青年作为国家未来发展的中坚力量，针对其进行诚信正直的素质教育，对良好社会氛围的建设与社会整体素质水平的提升都具有重大的意义。当前我国正处在经济转型与快速发展的重要阶段，个人、群体、组织为了追求高速的发展导致社会道德失范的问题凸显。因此树立诚信正直的意识，对于强化社会正气，提高社会生产率，具有巨大的价值。

3. 前因后果

诚信正直不同于其他的能力素质，与个人技能水平等内在要素的关系并不是十分密切，而与个人所处的环境、接受的教育等外在要素息息相关。环境层面主要包含家庭环境、校园环境与社会环境三个维度；教育层面主要包含教育内容安排与教育培养制度等。

作为东方文化背景下对于个人评价的重要标准，道德评价在诚信正直的结果变量中尤为突出。总体来说，诚信正直在个人层面深刻影响人际交往、经济活动等；在社会层面对社会风气、道德氛围构建等都具有重要影响。

4. 能力测评

西方研究者对于该领域具有相当的建树，取得了以美国心理学家 James E. wanek、PaulR. sackett、DenizS. ones 联合编制的《诚信度问卷》[4]为代表的一系列成果。我国对于诚信正直的品质十分重视，尤其是员工诚信、面试诚信以及国家公务员诚信等领域对该素质要求较高。针对这种情况，我国学者在这一素质的测评领域开展了广泛的研究探索，取得了相当大的成果。测量量表的基本逻辑大致相近，例如《中国公务员诚信度量表》① 从个人品德、能力认知、意识态度等方面共计 21 个题项进行测评，综合测试公务员队伍中个体的诚信正直素质的水平。

5. 培养提升

培养与提升诚信正直这一核心素质的手段，在研究领域内具有十分广泛的讨论。综合来说集中在教育培养、环境影响与概念深化三个层面。从教育培养的角度来说，学者提出应从课程实践安排入手进一步强化思想政治教育、弘扬传统文化中的诚信正直品德，充分发挥课堂对于青年教育的主渠道作用。从环境影响的角度来说，应倡导建设诚信正直的社会风气与教育氛围，潜移默化对学生产生影响。从概念深化的角度来说，应完善诚信正直这一核心素质的内涵和外延，构造具有逻辑的教育内容，从政治、经济、交际、学习、就业等多层次入手，完善诚信正直的概念构建。同时应注意丰富教育手段，采取理论实践相结合的方式，使学生深刻认识到诚信正直的重要价值。

---

① 肖爽. 中国公务员诚信度量表研究及应用 [D]. 沈阳：东北大学，2007.

6. 素质图表

表 15 - 1　诚信正直素质图表

基本特征与描述	
核心特征	言行一致，坦诚相待，一身正气
核心含义	踏踏实实做事，踏踏实实做人①，坦诚大方，充满正能量
常见表述	说到做到、一诺千金、言出必行、为人可靠、走得正行得端、履行承诺、公平正义
评估方式	基于行为数据的素质对标（评价）；素质测评（自评）、素质测评（他评）

对标评价等级与关键行为	
评价等级	关键行为
负级水平：信口开河	1. 不考虑实际情况，随意答应许诺； 2. 对他人迫于情面或压力，不提出某些重要的问题，遮遮掩掩
初级水平：量力而行	1. 根据个人能力，对同学、老师进行有效的承诺； 2. 与他人沟通不夸大个人能力，树立稳妥可靠的形象
中级水平：全力以赴	1. 尽全力完成对他人许下的承诺； 2. 确实超出个人能力范围，及时与对方沟通、协调，避免误事
高级水平：言出必行	1. 即使情况对自己不利，仍坚持兑现承诺，树立正面形象； 2. 面对可能的压力与诱惑，仍以承诺为第一，坚持完成

测评工具样例
《中国公务员诚信度量表》，肖爽，2007②

（二）成就动机

1. 内涵发展

成就动机是个体渴望取得成绩的内心动力支撑，指克服障碍、锻炼能力和尽可能快、尽可能好地克服困难的倾向和愿望。③ 这一概念最早由美国心理学家 N. A. Murray 提出。提出伊始 Murray 将人的基本需求进行概括，其中成就需要处于首位。随着研究的不断发展，成就需要的概念逐步演化为成就动机。从 20 世纪 50 年代开始，McClelland 与 Atkinson 合著的《成就动机》，正式引发了学术领域对于成就动机这一核心素质的系统性研究。经过几十年

---

① 2016 年 4 月习近平总书记考察中国科技大学时与大学生的对话。

② 肖爽. 中国公务员诚信度量表研究及应用 [D]. 沈阳：东北大学，2007.

③ 朱智贤. 心理学大词典 [M]. 北京：北京大学出版社，1989.

的发展,当前对于成就动机的理论主要包括社会成就动机理论、"期望—价值"成就动机理论与成败归因理论等。国内对于成就动机的理论起步相对较晚,主要聚焦于在西方前沿研究的成果基础上进一步进行不同情境下实践应用与影响因素的研究。

2. 价值意义

成就动机是个人主要的心理特质之一,更是个人渴望自我提高的核心动力。成就动机的培养提升将直接作用于个体的发展期望,进而引发对于现实的不满足感,最终产生不断提高追求的心理动机。较高的成就动机对于个人知识、能力、技能、经验的持续优化与提升都具有非常显著的正向影响。着眼发展我国青年的成就动机,对于其个人发展成才具有相当的实践意义。

3. 前因后果

成就动机与个人的关系更为密切,故此在其前因标量中,个人要素占据了主要地位。综合领域内的研究,不难发现成就动机的前因变量主要包含学业成绩、性别差异、人格特质等。而结果变量层面,成就动机的影响十分广泛,主要包含个人道德感、威胁认知与心理健康水平等。综合起来可以看出,作为个体性较强的变量,成就动机广泛影响着个人的心理感受与素质水平。

4. 能力测评

对于成就动机测量的研究成果十分丰富。西方研究领域中,成就动机的主要测量方法有两种,即自陈量表与内隐动机测量。自陈量表主要由自主测评的题项构成,即通过自我陈述的形式对自身情况进行评价。代表的测评工具有 Mehlabian 所编制的《成就倾向量表》、Gjesme, T. 与 Nygard, R. 编制的《成就动机量表》(The Achievement Motive Scale, AMS)[5] 以及 Entwistle 所编制的《成就动机问卷》。内隐动机测量的心理学成分更为浓厚,主要通过图片理解、思维联想等方式对成就动机进行测评。代表的测评工具有 French 的《顿悟测量》以及 Johnston 的《图片解释测量》。总体来说内隐动机的测量以投射性测试为主,在实际操作中信效度检验结果缺乏稳定性,因此当前的研究仍以问卷测评为主导。

我国对于成就动机测评工具的研究也颇有成效。学者在翻译修订国外成熟量表的基础上,也基于我国文化背景编制了一系列本土化的测量工具。其中以台湾地区学者杨国枢、余安邦所编制的《社会取向成就动机量表》(Social-oriented Achievement Motivation Scale, SOAM) 与《自我取向成就动机量表》(Individual-oriented Achievement Motivation Scale, IOAM)[6] 得到广泛认可。

5. 培养提升

成就动机的形成得益于良好的环境、教育与社会氛围，可以通过这些条件的营造对该素质进行有意识的培养。具有针对性的培养要在内容设置、监督制度与激励安排等层面进行有效的规划。在内容层面应设置科学化的训练项目，并且同监督层面有效的自我监控学习行为指导结合起来。同时在激励层面给予适当的成就刺激，使得个体在培养的过程中不断收获自我，满足于自我实现，并逐步养成追求更高目标的心理动机。

6. 素质图表

表 15 – 2　成就动机素质图表

基本特征与描述	
核心特征	主动积极，努力实现目标并尝试超越既定的要求
核心含义	在奋斗中释放青春激情、追逐青春理想①，不断追求进步，努力超越
常见表述	进取心、自我激励、追求卓越、完美主义、冒险精神、永不满足、改进创新、持续超越
评估方式	基于行为数据的素质对标（评价）；素质测评（自评）、素质测评（他评）

对标评价等级与关键行为	
评价等级	关键行为
负级水平：按部就班	1. 对自己的价值追求不明确，不为自己的学习、工作、生活设定任何目标； 2. 基本完成老师等布置的任务即可，不做思考
初级水平：改进优化	1. 对于任务完成中发现的一些问题进行思考，尝试改进； 2. 反思任务完成情况，明确个人成果与更高标准间的差距
中级水平：发起挑战	1. 在老师等提出要求的基础上，以更高标准完成任务； 2. 主动承担团队、组织中较为困难的工作，全力以赴应对挑战
高级水平：卓有成效	1. 在完成任务的过程中，收获成就感，乐在其中； 2. 不满足于长期稳定的现状，不断追求更大的挑战

测评工具样例
《成就动机量表》，叶仁敏，1992②

---

① 资料来源：2018 年 5 月习近平总书记在北京大学师生座谈会上的讲话。

② 叶仁敏，KUNT A，HAGTVET. 成就动机的测量与分析 [J]. 心理发展与教育，1992，8（2）：14 – 16.

（三）责任心

1. 内涵发展

责任心又称为责任感、责任意识等，指个体作为享有独立人格的社会成员对其分内应做的事、应尽义务的态度、心向①。学术界对于责任心的内涵研究较为分散，提出了很多的不同看法，但总体来说，领域内广泛认同责任感是个体对于社会规范性的积极心理态度或者情感性体验。东西方对于责任心的关注都由来已久，并且基于各自的文化背景呈现明显的差异。西方文化背景下倡导以自我责任为核心的契约式的责任精神；而东方文化中，以我国为代表的传统文化很早就提出"天下兴亡匹夫有责"的责任论调，提倡个体与社会相互联系，不可分割。当前学者普遍认同东西方文化背景下对于责任心的认识与观念差异，并基于此深入进行责任心的研究。

2. 价值意义

从国家的层面来说，青年一代责任心的培养是国家不断发展的核心工作。2013 年 5 月习近平总书记在参加主题团日活动过程中提出："青年一代有理想、有担当，国家就有前途，民族就有希望，实现中华民族伟大复兴就有源源不断的强大力量。"这表现出党和国家对于青年一代"有担当"的殷切希望。从个体的层面来说，责任感是个人发展的重要需求。良好的责任意识是个人保质保量完成工作的基本素质，更是个体得以融入社会的最低要求。在当前社会发展中多方协作、合作共赢的发展理念越发深入，责任心对于个体不断提升与发展的价值也必将不断凸显。

3. 前因后果

作为心理特征明显的核心素质之一，责任感的前因变量与个人心理特征密不可分。综合学者的研究成果，责任心受自我效能感、归属感、权利感与主体感等要素的影响较为显著。在结果变量层面，责任心对个人和社会层面产生较为广泛的影响。具体来说，主要包含个人道德评价、社会关系构建、学业成绩等与个人成长发展息息相关的大量因素。

4. 能力测评

责任心的测评工具以心理学领域的自陈式量表居多。由于中西方文化背景下对于责任心的认识具有相当大的差异，故此我国学者积极投入该素质测评工具的开发，取得了相当的成果。学者对责任心的测评往往含有多个维度。以《中国大学生责任感测评量表》为例，该量表采取自陈的形式，通过条理

---

① 刘铁芳. 学生社会责任感的建构与培养 [J]. 教育研究与实验，2001（2）：26－30.

性、自律性、韧性、专注性、诚信性、独立性等六个层面展开测评。这一量表的形式具有相当大的代表性。学者对于该素质测试工具的开发根据各自关注领域虽有所差别，但从形式上来说，具有较高的相似性。

5. 培养提升

责任心的培养并非一蹴而就，需要从氛围营造、教育推进等方面入手，多层次全方位对青年的责任心进行科学性的提高。从氛围营造的角度来说，应树立良好社会风气，树立勇于担当的整体社会风气；从教育的角度来说，应充分发挥思想政治教育的核心作用，丰富责任心的教育内容、深化教育内涵、创新教育方式，同时注重对于青年责任心自律意识的培养，强化学生在责任心层面的自我管理意识。

6. 素质图表

表 15 - 3　责任心素质图表

基本特征与描述	
核心特征	主动履责，有始有终
核心含义	关心国家、关心人民、关心世界，学会担当社会责任，同时担当起党和人民赋予的历史重任①，尽心履责，富有担当
常见表述	主人翁意识、尽职尽责、兢兢业业、克己奉公、鞠躬尽瘁、吃苦耐劳、勇于担当
评估方式	基于行为数据的素质对标（评价）；素质测评（自评）、素质测评（他评）
对标评价等级与关键行为	
评价等级	关键行为
负级水平：敷衍推诿	1. 对自己在团队、组织中的责任不清，学习生活中多抱怨； 2. 逃避独立承担责任，乐于听从他人安排
初级水平：认真落实	1. 保质保量完成学业任务以及学习生活中的其他工作； 2. 严格把握个人任务进展的情况，出现问题时积极思考解决方案，力图保证任务完成
中级水平：尽职尽责	1. 完成任务一丝不苟，在保质保量的前提下，为自己设立更高的完成标准； 2. 主动承担界定不明的任务，在不影响个人任务完成的前提下，更多履行责任

① 资料来源：2014 年 5 月习近平总书记在北京大学师生座谈会上的讲话。

268

续表

对标评价等级与关键行为	
评价等级	关键行为
高级水平： 兢兢业业	1. 发生问题时可以公开承担责任，寻找自身原因，及时更正错误； 2. 在较大的压力下仍能执行、承担相应的责任和代价

测评工具样例
《中国大学生责任感测评量表》，陈旭英，2006①

（四）主动性

1. 内涵发展

主动性又称为积极性、自主性、主动性人格等，指个体在面临周遭环境所产生的阻力时，不受情境阻力的制约，主动采取行动以改变其外部环境的倾向性②。这一概念由 Bateman 在开展组织行为中的主动性成分研究中发现，同时提出主动性是在其他人格理论之外的一种重要的个人素质。

我国对于主动性人格的研究尚处于起步阶段，《国民素质建构与基础教育改革》[7]一书中最早系统性地将该理论在我国的研究领域提出，并且认为在新时代发展的背景下，社会的进步与发展应更广泛地关注个体能动性、创造性以及自主性。充分认识自身价值，个体成为自己发展的主要领导者，是新时代新青年的发展方向。这一思想时至今日仍为研究者普遍认同。

2. 价值意义

主动性不仅仅指积极的态度，更要考虑克服环境阻力的因素。因此，主动性的素质深刻影响着个体对于自我实现的认知与动力。拼搏的时代呼吁迎难而上砥砺奋进的人才。个体积极主动的素质特征有助于大量积累经历，快速占据优势资源，进而不断进步，不断丰富自我；社会积极主动的氛围则有助于整体技术与文化水平的不断推进和提升，主动出击，快速响应将成为社会发展的主旋律。

3. 前因后果

对于主动性影响因素的研究相对成熟且成体系。基于广泛的沉淀，领域内形成了一定的共识。从前因变量的角度来说，主要涵盖倾向性、人格、知

---

① 陈旭英. 高校国防教育与大学生责任感人格特质相关研究［D］. 厦门：厦门大学，2006.
② BATEMAN T S, CRANT J M. The proactive component of organizational behavior: A measure and correlates［J］. Journal of Organizational Behavior, 2010, 14（2）：103－118.

识、技能、能力与环境因素。其中倾向性指当个体积极采取某些行为有利于对抗不良环境时产生的行为倾向，该要素最为接近主动性本身，是激发主动性最直接的因素；人格、知识、技能与能力是个人主动性的重要根源，也是核心素质中普遍存在的前因变量；环境指个体所处的外部条件要素，主要指工作的控制程度和复杂程度，作为普遍的前因变量之一，环境要素可能直接也可能间接影响主动性本身。

结果变量的层面，主动性是个人和组织应对激烈竞争的有效手段。经过研究，学者提出该素质的结果变量主要涵盖工作、学习两部分。工作层面，主动性对于工作寻觅效率、就业能力水平、工作能力、工作动力以及个人绩效具有显著影响；学习层面，主动性及学业成绩与学习独立性等因素存在普遍的联系。

4. 能力测评

对于该素质的测量，他评与自评的研究都十分广泛。其中他评主要以行为访谈为主，而自评主要是自陈式量表的手段。他评更能凸显出个人的真实特质，但成本较高，其中以定性定量的主动性评价、情境访谈、教育主动性与访谈者评价等评级手段为主。[8] 自陈式量表操作成本更低，但精度稍逊于他评。该种工具以 Frese 开发的《主动性测评量表》为代表。[9] 该量表不同国家样本所得到的 α 一致性系数均在 0.71 ~ 0.88，说明具有良好的代表性与广泛的适用性。

5. 培养提升

对于主动性的培养提升同其他的关键能力与核心素质类似，要从环境营造与教导培育两方面入手。从环境层面来说，应为青年广泛营造主动承担的氛围，鼓励其积极发表意见、承担工作。同时抛开结果因素，从行为角度入手促进其对于积极主动承担任务的良好印象。从教导培育的角度上来说应增强积极意识的教育，将该素质的重要性与价值意义的培养融入日常的课堂教育，进而促进青年群体将积极主动由突出行为转化为自然而然的习惯性行为。

6. 素质图表

表 15 - 4   主动性素质图表

基本特征与描述	
核心特征	积极思考，果断处理
核心含义	勇做走在时代前列的奋进者、开拓者、奉献者①，主动考虑发展路径

---

① 资料来源：2016 年 7 月习近平总书记在庆祝中国共产党成立 95 周年大会上的讲话。

续表

基本特征与描述	
常见表述	当机立断、自动自发、快速行动、创造机会、未雨绸缪、前瞻思考、规划未来、把握主动
评估方式	基于行为数据的素质对标（评价）；素质测评（自评）、素质测评（他评）

对标评价等级与关键行为	
评价等级	关键行为
负级水平：消极待命	1. 被动等待他人的询问，安于现状，得过且过； 2. 面临一些问题时犹豫不决，反应迟钝
初级水平：快速响应	1. 在学习生活中，遇到有需要的时候快速采取行动； 2. 当机会出现时，可以快速反应，抓住机会
中级水平：提前准备	1. 对于学习生活进行合理规划，提前安排协调相关活动； 2. 对于将来的困难、阻碍，提前思考解决方案，提前做好准备
高级水平：深谋远虑	1. 在某一阶段初期，提前做好计划，并不断调整； 2. 在学习工作阶段，先于他人进行准备，切实解决出现的危机，主动创造一定的机会

测评工具样例
《主动精神测评量表》，严进，2009①

（五）好奇心

1. 内涵发展

好奇心是个体不断探索的原动力，具体来说指个体对于新异和未知事物渴望了解的倾向。好奇心最早在哲学与教育学等方面受到广泛关注。随着研究水平的不断推进，1890 年 James 在心理学的研究中引入好奇心的概念并深入研究。20 世纪 50 年代到 60 年代，认知心理学家与行为主义心理学家的并行研究，以及 70 年代到 80 年代，从特质出发探讨好奇心这一核心素质的结构，这两个话题的探讨是好奇心研究的两大高潮[10]。经过对于好奇心的概念、本质、发展特点等要素的百余年的理论研究发展，当前研究领域普遍认同好奇心是个体内部的重要动机之一，同时也是心理健康的重要标志。

---

① 严进，谢小云. 企业员工的主动精神：结构探索与验证［J］. 商业经济与管理，2009，1（10）：34 － 39.

2. 价值意义

好奇心作为个体重要的人格特征之一，与个体的健康、学习以及创造性的综合发展都有很大的关系。该素质的根本是个体内在的动机驱动。从健康的角度来说，好奇心影响个体对周围环境的感受与关心。较高的好奇心水平可以使得个体更加广泛地与环境进行互动，进而构建完善的心理健康状态。从学习的角度来说，好奇心影响个体的学习动机。好奇心强，则个体更乐于了解更为广泛的知识，引发求知欲的不断提升。从创造性的角度来说，好奇心引发个体对于新事物的探索欲，进而促进对新事物的开发、创造。总体来说，个体好奇心水平对于个体的综合发展大有裨益。

3. 前因后果

好奇心作为基础的个人核心素质，主要受到环境、家庭关系、教育等因素的影响。环境层面主要指社会环境因素。学者通过研究提出，高水平探索行为与支持性氛围具有高度相关性。家庭关系主要指父母等家庭成员对于子女的言传身教，其中父母对于孩子探索性鼓励的程度、交流互动与自身的榜样效应等核心要素和青年好奇心水平高度相关。教育层面主要指教师、课程等教育人员与资源对青年的引导，其中勇于探索、提问的学习氛围构建是该层面下尤为重要的因素。

从结果变量的角度来说，好奇心作为探索未知的核心内驱力，对于个体的学习与工作都具有广泛的影响。学习层面，好奇心对于个体学习效率、理解领悟以及创新思维等具有显著影响。而在工作领域该素质对于工作创新等因素的影响较为显著，进而影响个体的工作效率。

4. 能力测评

素质的维度划分决定了其测量工具的设计。对于好奇心，Day 将其划分为特质好奇心和状态好奇心；Langvin 将其划分为广度与深度好奇心；Kreitler 将其划分为操作好奇心、概念好奇心以及对复杂与模糊的好奇心。学者对好奇心的维度划分存在诸多不同的观点，基于此不同视角的量表应运而生。David 构建的 Ontario Test of Intrinsic Motivation（OTIM）[11]量表主要针对兴趣好奇心与特定好奇心；Naylor 构建的 Melbourne Curiosity Inventory[12]（MCI）量表以状态好奇心与特质好奇心为对象进行测评；Leherissey 构建的 The State Epistemic Curiosity Scale（SECS）[13]量表着眼于认知好奇心进行测评。诸如此类的相关测评量表在领域内十分丰富，且具有相当的代表性与信效度。

5. 培养提升

西方的大量研究表明，核心素质的培养效果往往与干预年龄成反比，好奇心在个体幼儿时期进行培养和开发的效果更为显著。较具代表性的是 Mohanty 针对 4—5 岁幼儿进行的有效干预实验，结果表明隐藏符号、序列思考和形状视觉回忆等项目的训练对于幼儿的探索性水平的提升具有显著效果。综合来说，培养青年的好奇心水平，除了上述的特定训练与课程安排以外，在环境氛围以及家庭关系等方面都大有可为。从环境的角度来说，鼓励探索、质疑、思考的社会对个体好奇心的培养具有正向作用；善于启发、引导，提倡积极探索的家庭教育环境同样对好奇心的养成具有良好的效果。

6. 素质图表

表 15－5　好奇心素质图表

基本特征与描述	
核心特征	主动探究，关心变化
核心含义	把学习同思考、观察同思考、实践同思考紧密结合起来，保持对新事物的敏锐①，追本溯源，知其所以然
常见表述	善于提问、积极思考、打破砂锅问到底、探寻真知、渴望真相、保持思考、探索发现
评估方式	基于行为数据的素质对标（评价）；素质测评（自评）、素质测评（他评）
对标评价等级与关键行为	
评价等级	关键行为
负级水平：漠不关心	1. 对于不和自己直接相关的事物不闻不问，毫不关心； 2. 对于和自己直接相关的事物，仅完成，而不加以思考
初级水平：主动应对	1. 思考日常学习生活中，开展某些工作的原因； 2. 乐于发现生活中不一样的情况
中级水平：积极思考	1. 对于老师等布置的任务，思考其价值和意义，并主动沟通以印证自己的想法； 2. 有意锻炼自己，主动学习自己较为生疏的技能
高级水平：深入探究	1. 对于学术或学生工作中某一模块深入探究，形成自己的看法与见解； 2. 富有探索精神，乐于深入探究不了解且具有意义的事物
测评工具样例	
《初中生特质－状态好奇心量表》，Olson，1986②	

---

① 资料来源：2017 年 5 月习近平总书记在中国政法大学考察时发表的讲话。

② OLSON, ELOISE. Measurement of curiosity in junior high school students [J]. 1986.

（六）积极乐观

1. 内涵发展

积极乐观又称为乐观心态、乐观情绪等。作为积极心理学研究的核心概念之一，积极乐观指个体对于和自身相关的生活、社会等方面的未来可能性与其价值的积极判断。20 世纪 40 年代末，美国以 Maslow 为代表的一批心理学家倡导的积极心理学运动，引发了广大研究者对于积极心理学的探究热潮。在该研究的发展中，自我调节、主观幸福感、乐观与希望等专业性的概念应运而生。20 世纪 80 年代以来，积极乐观研究在概念发展、测量工具以及心理结构等领域中都取得了相当大的成果。

2. 价值意义

在我国传统的文化概念中，乐观与豁达常常联系在一起，用以形容一种良好的心态与宽广的心胸。研究领域同样呈现了这样的结论。乐观积极是个体对于未来看法密切相关的概念，一直以来被认为是人们保持心理健康的重要因素之一。区别于前述的关键能力与核心素质，乐观积极对个体的影响更偏向于心理资本的积累。对个体来说较高的心理资本水平将有利于提高其自身的心理健康水平与抗压能力；对社会整体来说乐观积极的氛围有助于整体和谐社会的构建与发展。

3. 前因后果

对于积极乐观前因变量的研究，学者通过模型构建以及重点研究探求影响积极乐观水平的核心要素。从模型的角度来说，Schweizer 构建的三因素模型较具代表性，将积极乐观划分为个人乐观、社会乐观与自我效能乐观。其中个人乐观指与个体直接相关的好结果的期望；社会乐观指对社会生态领域等与个人间接相关的好结果的预期；而自我效能乐观严格来说是个人乐观的一部分，指对自身行为的好结果的预期。从模型的结构可以发现该素质基于素质本身的前因变量，而素质之外的前因变量学者主要通过重点研究进行进一步的开发。综合学者研究成果，积极乐观基于外在客观条件的前因变量主要包含个体人格、年龄、氛围与教育水平。

结果变量决定了能力与素质的重要价值。作为与个体心理密切相关的核心要素之一，积极乐观与生活满意度、心理健康维护、心理资本积累、完整人格构建等都具有高度的相关性。进一步来说，个体高水平的积极乐观心态促成了社会整体乐观氛围的养成与提升，对和谐社会的建设推进具有相当显著的影响。

4. 能力测评

积极乐观的测评工具开发在研究领域取得了较为可观的成果，其中具有代表性的是期望价值评定、生活定向测验以及个人和社会乐观评定问卷。期望价值评定由 Leif 进行开发，该研究以期望—价值模型为基础对乐观、悲观进行定义，从个人生活事件与社会事件两个维度设计相应的评定题项。《生活定向测验》（The Life Orientation Test LOT）由 Scheire 开发，以自我报告为主要测量方法，从乐观与消极心态两个方向的描述进行题项设计[14]。《个人和社会乐观评定问卷—扩展版》（Questionnaire for assessment of personal and social optimism – extended POSO – E）由 Schweizer 在前期《社会乐观量表》的基础上进行修订并加入个人乐观模块后构建而成。该量表由个体乐观的生活定向测试、社会乐观的社会乐观量表以及自我效能乐观的自我效能乐观量表组成，三个部分内部一致性系数达到 0.78、0.86 与 0.87，信效度表现良好，具有广泛的适用性。[15]

5. 培养提升

积极乐观的干预在教育层面的手段相对更为有效。这里的教育不仅仅指常规教育模式下积极心态的鼓励与刺激，同时也指刻意进行计划与安排的专业化训练。其中以理性情绪疗法和团体咨询为代表的训练手段取得的效果较为显著。在正向激励的基础上，纠偏的规则设计同样重要。家庭与学校等环境下对青年悲观消极心态的关注程度以及重视程度，对其积极乐观心态的培养和维护具有重要价值。

6. 素质图表

表 15 – 6　积极乐观素质图表

基本特征与描述	
核心特征	乐观豁达，心态开放
核心含义	胸襟开放，包容并蓄①，乐观积极，冷静坦然
常见表述	胸襟宽广、宽宏大量、兼容并蓄、豁达向上、乐观积极、充满阳光、开朗大方
评估方式	基于行为数据的素质对标（评价）；素质测评（自评）、素质测评（他评）
对标评价等级与关键行为	
评价等级	关键行为
负级水平：封闭悲观	1. 对于个人发展缺乏希望，认为正在进行的工作很难完成； 2. 思想负面、消极，总是先关注到事物不好的一面

---

① 资料来源：2016 年 4 月习近平总书记考察中国科技大学时与大学生的对话。

续表

对标评价等级与关键行为	
评价等级	关键行为
初级水平： 正确认识	1. 对问题具有正确的认识，对于能否完成冷静评估； 2. 分析计划个人未来发展，正确认识工作的价值与意义所在
中级水平： 阳光积极	1. 乐观向上，常常能看到事物积极的一面； 2. 保持阳光的心态，让人感受到亲近自然
高级水平： 坦然豁达	1. 发生冲突时懂得忍让，快速调整个人心态； 2. 困难条件下，仍能保持乐观的心态，努力完成任务
测评工具样例	
《自我效能感测评量表》，Ng T W，2015①	

（七）自信

1. 内涵发展

自信是个体对于自身水平能力所做出的重要判断。具体来说自信指个体做出的，并持续一段时间保持的对自身的评价，表达出个体认为自己有价值、有能力的程度水平。Maslow 于 1943 年最初将自信列入需要层次理论，指出其核心是自尊得到满足的时候产生的情感体验。[16]这一观点有效推动了研究领域对于自信概念的探讨。Jackson 在 1984 年将自信化归于人格特质，认为自信是一种持久的人格倾向，同时是随着环境不断调整的自我评价状态。[17] Youngs 将自信的概念进一步深化，细分为生理安全、情感保障、自我确认感、归属感、能力意识和使命感六个维度。② 随着研究领域中自信内涵的愈加丰富，针对其影响因素、测评工具以及培养提升等的研究也逐步发展起来。

2. 价值意义

自信是个体敢于不断尝试，不断提升自我的源动力。保有强烈的信心是积极探索的前提条件。作为一种积极的心态，适当的自信水平可以有效提高青年的自驱力，充分发挥其创造性，并使得个人潜能得到有效的开发。同时作为一种个体成长的内在需要，自信是个体心理抗压能力、积极情绪构建最

① NG T W, LUCIANETTI L. Within – individual increases in innovative behavior and creative, persuasion, and change self – efficacy over time：A social – cognitive theory perspective. [J]. Journal of Applied Psychology, 2015, 101 (1)：14.

② 贝蒂·扬斯. 自信的培养 [M]. 南宁：广西人民出版社, 2002.

基础的因素，同时更是促进个体人格完善、乐观心态养成以及心理健康维护的根本保障。

3. 前因后果

自信受到内外在因素的广泛影响。从个人内在因素来说，个性特征、动机以及个人体验对于自信的影响较为显著。其中个性特征主要指自我效能感以及自我调控能力[18]等；动机主要指个体的成就动机以及行为动机[19]等；而个人体验则主要指个体以往的经历丰富程度和总体感知水平等。从外在环境因素来说，家庭与学校的环境是影响自信水平的重要条件。家庭的影响主要体现在父母的教育方式、家庭经济状况以及家庭交流氛围[20]等；学校教育的影响主要体现在教师的教育与同学的支持等，而学校的社会事件特别是挑战性活动的资源供给对于个体自信树立的影响作用十分明显。

在结果变量层面，自信是个体成长的根本保障，同时也是促进持续发展的强大动力。自信水平是个体完整人格与心理健康等良好发展的基本保障，深刻影响着个体创造性、内驱力以及潜能开发的程度。

4. 能力测评

西方对于自信测评工具的研究取得了一定的成果，其中 Rosenberg 于 1965 年开发的《罗森伯格自信心测量量表》[21]经过众多学者的广泛运用、修订，已经具有相当大的代表性与适用性。该量表通过四级、两向合计 10 个测评题项对个体自尊自信水平进行测量。该量表因其信效度以及适用性良好，同时简单易操作，得到了研究者的普遍认同。而在"满招损，谦受益"文化背景的影响下，我国自信的内涵和外延与西方具有较大的差异。个体自信程度的测评工具十分需要进行本土化改造与创新。然而，我国研究领域内，关于青年自信的测评工具探索十分缺乏，亟待学者的进一步研究与开发。

5. 培养提升

青年是人格养成、能力提升的关键时期。在我国独特的文化背景下，本土学者对青年自信的培养研究十分丰富。学者提出的提高大学生自信意识、强化成就动机培养、丰富成功体验、增加正向反馈与肯定的评价以及开展适当的挫折教育以提高我国大学生自信水平的建议方法具有相对广泛的适用性①。在具体手段的层面，有学者提出的从自我认知与自我评价、个性特征、自信清晰度、成败经验与归因、他人评价、态度与期望、积极心态以及教育训练等八个角度

---

① 车丽萍. 论大学生自信人格及其培养 [J]. 宁波大学学报：教育科学版，2010，32（6）：92－95.

设计团体心理辅导的培养提升手段具有较高的实用价值①。

6. 素质图表

表 15 – 7　自信素质图表

基本特征与描述	
探索的积极	坚持自我，行事果断
核心含义	不要妄自菲薄，同时要自强不息②，坚定自我，秉持原则
常见表述	挑战权威、不畏强权、坚持己见、具有主见、自信果断、独断专行、刚愎自用
评估方式	基于行为数据的素质对标（评价）；素质测评（自评）、素质测评（他评）

对标评价等级与关键行为	
评价等级	关键行为
负级水平：缺乏自信	1. 不相信自己有能力独立完成任务，总希望依赖他人； 2. 偏听偏信，易受他人意见看法的影响
初级水平：展现自信	1. 对问题有自己的看法，能独立分析做出判断； 2. 独立自主处理生活学习中的一些问题，很少需要监督
中级水平：充满自信	1. 乐于接受具有挑战性的任务； 2. 自己做出大部分决定，且为自己的决定负责
高级水平：突破陈规	1. 特殊情况下可以突破陈规，执行自己的判断，并未造成的后果负责； 2. 与老师、同学等产生分歧时，敢于陈述个人观点，据理力争

测评工具样例
《罗森伯格自信心测量量表》，Rosenberg，1965③

（八）韧性

1. 内涵发展

韧性在研究领域又称为心理韧性，指个体在逆境中呈现的有效应对和适应能力。针对韧性的研究始于美国，心理学领域内将该方向表述为"Resilience"，在我国学者反复探讨推敲后，将其翻译为"心理韧性"。心理韧性的研究是从现实现象到抽象理论的过程，因此针对其内涵的定义引发了

---

① 胡梦弟. 积极心理团体辅导对提升大学生自信水平的干预研究［J］. 柳州职业技术学院学报，2014（5）：41 – 44.
② 2016 年 4 月习近平总书记考察中国科技大学时与大学生的对话。
③ ROSENBERG M. Society and the Adolescent Self – Image：SELECTION OF THE SAMPLE［M］. Princeton University Press，1965.

领域内激烈的讨论。纵观学者的研究，心理韧性的内涵可以分为品质性、结果性以及过程性三种主要方向。品质性定义认为心理韧性是个体稳定呈现的性格特征或能力[22]；结果性定义认为心理韧性是个体面对威胁、挫折时表现出的现象结果[23]；而过程性定义则认为心理韧性是在困境下个体行为变化的过程[24]。随着研究手段的不断革新，研究者普遍将心理韧性认定为个体可以跨情境的稳定的心理素质，这也是当前领域内取得共识的认知。

2. 价值意义

心理韧性作为重要的自我保护本能，因其在个体遭遇困境时的重要价值而受到广泛关注。从心理层面来说，良好的韧性水平能提升个体的抗压能力以及困境下的心理健康状态的维护，同时能在一定程度上完善个人人格水平。从行为层面来说，心理韧性水平较大程度影响着个体在困境或危机情况下的行为选择，对于个体在特殊情况下的持久、应变等行为反应具有显著的作用。

3. 前因后果

模型构建是探究心理韧性前因变量与结果变量的重要手段之一。Mandelco所构建的心理韧性模型，很好地诠释了该素质的前因变量问题。该模型将影响心理韧性的因素划分为内部与外部两种。其中内部因素指个体的生物与心理因素，而生物因素指身体条件、基因以及性别等，心理因素则指智力水平、认知方式以及人格特点等；外部因素主要以家庭划分，分为家庭内因素和家庭外因素，其中家庭内因素主要包含家庭环境、教育方式以及家人的影响等，而家庭外因素则包含家庭以外如同伴、教育环境以及实践体验等一系列因素。[25]该模型具体如图 15 - 1 所示。

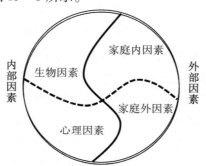

图 15 - 1　Mandelco 心理韧性模型①

---

① Mandelco B L. An Organizational Framework for Conceptualizing Resilience in Children [J]. Journal of Child and Adolescent Psychiatric Nursing, 2000, 13 (3): 14.

图 15 - 1 表示影响心理韧性的前因变量、内部因素与外部因素之间可能相互影响并互为补充，同时内外部因素所包含的变量也存在相互作用的特征。该模型所阐释的关于心理韧性的前因变量要素在领域内具有相当的代表性。

心理韧性由于其主要作用于个体逆境下的特征，因此在结果变量层面其核心集中于心理与行为两个角度。从心理角度上来说，心理韧性水平深刻影响个体的积极情绪、幸福感、满意度以及心理健康状况等；而在行为层面，心理韧性则广泛影响个体在困境或突发情况下的应变、分析以及决策水平。

4. 能力测评

西方对于心理韧性测量工具的研究由来已久，成果十分丰富。以 Wagnild & Young 等在 1993 年编制的《心理韧性量表（RS）》[26]、Connor & Davidson 等在 2003 年编制的《心理韧性测量量表（CD - RISC）》[27]以及 Friborg 等在 2003 年编制的《成人心理韧性量表（RSA）》[28]为代表性。

我国对于心理韧性的测评以翻译国外成型的量表为主要方式。其中以《心理韧性测量量表》（Connor - Davidson resilience scale CD - RISC）为代表的一系列国外测评工具在我国情境下具有很好的适用性。以上述量表为例，其由坚韧、力量和乐观三个维度构成，其中含有坚韧分量表 13 个、力量分量表 8 个以及乐观分量表 4 个，共计 25 个题项。在我国情境下进行测量，该量表的总体内部一致性系数 α 为 0.91，坚韧分量表为 0.88、力量分量表为 0.80，乐观分量表为 0.60，具有很好的测量效果。①

5. 培养提升

针对青年韧性的研究发现，心理韧性水平在不同的年龄和年级存在显著差异。Hannah 提出年龄与心理韧性呈负相关[29]，同时基于我国大学生的韧性研究也提出大二、大三学生的心理韧性显著高于大一和大四学生。基于此可以想见，青年韧性的培养与发展应当基于年龄段设计与之相适应的提升方式。从家庭的角度来说，应创造勇于面对失败、接受挫折的积极氛围，在科学鼓励的同时树立青年正视困难的心态；从学校的角度来说，应在教学内容安排与教育风气营造上注重对学生心态调节的教育，同时尝试性地提供具有挑战性的任务，引导学生在失败中积极分析提高快速恢复的能力。

---

① 雷万胜，陈栩，陈锦添. 大学生心理韧性研究 [J]. 中国健康心理学杂志，2008，16（2）：155 - 157.

6. 素质图表

表 15 - 8　韧性素质图表

基本特征与描述	
核心特征	不畏困难，勇往直前
核心含义	处优而不养尊，受挫而不短志①，坚忍不拔，持之以恒
常见表述	脚踏实地、坚韧持久、不服输、勤奋执着、百折不挠、坚毅顽强、正面困难、抗压能力强
评估方式	基于行为数据的素质对标（评价）；素质测评（自评）、素质测评（他评）

对标评价等级与关键行为	
评价等级	关键行为
负级水平：心浮气躁	1. 好高骛远，高不成低不就，做事三天打鱼两天晒网； 2. 困难条件下易产生畏难情绪，容易放弃
初级水平：踏实积累	1. 面对老师、同学们保持谦虚的心态，勤勤恳恳； 2. 从基础起步，踏踏实实，努力完成个人学业
中级水平：持之以恒	1. 对于已经决定的计划，坚持履行，从不间断； 2. 遇到困难时，虚心请教，不轻易放弃
高级水平：百折不挠	1. 在学习生活中，经历很大的困难仍能咬牙坚持，完成计划； 2. 在较大的压力下，保持良好的心态，冷静分析，不轻易言败

测评工具样例
《中国青少年心理韧性量表》，胡月琴，2008②

（九）情绪稳定性

1. 内涵发展

情绪稳定性是一种重要的人格特质，指个体情绪反应合乎情境，且在一定程度上保持一致性的水平。随着心理健康问题逐步引发社会的广泛关注，情绪稳定性的研究也得到了突飞猛进的发展。学者普遍认同情绪稳定性是一种个体情绪上表现出的稳定特征，但在其核心内涵上还存在争议。当前主要呈现三种观点：情绪稳定性表现了情绪发展的成熟度以及个体与情境或环境

① 2017 年 5 月习近平总书记在中国政法大学考察时的讲话。
② 胡月琴，甘怡群. 青少年心理韧性量表的编制和效度验证 [J]. 心理学报，2008，40（8）：902 - 912.

相互作用的协调特征[30]；情绪稳定性用以描述情绪上相对成熟的，情绪反应符合情境，并且在跨时间与空间保持一致的状态[31]；情绪稳定性指个体在一定情境下不表现出过激的反应[32]。随着心理学研究不断推进，情绪稳定性越来越成为心理品质研究的重点话题，同时也逐步成了判断个体心理健康状况的重要指标。

2. 价值意义

情绪稳定性由于其在反映个体心理健康状况上的重要的指标性作用，而被广泛应用于心理状态的评价与分析。针对正处于心理人格构建期、情感相对丰富、情绪波动较大、状态不稳定的青年来说，情绪稳定性的这种价值尤为凸显。采用适当的手段对我国青年的情绪稳定性进行有效干预，对于预防青年心理问题的发生、排解心理障碍以及提升自我情绪管理能力，进而综合提高其心理健康水平大有裨益。

3. 前因后果

作为心理健康的重要评判指标，情绪稳定性受个体因素与环境氛围的影响十分显著。个体因素层面主要包含年龄、性别、个人特质（自控力、情绪智力等）、情绪教育接收状况以及受教育程度等；环境氛围因素层面主要包含个体所在地（身处本地或外地）、家庭沟通氛围以及教育、工作、社会环境氛围等。

结果变量层面，情绪稳定性通过影响情绪波动情况，进而对个体产生影响。具体来说情绪稳定性在教育层面主要影响个体的学习动机、学业成绩、学习注意稳定性以及学习自控力等；在生活层面主要影响个体的习惯养成（网瘾等）、自我效能感、情绪控制以及人际关系状况等；在工作层面则重点影响个体的工作绩效、领导行为以及工作满意度等。

4. 能力测评

情绪稳定性作为人格特质研究中的重要变量，针对其进行的测量工具往往来源于综合性的人格测评体系。Goldberg 所提出的大五人格理论与测评量表中以"神经质"变量代指"情绪稳定性"的含义。Cattell 所开发的 16PF 人格理论与测评量表同样以"稳定性（C）"部分涵盖了"情绪稳定性"的含义。尽管在理论研究领域针对情绪稳定性专项的测评仍有待进一步发展，但在生物领域该素质的测评工具研究正在悄然推进。我国学者在军人心理情绪稳定性的研究层面进行了广泛的系统开发，该系统在理论量表测评的基础上，结合生物传感器，通过被试者在情绪稳定测试曲线面板上以手绘制图形，收集其手抖动频率等一系列数据，综合分析得出结论及提升改进建议[33]。这种心理学与生物学相结合的测评手段正在快速发展当中，并在测评领域取得了相当的效果。

5. 培养提升

情绪稳定性对于个体心理健康的重要价值决定了其培养提升手段十分丰富。由于情绪稳定的干预效果随着年龄递增而减弱，且在 30 岁以后变化极小[34]，因此，对儿童、青年阶段个体情绪稳定性的改善，除传统家庭培养以及校园教育之外，针对该素质专门别类地训练项目也层出不穷。其中团体心理辅导对于儿童及青年情绪问题具有显著的改善效果，小组成员通过游戏活动、相互接纳、信任构建、团队工作等可以有效提高个体的情绪稳定性与情绪管理水平。

6. 素质图表

表 15 – 9　情绪稳定性素质图表

基本特征与描述	
核心特征	心态端正，行事稳重
核心含义	扎扎实实干事、踏踏实实做人①，冷静平和，泰然处之
常见表述	踏实稳重、冷静成熟、安安稳稳、心平气和、坦然大方、坦然自若、处变不惊
评估方式	基于行为数据的素质对标（评价）；素质测评（自评）、素质测评（他评）

对标评价等级与关键行为	
评价等级	关键行为
负级水平：情绪波动	1. 遇事容易慌乱，在情势不明晰之前自乱阵脚； 2. 情绪波动大，常大喜大悲，暴躁易怒
初级水平：踏实稳定	1. 认真完成老师同学们交给的工作，踏实做事，不抱怨； 2. 情绪相对稳定，不因一点小事而心情突变
中级水平：冷静成熟	1. 能冷静分析个人处境与未来发展； 2. 遇处事成熟稳重，不引发事端，保持内心稳定平和
高级水平：处变不惊	1. 在突发情况下，冷静思考，认真应对变化； 2. 包容忍让他人，保持个人情绪稳定，不冲动

测评工具样例
《情绪智力量表》，Law K S，2004②

① 2015 年 7 月以习近平同志为核心的党中央关心青年和青年工作纪实。

② LAW K S, WONG C S, SONG L J. The construct and criterion validity of emotional intelligence and its potential utility for management studies [J]. Journal of Applied Psychology, 2004, 89（3）: 483 – 96.

（十）灵活性

1. 内涵发展

灵活性又称为认知灵活性、心理灵活性等，指个体认知与环境的不断交互作用中，个体所呈现的不断与情境相配合的动力顺应过程。简单来说，认知灵活性就是个体自由改变认知方式，以应对各种变化的能力。该素质着重于个体如何看待自身内心的想法、情感以及过往经验。认知灵活性的概念最初于20世纪90年代，由Spiro等学者首次提出[35]。随着研究的深入，该核心素质的内涵也处于进一步扩展中。学者基于个体产生灵活性的主被动不同，将认知灵活性划分为自发灵活性与反应灵活性两种主要形式[36]，同时将认知灵活性切分为有意识进行灵活性选择、主动适应转变的环境以及对于个人环境适应性的自信三个层次[37]。针对灵活性的内涵定义仍在持续发展当中。

2. 价值意义

灵活性的核心在于对环境、突发事件的适应性以及调节性，对于个体的心理健康、应变行为、自我调节能力等方面都存在显著的正向作用。在我国传统文化背景下，灵活性素质相对不受重视，甚至曾一度为社会所诟病。但随着思维模式的不断发展演化，当前我国青年在该素质上的水平正在不断提升。特别值得注意，相较于西方的文化背景，我国对于该素质的认知存在相当大的差异，针对其价值意义的谈论也褒贬不一。

3. 前因后果

对于心理灵活性的前因变量研究在生理与心理学研究两个领域均有较为广泛的进展。心理学的研究指出心理灵活性受童年时期心理创伤的影响较大，同时也受个体情绪、任务难度以及环境氛围的影响。生理学领域的研究认为个体前额叶是决定其灵活性水平的关键生理因素，前额叶的先天与后天发展情况将深刻影响个体灵活性水平的高低。

在结果变量层面，心理治疗领域的学者通过研究提出，心理认知在受到个体情绪的影响之余，还将对其产生反向的影响作用，尤其是在困境或危机情况下灵活性水平对情绪波动影响较为显著。同时其对于个体心理健康水平、应变能力、学习工作绩效等方面也具有广泛的影响。

4. 能力测评

认知融合与经验性回避是心理灵活性测量的重要指标。研究者通过广泛的研究证明其与心理灵活性的反向变动关系，即这两项指标越高则显示个体心理灵活性水平越低。基于此学者从认知融合与经验性回避两方面构建相应的研究工具。具体测量量表以《接纳与行动问卷第二版》（Acceptance and

Action Questionnaire – 2nd Edition，AAQ – Ⅱ）[38]与《认知融合问卷》（Cognitive Fusion Questionnaire，CFQ）[39]两个测量工具最具代表性。并且这两个量表均在我国的大学生群体中进行了验证分析和修订，前者内部一致性系数 α 为 0.88，重测信度 0.80[40]，后者内部一致性系数 α 为 0.92，重测信度为 0.67[41]。显示这两个测评工具均具有良好的测量效果，且在我国有较强的适用性。

5. 培养提升

生物学领域的研究指出个体前额叶的发育状况对于个体灵活性有重要影响。而个体前额叶的发展期从 3~5 岁开始，7~9 岁与 11~13 岁是发展的两个关键期。这就要求针对灵活性的培养和提升应尽可能提前，在孩童时期进行。当然，成年后个体的灵活性水平仍在一定范围内具有可塑性。当前研究领域主要以认知任务训练与心理咨询等方式对个体灵活性水平进行干预。其中以接纳与承诺疗法（ACT)[42]以及正念疗法[43]最具代表性。

6. 素质图表

表 15 – 10　灵活性素质图表

基本特征与描述	
核心特征	适应变化，处事灵活
核心含义	用正确的立场观点方法分析问题，善于把握历史和时代的发展方向①，主动适应环境变化，积极响应
常见表述	应变能力、适应调整、弹性灵活、随机应变、与时俱进、及时调整、因地制宜、不拘泥于惯例
评估方式	基于行为数据的素质对标（评价）；素质测评（自评）、素质测评（他评）
对标评价等级与关键行为	
评价等级	关键行为
负级水平： 墨守成规	1. 以以往的方法做事，面对变化不敏感； 2. 排斥不同意见，难以接受新的思想与方法
初级水平： 理解变化	1. 接纳他人所提出的新想法，认真听取不同观点； 2. 分析情境变化，思考应变方案，进行简单调整
中级水平： 灵活变通	1. 学习生活中面对困难，敢于尝试新方法新思路； 2. 适当调整成型的规定方法以提高效率

---

①　资料来源：2015 年 7 月以习近平同志为核心的党中央关心青年和青年工作纪实。

续表

对标评价等级与关键行为	
评价等级	关键行为
高级水平： 重大调整	1. 在众多学业任务产生矛盾时，适当改变个人计划； 2. 旧方法出现明显问题时，以创新为导向，敢于重新确定方案与计划

测评工具样例

《灵活性、计划性测试》，2017

本章小结

区别于关键能力，核心素质作为个体更加深层次、更不易观察干预的个性特征，同样深刻影响着我国青年的成长与发展。本章针对诚信正直、成就动机、责任心、主动性、好奇心、积极乐观、自信、韧性、情绪稳定性以及主动性十个核心素质展开，基于内涵发展、价值意义、前因后果、能力测评以及培养提升五个部分对每个素质点进行深入剖析。综合来说，每个核心素质的内涵都处于不断发展当中，且对于青年培养的意义重大；同时作为重要的个人特质其发展水平影响着青年发展的方方面面；在技术发展水平的推动下，基于核心素质的测评工具已经不仅仅局限于量表，生物层面的实验测量方法也进入了应用的视野；从培养提升的角度来说，青年时期各个核心素质都具有干预和提升的可能性，并且在适当专项教育、氛围环境等条件的影响下可以取得相对显著的效果。

随着新人力资本理论的不断发展，核心素质与关键能力（评估内容可参照表 15 – 11）共同推动个体发展的完善与成熟，非认知能力等个体更深层次的素质得到了广泛的关注。作为其中具有相当代表性的特质，核心素质已经越来越走到青年培养发展的中央，成为综合素质培养的重中之重。

表 15 – 11　关键能力与核心素质评估表

第二课堂能力素质评价表

学校：		姓名：		专业：		班级：	
	活动名称						
	活动类型						
	参与身份						
	主要任务						

续表

第二课堂能力素质评价表

对应能力点		
评价主体		
评价人身份		
对应权重（%）		
评分情况		
综合得分		

注："评价主体"指对于该活动参与人表现进行评价的个人；"评价人身份"指该活动中该评价者的身份；"对应权重"由评价人自行设计，加总等于 100 即可。"评分情况"由评价人填写，对应参与者每个任务点进行打分，每个任务点满分 100 分。综合得分由"对应权重"与对应"评分情况"相乘加总而得。

参考文献

［1］孙雪菲. 大学生诚信意识教育研究［D］. 沈阳：辽宁大学，2013.

［2］胡建强，刘建佳. 诚信的现代意义与大学生诚信教育［J］. 湖南工业大学学报，2006，20（1）：111 - 113.

［3］丁继民，李大勇，郑玲，等. 论大学生诚信教育的有效途径［J］. 重庆交通大学学报（社会科学版），2006，6（1）：99 - 99.

［4］WANEK J E，SACKETT P R，Ones D S . *Towards an understanding of integrity test similarities and differences：an item – level analysis of seven tests*［J］. Personnel Psychology，2003，56（4）：873 - 894.

［5］MAN F，NYGARD R，GJESME T. *The Achievement Motives Scale (AMS)：theoretical basis and results from a first try ‐ out of a Czech form*［J］. Scandinavian Journal of Educational Research，1994，38（3 - 4）：209 - 218.

［6］曾向昌. 大学生就业期望与实际就业的关联性分析研究［J］. 高教探索，2007（2）：110 - 112.

［7］郭文安，陈东升. 国民素质建构与基础教育改革［M］. 北京：人民教育出版社，2000.

［8］蒋琳锋，袁登华. 个人主动性的研究现状与展望［J］. 心理科学进展，2009，17（1）：165 - 171.

［9］FERRONI M，RYCYNA K，AVERCH T，et al. *The concept of personal initiative：Operationalization，reliability and validity in two German samples*［J］.

Journal of Occupational & Organizational Psychology，2011，70（2）：139 – 161.

［10］胡克祖. 好奇心的理论述评［J］. 辽宁师范大学学报：社会科学版，2005，28（6）：49 – 52.

［11］EVANS，DAVID R. *The Ontario Test of Intrinsic Motivation，Question Asking，and Autistic Thinking*［J］. Psychological Reports，1971，29（1）：154 – 154.

［12］NAYLOR F D. *A state – trait curiosity inventory*［J］. Australian Psychologist，2011，16（2）：172 – 183.

［13］LEHERISSEY B L. *The validation of a measure of state epistemic curiosity in a computer – assisted situation.*［J］. 1972.

［14］SCHEIER M F，Weintraub J K，Carver C S. *Coping with stress：divergent strategies of optimists and pessimists*［J］. Journal of Personality & Social Psychology，1986，51（6）：1257 – 64.

［15］SCHWEIZER K，SCHNEIDER R. *Social optimism as generalized expectancy of a positive outcome*［J］. Personality & Individual Differences，1997，22（3）：317 – 325.

［16］MASLOW，A. H. *A theory of human motivation*［J］. Psychological Review，1943，50（4）：370 – 396.

［17］JACKSON M R. *Self – esteem and meaning：life – historial investigation*［M］. New York State University，1984.

［18］JIANG Y，KLEITMAN S. *Metacognition and motivation：Links between confidence，self – protection and self – enhancement*［J］. Learning and Individual Differences，2015，37：222 – 230.

［19］车丽萍. 大学生成就动机、性格特征、控制点与自信关系的研究［J］. 应用心理学，2003（2）：26 – 30.

［20］董丹丹，卢桂兵. 大学生自信水平与父母教养方式的关系研究［J］. 内江科技，2011，32（6）：77.

［21］ROSENBERG M. *Society and the Adolescent Self – Image：Selection of the Sample*［M］. Princeton University Press，1965.

［22］LAZARUS R S. *From Psychological Stress to the Emotions a History of Changing Outlooks*［J］. Annual Review of Psychology，1993，44（1）：1 – 21.

［23］MASTEN A S. Ordinary magic. *Resilience processes in development*［J］. American Psychologist，2001，56（3）：227.

［24］ LUTHAR S S, CICCHETTI D, BECKER B. *The construct of resilience*: *a critical evaluation and guidelines for future work* ［J］. Child Dev, 2010, 71 (3): 543 – 562.

［25］ MANDLECO B L. *An Organizational Framework for Conceptualizing Resilience in Children* ［J］. Journal of Child and Adolescent Psychiatric Nursing, 2000, 13 (3): 14.

［26］ WAGNILD G M, YOUNG H M. *Development and psychometric evaluation of the Resilience Scale* ［J］. J Nurs Meas, 1993, 1 (2): 165 – 178.

［27］ CONNOR K M, DAVIDSON J R T. *Development of a new resilience scale*: *The Connor – Davidson Resilience Scale（CD – RISC）* ［J］. Depression and anxiety, 2003, 18 (2): 76 – 82.

［28］ HILBIG J, RIMA V, FRIBORG O, et al. *Resilience in a reborn nation*: *Validation of the Lithuanian Resilience Scale for Adults（RSA）* ［J］. Compr Psychiatry, 2015, 60: 126 – 133.

［29］ HANNAH T E, MORRISSEY C. *Correlates of Psychological Hardiness in Canadian Adolescents* ［J］. The Journal of Social Psychology, 1987, 127 (4): 339 – 344.

［30］ REBER A S, ALLEN R, REBER E S, et al. *The Penguin Dictionary of Psychology*: *Fourth Edition* ［Paperback］ ［M］ // The penguin dictionary of psychology. Вече , 2001.

［31］ 林崇德, 杨治良, 黄希庭. 心理学大辞典 ［M］. 上海: 上海教育出版社, 2003.

［32］ 张春兴. 张氏心理学词典 ［M］. 上海: 上海辞书出版社, 1991: 225.

［33］ 叶建威, 涂家乐, 刘竹歌. 军人心理情绪稳定性测试仪的研制 ［J］. 军事体育学报, 2014, 33 (2): 23 – 25.

［34］ L. A. 珀文. 人格科学 ［M］. 上海: 华东师范大学出版社, 2001.

［35］ 刘儒德. 一种新建构主义——认知灵活性理论 ［J］. 心理科学, 1999 (4): 360 – 361.

［36］ 李美华, 白学军. 执行功能中认知灵活性发展的研究进展 ［J］. 心理学探新, 2005, 25 (2): 35 – 38.

［37］ MARTIN M M, RUBIN R B. *A new measure of cognitive flexibility*

[J]. Psychological Reports, 2011, 76 (2): 623 –626.

[38] BOND F W, HAYES S C, BAER R A, et al. *Preliminary Psychometric Properties of the Acceptance and Action Questionnaire-II: A Revised Measure of Psychological Inflexibility and Experiential Avoidance* [J]. Behav Ther. 2011, 42 (4): 676 –688.

[39] MCCRACKEN L M, DASILVA P, SKILLICORN B, et al. *The Cognitive Fusion Questionnaire: A Preliminary Study of Psychometric Properties and Prediction of Functioning in Chronic Pain* [J]. Clinical Journal of Pain, 2013, 30 (10): 894 –901.

[40] 曹静, 吉阳, 祝卓宏. 接纳与行动问卷第二版中文版测评大学生的信效度 [J]. 中国心理卫生杂志, 2013, 27 (11): 873 –877.

[41] 张维晨, 吉阳, 李新, et al. 认知融合问卷中文版的信效度分析 [J]. 中国心理卫生杂志, 2014 (1): 40 –44.

[42] HAYES S C, STROSAHL K D. *A practical guide to acceptance and commitment therapy* [J]. 2004.

[43] HARTKAMP M, THORNTON I M. *Meditation, Cognitive Flexibility and Well – Being* [J]. Journal of Cognitive Enhancement, 2017, 1 (2): 182 –196.

后记

新技术推动下青年能力素质培养展望

随着互联网时代的到来，各种基于数字媒介的新技术层出不穷。在大数据、云计算等新路径新方法的启迪下，我国青年能力素质培养也迎来了新的契机与发展可能。

新技术孕育新目标。21世纪的教育已不仅仅是知识的教育，更是能力与素质的教育。随着技术进步，青年培养与发展的手段、方法、思路层出不穷。这使得研究领域的广泛成果得以切实落地，全面的教育推进成为可能，青年的培养进入了从知识传授到素质提升的综合阶段。这一时期教育的目标已经不是传统的识文断字，而是更为广泛的综合提升、全面发展。

新技术孕育新方向。传统的能力素质研究提出，基于个体的大部分非认知能力的培养与提升不能闭门造车，仅仅通过第一课堂中的理论学习进行。但早期的信息交流方式落后，资料流通效率低下，社会资源难以快速整合。在新技术的推动下，广泛的资源得以实时流通，这启发科研与教育工作者，对于青年的培养终于可以走出教室，走向社会。综合实践与团队训练对于每一个能力素质点无疑都是很好的培养方式。而今，新的技术引发新的方向，将青年的培养与发展和社会资源高效对接以及利用新技术新方法进行青年培养的综合创新等一系列可能渠道成为我国青年培养与发展的新方向。

新技术孕育新手段。信息技术的发展使得如今数据的实时上传、分析、反馈、交流已经成为可能。这使得传统的能力素质测评、培养等工作得以更为便捷、更有效率地进行。基于平台的数据整合分析的发展，使得青年能力素质的培养在综合分析、效果评价、综合应用等层面开发出了更为高效的新手段。数据整合让青年在线上进行培训提升、获取素质能力的综合分析、应用定向的素质能力培养资源、比较个人水平差异、出具相应能力素质报告作为能力证明等一系列促进青年能力素质综合发展的手段成为可能。

新技术孕育新目标、新方向、新发展。在信息时代浪潮的不断推动下，我国青年发展必将走上新的发展道路，也必将取得更广泛的成就。